Luise Rinser-Stiftung

Schriften der Luise Rinser-Stiftung

Herausgegeben von Christoph Rinser,
Gisela Dischner und Martin Thurner

Band 2

Abschied vom Gewohnten

Festschrift für José Sánchez de Murillo zum 70. Geburtstag

Herausgegeben von
Christoph Rinser
Renate M. Romor
Benedikt Maria Trappen

Verlag:

Luise Rinser-Stiftung
Krüner Str. 19
D-81373 München
www.rinser.org
e-mail: info@rinser.org

Vertrieb über amazon.de

Die Herstellungskosten übernimmt
das Edith Stein Institut e.V.
www.edith-stein-institut-muenchen.de

Umschlagentwurf: © Martina Bieräugel unter
Verwendung eines eigenen Fotos

Gesamtherstellung: Escandón Impresores, Sevilla
Printed in Spain

ISBN 978-3-00-038861-3
Erscheinungsjahr: 2013

*Wenn es in irgendeiner Gesellschaft
zu einer Stagnation kommt
und wenn diese Gesellschaft weiterhin fanatisch
an bereits überlebten Gewohnheiten
festhält, an Sitten und Lebensformen,
die inzwischen längst über Bord gehören,
dann deutet das darauf hin,
daß das Feuer fehlt, das leuchten muß,
um diese Gesellschaft zu einer neuen
Ebene des Lebens zu tragen,
die stärker mit ihrem
inneren Wachstum in Harmonie ist.*

(Gopi Krishna)

Die Wahrheit wird gelebt, nicht doziert.

(Hermann Hesse)

Inhaltsverzeichnis

Vorwort 9

Gisela Dischner
„Im Aufgang spricht die Freiheit fragmentarisch" 11

Reinhard Falter
Neue Vorsokratik versus Eurotaoismus –
oder was heißt es, Natur positiv zu denken? 43

Corinna Fiedler
Ein Geschenk 67

Rüdiger Haas
Rückkehr zur Grund-Erfahrung 69

Klaus Haack
Der Autorenfischer 91

Christian Hackbarth-Johnson
Über die Selbsterkenntnis des Menschen – eine
evolutionistische Zen-Perspektive 95

Gert Hofmann
Nietzsches Theater des Denkens 114

Jochen Kirchhoff
Erkenntnis als Erinnerung – Anmerkungen zu einem
Zentralgedanken in Schellings „Weltaltern" 125

Rolf Kühn
Plädoyer für eine phänomenologisch fundierte
„Lebensreligion" 143

Katharina Oost
Die Liebe zu suchen, Johannes oder
In einer dunklen Nacht 158

Christoph Rinser
Sonntagsgespräche 165

Renate M. Romor
José Sánchez de Murillo – Leben und Werk 174

Martin Spura
Der Traum, ein Liebe-Spiel am Abgrund 183

Martin Thurner
Vom Wort herausgefordert –
Christliche Philosophie in Auseinandersetzung mit dem
Common Word der muslimischen Theologie 200

Elke C. Tilk
Mond Meer und Salz.. 220

Benedikt Maria Trappen
Dein Wort sei nur Gesang
Die Dimension der Tiefenphänomenologie 221

Gerhard Wehr
Grußwort und Rezension von
José Sánchez de Murillo, *Der Geist der deutschen Romantik* 239

Über die Autorinnen und Autoren..242

Vorwort

„*An einem siebzigsten Geburtstag übersehen wir Menschen, im Umriß wenigstens, wohin wir zu gehen und zu kommen vermochten. Diese Übersicht verleiht uns die Einsicht: daß und wie der ganze Lebensweg eine Fügung ist, der wir menschlicherweise folgen, indem wir ihr bald entsprechen, bald auch nicht. Die Einsicht wird deutlicher, daß nur das Geringste unser Verdienst ist. Das Meiste jedoch ist: die Mitgift der Herkunft und der Einfluss des Zeitalters, vor allem aber die Hilfe unserer Liebsten und Nächsten, zuerst jedoch und zuletzt die Gabe aus der Bestimmung.*"[1]

Die aus Anlass des siebzigsten Geburtstages des Theologen, Philosophen und Dichters José Sánchez de Murillo vorgelegte Festschrift stellt einen vorläufigen Versuch dar, den Worten Heideggers entsprechend Aufschluss zu geben über Herkunft und Bestimmung dieses Denkens. Sie versammelt verschiedenartige Beiträge unterschiedlichster Autorinnen und Autoren, die dem Leser Einblicke gewähren in die Biografie, ihn durch das philosophische und dichterische Werk führen und die Fruchtbarkeit der Auseinandersetzung mit dem tiefenphänomenologischen Denken sichtbar werden lassen.

Die Festschrift ist keine bloße Zugabe zur Feier, sondern die Feier selbst. „Feiern in diesem Sinne meint: frei sein vom Gewohnten und Gewöhnlichen […] sich freihalten für das Ungewöhnliche, sich darauf einlassen."[2]

---

[1] Martin HEIDEGGER, *Tischrede zum 70. Geburtstag des Bruders am 6. Februar 1964*. In: GA., Band 16, 594.
[2] DERS., *Für Mikaela und Friedrich Rebholz*. In: GA., Band 16, 610f.

Aus den zahlreichen möglichen, das Lebenswerk vortrefflich charakterisierenden Vorschlägen für den Titel der Festschrift haben wir, dessen eingedenk, schließlich „Abschied vom Gewohnten" ausgewählt. In diesen Worten leuchtet einerseits das Grundanliegen der Phänomenologie auf – der möglichst voraussetzungslose, vorurteilsfreie, schöpferische Blick auf das, was ist. Andererseits soll damit deutlich werden, dass mit der Tiefenphänomenologie ein unumkehrbarer Aufbruch vollzogen wurde zu einer not-wendigen Wandlung des Menschen und seiner von Wissenschaft und Technik übermächtigten Welt.

Wir freuen uns, dass so viele Autorinnen und Autoren unserer Einladung gefolgt sind und mit ihren Beiträgen die Feier ermöglicht haben. Ihnen gilt unser inniger Dank.

Letztlich aber verdanken sich die Beiträge dieses Bandes der Person und dem Werk von José Sánchez de Murillo. Möge sein *Leben im Übergang* sich in heiterer Gelassenheit bei langwährender Gesundheit vollziehen. Mögen Augenblicke der Stille und der Schönheit den *Ungrund der Sehnsucht* immer wieder schöpferisch zu Wort kommen lassen. Möge ihm langhin gewährt sein, was seinem Wesen zutiefst entspricht: *Denken. Dichten. Leben. Lieben.*

Benedikt Maria Trappen

Gisela Dischner

„Im Aufgang spricht die Freiheit fragmentarisch"

Die tiefenphänomenologische Idee des Aufgangs von José Sánchez de Murillo in Bezug zum Begriff des Spiels

I. Leben im Aufgang

Der Aufgang, so Sánchez, muss offen gestaltet werden, damit das Leben von sich aus aufgehen könne. Dennoch muss eine festlegende Setzung in den Grenzen des Gesetzes zugelassen werden, damit in deren Geborgenheit die Kraft des neuen Aufgangs sich aus der gleichsam embryonalen Verpuppung entwickeln und entfalten kann. Das − beide Momente − versöhnende „dritte Sprechen" ist nicht im wissenschaftlichen Diskurs möglich, es kommt in der Dichtung zu Wort. Deshalb nennt Sánchez seinen Roman, Teil seines dichterischen Werks, *Leben im Aufgang*.[3] Er ist vor fast zwei Jahrzehnten (1994) erschienen; da blickte Sánchez auf ein halbes Jahrhundert des eigenen Lebens zurück und unternahm den Versuch, es schriftstellerisch zu ver-dichten.

Dass Romane oft mehr oder weniger verfremdete Selbstdarstellungen sind, ist bekannt. Die erfindende Phantasie des vielfältigen Ichs verbindet das Außen des Erlebten mit den Tagträumen und Visionen eines möglichen Entwurfs in die Zukunft.

Der Held Yamaliel ist beim *Aufgang* der Sonne auf der Spitze des Berges − er heißt Bromberg − und blickt auf das

---

[3] José SÁNCHEZ, *Leben im Aufgang*. Roman, München 1994, zit. nach Seitenzahlen.

Tageserwachen des Dorfes Brunnenthal, mit dessen Einwohnern er, der Fremde, Kontakt aufnehmen wird, um ein verfallenes Haus auf dem Bromberg zu mieten und zu renovieren. In einer allegorischen Lesung enthüllt sich ein mögliches Geschehen: Yamaliel wird in Distanz zu und zugleich in Kontakt mit den Einwohnern des Dorfes bleiben und er wird etwas, dessen Wert manche unter ihnen nicht erkannten (Stille, Einsamkeit, Natur), wieder erneuern und ihnen als ein Ursprüngliches näherbringen.

Yamaliel führt ein Leben im Aufgang, „neugierig wie ein Kind" (16) blickt er jedem Tag staunend entgegen. Er erkennt die gefährliche Tendenz seiner Zeit, dieses Staunen nicht mehr zuzulassen, weil es den Funktionsablauf stört, vor allem in der Stadt. Der *funktionale Mensch*, den er, ohne ihn so zu benennen, beschreibt, ist eingespannt in einen Arbeitstag, der ihn allmählich von seiner Menschwerdung ablenkt. Das soziale Überleben ist an die Stelle des Lebens im Aufgang getreten, der Mensch vergisst seinen Ursprung. Yamaliel hatte einen entscheidenden Vorteil gegenüber den in die Arbeitsgesellschaft eingespannten und dadurch unfrei werdenden Menschen: Er hatte *Zeit*. Sie war ihm wichtiger als Geld.

„Zeit hatte er. Und Geld? Nicht viel, aber vielleicht genügend" (17). Genügend, um in dem verfallenen Haus, das er billig mietet, ein halbes Jahr zu leben. Er lebt – wie schon die antiken Philosophen – nach dem Ideal der *paupertas*[4] (WB, 222), die nicht Armut ist, sondern Angemessenheit eines äußerlich einfachen Lebens, um Zeit und Raum zu haben, den inneren Reichtum zu entfalten und ‚außen' die Schönheit des Alltags zu entdecken. Auch sein sympathischer Vermieter aus dem Dorf, Werner Alferink, hat Zeit, weil er im Ruhestand ist. Er sitzt in Muße stundenlang auf seiner Bank vor dem Haus, in

---

[4] Vgl. Gisela DISCHNER, *Wörterbuch des Müßiggängers*. Bielefeld 2009, zit. als WB.

Erinnerungen nachdenkend über sein vergangenes Leben. Auch er liebt, wie Yamaliel, die Natur. Das Dorf Brunnenthal ist in der Nähe von Würzburg und beherbergt viele ältere Menschen, die nach dem Krieg aufs Land gezogen sind. Einer von ihnen ist Hartling, der das Bombardement von Würzburg am 16. März 1945 überlebt hatte, durch das die Stadt in zwanzig Minuten in rauchende Ruinen verwandelt wurde. „Die Engländer waren genauso grausam wie die Nazis. Die Amerikaner waren auch nicht besser. Der Krieg verwandelt die Menschen in Bestien" (28). Durch diese Passagen wirkt der Roman authentisch; er ist zugleich geschichtliche Dokumentation, wie sie jetzt sehr viel genauer gezeigt wird als zur Zeit, als Sánchez den Roman schrieb. *Leben im Aufgang* ist also nicht eine weitere Version vom „einfachen Leben", wie wir es von Cicero (*Tusculum*) bis Hesse kennen, sondern eine Darstellung der Zeitgeschichte, die in eine Zukunftsvision mündet.

Yamaliel lebt diese Zukunftsvision. Er antizipiert sie, wenn er zwischen den Arbeiten am Haus die ‚wilde' Natur des Brombergs mit seinen Waldbeeren und Enzianen entdeckt: „Die Bromberger Erde vertraute ihm gleichsam ihre Geheimnisse an. Langsam wuchs er mit dieser Welt, die immer tiefer die seine wurde, zusammen" (31). Zeit zu haben, wird als Voraussetzung eines sinnvollen Lebens immer wieder thematisiert. Auch der alte Nachbar Brehm hat Zeit. Er erzählt von der vergangenen Zeit, „die aus jahrzehntelang verrichteter ungeliebter Arbeit, verstorbenen Angehörigen, schmerzlichen Kriegserfahrungen und einigen Freuden ihre Stimmigkeit gewonnen hatte" (32). Nun hatte er Zeit, all das zu lesen, wozu er nie Zeit gehabt hatte. Zeit selbst wurde sein Thema. Deshalb repariert er als Hobby alte Uhren: „Wissen Sie, im Grunde interessieren mich die Uhren, weil mich die Zeit immer interessiert hat. In der Physik wie im Leben" (33). Das Thema *Zeit* durchzieht den ganzen Roman – die verlorene Zeit und die wiedergefundene, die, wie oft zitiert, bei Proust aus dem Duft einer in den Tee getauchten Madeleine aufsteigt und die Proust als *mémoire involontaire* beschreibt. Walter Benjamin übersetzt die überfallartige Erinnerung, die der Geruchssinn auslöst, mit *unwillkürlichem Eingedenken*. Es ist das Vergangene, ins Jetzt geholt und sich mit ihm vermählend:

> Jetzt ... jetzt, jetzt ... jetzt. Das Jetzt! Immer hier, und schon wieder weg! Immer dasselbe, stets da, aber wir können es nicht fassen. [...] Das ständige Sichentgehen des Immerwährenden. Das ist das Geheimnis der Zeit (34),

ruft Brehm ruft in pathetischer Wiederholung. Sánchez bezeichnet Yamaliel als einen Menschen „im Aufbruch zum Lebensglück, das den Sterblichen möglich ist" (37).

Der Romantik-Interpret Sánchez übersetzt die Schlegel'sche Idee des Geschichtsschreibers als rückwärts gewandtem Propheten in die Lebensphilosophie seines einunddreißigjährigen Helden: „Ich will nur die Gegenwart [...] Die Vergangenheit ist die durch die Gegenwart umgedeutete Grundlage der Zukunft" (38). Der ganze Roman ist der Entwurf dieser Grundlage als konkrete Utopie.

Sánchez lässt seinen, auf die anderen geheimnisvoll wirkenden, Helden von außen betrachten. Niemand kennt seine Vergangenheit, auch der Leser nicht. Eine Frau (Annette, Marias Mutter) bemerkt: „Mir scheint, der junge Mann am Bromberg ist einfach ein Mensch, der die Hektik unserer Zeit satt hat und wie ein Mensch leben will" (45). Dieser Satz enthält die Definition des Menschen als eine Möglichkeit, nicht als ein Vorgegebenes. Im Sinne des Pindar-Satzes „*Werde*, der du bist" enthält der Satz die Menschwerdung als eine Aufgabe, für die Zeit nötig ist. Die „Hektik unserer Zeit" ist eine schlechte Voraussetzung um „wie ein Mensch" zu leben.

Der funktionale Mensch in der modernen Arbeitswelt frägt sich oft gar nicht mehr, ob er *wie ein Mensch* lebt. Yamaliel ist auf den Bromberg gezogen, um der zu werden, der er als Möglichkeitsmensch ist. Deshalb bezeichnet Sánchez ihn als *neugeboren* (38).

Der Neugeborene will im Keller des Hauses Bilderrahmen herstellen und verkaufen, wie sein Onkel, bei dem er einige Jahre gelebt hat. Das ist das erste Detail, das man aus Yamaliels Vergangenheit erfährt: „Das Arbeiten mit Holz hat mir immer große Freude gemacht" (66). Das sagt er zum Ehepaar Hartling, das seinerseits vom Schauspieler Malipiero erzählt, der als Ein-Mann-Show im Torturmtheater von Sommerhausen alle Rollen eines Stückes alleine *spielt*. „Ein Mensch ist ein Wesen, das überall zu Hause sein kann" (70), kommentiert Yamaliel das Gespräch. Er selbst erinnert sich in einer späteren Situation an diesen Satz (101) und wird über ihn länger reflektieren im Zusammenhang mit dem im Titel erwähnten Leitmotiv *Aufgang*. Er ist so weit, die Konzentration in einer freien bewussten Tätigkeit nicht mehr zu werten und beschreibt in diesem Zusammenhang das, was man in der Hirnforschung als *flow* bezeichnet: jene zenhafte Konzentration bei einer Tätigkeit, durch die Glückshormone ausgeschüttet werden – im Unterschied zur fremdbestimmten Arbeit, die man nur tut, um Geld zu verdienen, um sich außerhalb der Arbeit zu verwirklichen.

> Die Unterscheidung zwischen höherer und niederer Tätigkeit hatte für ihn jeglichen Sinn verloren. Jede Beschäftigung, findet sie ursprünglich statt, kann zu einem Höhepunkt führen. Überall dort, wo ursprüngliche Prozesse stattfinden, kann Aufgang geschehen. Ohne ständige Öffnung verkümmert das Leben (113).

Diese Öffnung ist ein bewusster Vorgang, eine Entscheidung in Freiheit: Wir sind Bewusstsein des Ursprungs, zu dem wir im konzentrierten Tätigsein zurückkehren. Das Offenhalten für das Ereignis des Aufgangs ist jedem schöpferisch werdenden Menschen vertraut – er führt – im emphatischen Sinne – zur Menschwerdung. *Freiheit – Aufgang – Zu Hause-Sein* werden im Zusammenhang einer freien bewussten Tätigkeit aufeinander bezogen. Zusammenfassend, das Gespräch eines Philosophen über die Erneuerung der Menschheit erinnernd, heißt es:

Und der reife Yamaliel saß am Bromberg, überglücklich, noch rechtzeitig verstanden zu haben, daß der Mensch das Wesen ist, das überall zu Hause sein kann. Zur Heimat aber wird ihm der Ort, an dem sein Wesen aufgeht. Lebenswert ist das Leben im Aufgang, dachte er, während er die vielen Bilder in seiner Werkstatt betrachtete (115).

Dieser Ort ist ein Ausnahmeort, eine Heterotopie im Sinne Foucaults, denn er ist nur für ihn, dem sein Wesen aufgeht, dieser besondere Ort.[5] Die Enttäuschung über die technokratische Tendenz der Universität, die sich heute, zwei Jahrzehnte später, so gesteigert hat, dass man von einem Dienstleistungsunternehmen für die Wirtschaft sprechen kann, äußert der Philosophieprofessor Sánchez als Schriftsteller, indem er die Studentin Maria einführt, die sich in einer Identitätskrise befindet. Diese bekommt Angst, als sie bemerkt,

> daß die Studenten nicht selbständig denken durften [...]. Nach wenigen Semestern wurden aus jungen Menschen, die voller Ideale an die Hochschule gegangen waren, an Stelle von angehenden mündigen Wissenschaftlern Theorienfanatiker und Professorenschmeichler. Maria Böhm verabscheute diese Situation (129).

Zum Glück begegnet ihr der Held, der sie aus dieser Situation befreien wird. Yamaliel und Maria verlieben sich.

Der poetische Komparativ, den Klopstock in die Literatur einführte, begleitet diese beginnende Liebe. „Alles war schöner geworden. Das Holz roch noch besser als sonst, die Helle des Raumes war heller, seine Geborgenheit wärmer. Er arbeitete leichter, schneller und gezielter" (136). Yamaliel erlebt das Zusammenspiel von Liebe und Erkenntnis.

---

[5] Vgl. G. Dischner, *Liebe und Müßiggang*. Bielefeld ²2011, 125ff, anschl. 26; vgl. J. SÁNCHEZ DE MURILLO, *Wie krank ist unsere Zivilisation?* In: Aufgang 2012, 358–365.

Die Dialoge mit Maria ähneln allerdings Seminardiskussionen. Yamaliel spricht wie ein Psychologieprofessor, er doziert und Maria hört zu und stellt Fragen, die er beantwortet. Schließlich wird Maria bei ihm in seiner Werkstatt arbeiten und nebenbei studieren. Die Verbindung von Hand- und Kopfarbeit wird als Ideal beschrieben. „Die Arbeit muß der Lebensfreude dienen" (156) doziert Yamaliel. Allerdings reflektiert er nicht darüber, dass der Großteil der Menschen zu einer entfremdeten Arbeit gezwungen ist, um sozial zu überleben. Etwas paternalistisch klingen die Reflexionen über Maria Böhm. „Sie war ein zartes Wesen, das, wenn es durch die Liebe verstärkt wurde, zu schöpferischer Arbeit fähig war" (157).

Natürlich ist Yamaliel ein Gegner der Profitgier und will deshalb seine Werkstatt nicht, wie Maria vorschlägt, mit einer Töpferei erweitern. „Wenn der Mensch anfängt, das Geld an sich zu begehren, dann hat er seinen Frieden zum Tode verurteilt. Nein kein Töpfern, er wollte bei seinen Bildern bleiben" (160).

Yamaliel, im Gespräch mit Marias Eltern über die brutale Ausbeutung der Dritten Welt, spricht wie Professor Sánchez, der Novalis gelesen und ein bedeutendes Buch über die Romantik geschrieben hat; über die Notwendigkeit einer Umkehr aus der Naturbeherrschung:

> Umkehren muß auch umfühlen heißen. Vom Gefühl des Egoismus zum Mitgefühl mit der Welt. Der Mensch muß lernen, mitzufühlen. Mit der Erde, mit den Pflanzen, mit den Tieren, mit den Mitmenschen. Er muß Weltgefühle entwickeln (165).

Maria ist beeindruckt und nennt ihn einen Philosophen. Nein, das sei er nicht, betont er nach einem langen philosophischen Diskurs:

> Die Überheblichkeit, alles beherrschen zu wollen, hat die gegenwärtige Lage mitverursacht. Ich bin kein Philosoph, ich bin nur ein Mensch, der leben will. Darum wünsche ich mir in meiner Nähe auch Menschen, die nur leben und leben lassen wollen. [...] Mit herrschbegierigen Vordenkern und geltungssüchtigen Welt-

rettern will ich nichts zu tun haben (167).

Weshalb Vordenker notwendig herrschsüchtig sein sollen, bleibt offen. Denn was Sánchez seinen Helden dozieren lässt, hat durchaus etwas mit Vordenken zu tun, einem Vordenken, das an Aktualität nach zwei Jahrzehnten nichts eingebüßt hat. Hier macht sich wohl auch eine Enttäuschung Luft über das, was an den Universitäten geschieht, im Sinne der *Wissen ist Macht-Spiele*. Ich kann das gut nachvollziehen, habe ich doch Ähnliches in drei Jahrzehnten Hochschultätigkeit erlebt. In einem Roman, so denke ich, wäre es als beschriebene Praxis überzeugender. In moralisierendem Kommentar unterbricht es oft den Fluss des erzählenden Tons, in den man sich eingelesen hat.

Umso mehr freut sich die ‚Leserin', in den Fluss des Erzählens zurückzukehren, auch wenn es traurig wird: Es ist der Tod, der die Idylle der beiden Liebenden, Yamaliel und Maria, beendet. Sie erkrankt tödlich an den Folgen der Entbindung von dem gemeinsamen Sohn, den sie Yamaliel nennen. „Zu dritt lebten sie noch einige Wochen glücklich am Bromberg" (196).

In der Zeit von Marias Schwangerschaft hatte Yamaliel eine Landschaft gemalt – zum ersten Mal, nach einem Jahrzehnt Pause. Ihre letzte gemeinsame Arbeit wird sein, dieses Bild zu rahmen. „Diese Landschaft könnte überall sein" (197) bemerkt Maria. Und hier schließt sich, in den Worten Yamaliels, der Kreis um den Begriff des Aufgangs, den er am Anfang beschrieben hatte; dass der Mensch ein Wesen sei, das überall zu Hause sein kann (70, 101, 115). „Lebenswert ist das Leben im Aufgang" (115) – zur Heimat wird „der Ort, an dem sein Wesen aufgeht". Das ist im Roman das Haus am Bromberg, in welchem am Ende seine geliebte Frau im Sterben liegt. Auf ihre Bemerkung zum Bild sagt er: „Genau das habe ich malen wollen: eine Landschaft, die überall sein kann. Die Freude des Aufgangs, ohne bestimmten Ort, ohne bestimmte Zeit. Das unbedingte Glück" (197).

Das Leben im Aufgang endet im Sterben. Alle Menschen sind sterblich. Das langsame Abschiednehmen der sterbenden Maria rührt die Leserin im Innersten. Kein Dozieren stört mehr den Fluss der geschilderten Handlung. Der Tod wird anwesend, aber hat durch die tiefe Liebe der beiden den Schrecken der Endgültigkeit verloren. Bis dass der Tod euch scheide? Nein, über den Tod hinaus bleibt die Liebe.

Und auch in einer liebenden Gemeinschaft würde der Mensch ein tragisches Wesen bleiben. Der kleine Yamaliel, mit dem der Vater das Grab der Mutter besuchte, ahnt dies schon.

Das Kind, das oft den weisen alten Brehm besucht und ihm beim Reparieren der alten Uhren zusieht, wächst in einer liebevollen Umgebung auf. Er hat die besten Voraussetzungen, ein Leben im Aufgang zu realisieren. Vielleicht wird auch er, wie der Vater, ein Mensch „im Aufbruch zum Lebensglück, das den Sterblichen möglich ist" (37).

In der Liebe zu Maria fand Yamaliel sein Lebensglück – über ihren Tod hinaus. Seine Reflexionen über die Liebe (208f) sind vom Geist der Romantik geprägt – Sánchez übersetzt sie in unsere Zeit.

Als Yamaliel den Freund Raymond wie ein Therapeut betreut, führt er dessen Krise auf das lange Ungeliebtsein zurück. „Der Mensch ist ein zerbrechliches Wesen, das nur mit Liebe gedeiht" (222).

Sánchez hat in seinem theoretischen Werk die Liebe als die alles bestimmende Grundkraft mit dem *Spiel* verbunden. Das ganze kosmische Geschehen, in das wir Sterbliche eingebunden sind, ist jenes große *Liebe-Spiel*, in dem wir nach Jacob Böhme Mitspieler sind. Es ist deshalb ganz poetologisch, wenn ein auch im geistigen Sinne verstandener Schau-Spieler, nämlich der im Roman anfangs erwähnte Malipiero, die letzten großen Lebensweisheiten ausspricht. Sein letzter *Auftritt* ist dann schon Vergangenheit. Sein Freund, der Maler Köhler, zitiert seine letzten, im Rückblick auf sein Leben gewonnenen Einsichten. Die ihn verehrenden Sommerhauser führen am Ende sein selbst geschriebenes Stück *Das Waisenmädchen* auf, und zwar den zweiten Teil, der bisher noch nicht aufgeführt wurde. Es handelt – wie sollte es anders sein – von der Liebe und davon, wie eine Geschwisterliebe die Liebe zu einem Partner noch vertiefen kann, statt sie durch Eifersucht zu stören. Es ist die bedingungslose Liebe, von der Malipiero selbst erfüllt war und die ihn befähigt hatte, in seiner Ein-Mann-Show in alle Rollen zu schlüpfen. Er konnte sich empathisch in alle Menschen versetzen, weil jeder Mensch eine *Grundeigenschaft* habe, „die sein Wesen ausmacht": „Ich brauche dieses Spiel, um überhaupt leben zu können. [...] Eine Existenz allein ist mir zu wenig. Nur eine Rolle ebenso" (226). Er wollte, was auch geschah, mit dem Sonnenaufgang sterben. „Jeder Untergang sei ein Aufgang, was in einem Phänomen untergehe, gehe gleichzeitig in einem anderen auf ... " (ebd.).

II. Der Mensch ist nur dort ganz Mensch, wo er spielt

Neben der Aufführung des *Waisenmädchens* (2. Teil) findet zur Bestattungsfeier zum Gedächtnis von Malipiero ein Podiumsgespräch statt zum Thema *Kunst als Erziehungsmethode des Menschengeschlechtes*. Die Anspielung auf Schillers *Briefe über die ästhetische Erziehung des Menschen*[6] ist gewollt. Der Schriftsteller, der darüber diskutiert, trägt den Namen des romantischen Dichters, der sich nicht nur mit Schiller intensiv auseinandergesetzt hat, sondern, neben Baader, den *Philosophus Teutonicus* Jacob Böhme in der Jenaer Frühromantik zum großen Vorbild erhob: Novalis.[7] Aber da der Schriftsteller, als Stimme des Autors Sánchez, sich als rückwärts gewandter Prophet versteht, muss man auch seinen Namen rückwärts lesen: Silavon. Ich musste lächeln, denn der Held meines (unveröffentlichten)

---

[6] Fr. SCHILLER, *Über die ästhetische Erziehung des Menschen*. 15. Brief, Stuttgart/Tübingen 1853.
[7] NOVALIS, *Werke in einem Band*. Hg. H.-J. Mähl u. R. Samuel, München 1981, zit. als N.

Romans *Der Widerstand der Maulwürfe gegen die Engländer* von 1985 trägt eben diesen Namen *Silavon*.

Silavon spricht, nachdem zwei Kinder aufgetreten sind. Die neunjährige Tochter eines Bildhauers, die malt und Klavier spielt, spricht Worte, die von Novalis sein könnten:

> Durch die Musik erfahre ich mich selbst. Und dann lerne ich, mich selbst zu lieben. Die ganze Welt lebt in mir. Das kann ich durch die Musik erfahren. Wenn alle Menschen das erfahren würden, würden sie sich lieben [...] (229).

Dass ein Kind dies spricht, ist ganz im Geiste von Novalis, denn nur „Kindern oder kindlichen Menschen, die nicht wissen, was sie thun" (N 210) geht der Sinn des Lebens auf und sie finden den rechten Weg. Der moderne Schriftsteller Silavon bezieht sich in seiner Rede direkt auf Schillers *Briefe über die ästhetische Erziehung des Menschen* im Blick auf seine Gegenwart. Gegenüber der Theorie von der Nachahmung der Natur in der Kunst spricht Silavon davon, dass die Kunst „die Natur pflegt, erhöht und zur Vollendung führt" (229). Der schöpferische Mensch bringt sie hervor und seine Kunst bringt den schöpferischen Menschen hervor. Silavon spricht ähnlich wie der alte Maler, der einst den jungen Yamaliel über die Aufgabe der Erziehung durch Kunst belehrt hatte (34). Silavon sieht diese Wirkung der Kunst als Beweis dafür, „daß die ‚Erziehung des Menschengeschlechtes' möglich ist. Der Mensch der Zukunft ist der Mensch als Künstler, der Mensch, der die Kunst zur Natur und die Natur zur Kunst erhebt" (229).

Ich möchte hinzufügen, dass durch die Revolution der Mikroprozessoren, welche einen Großteil entfremdeter Arbeit übernommen haben, dieser Vorgang schon stattfindet, nämlich als Paradigmenwechsel vom *homo oeconomicus* zum *homo aestheticus*. Die oft kokainsüchtigen Herrschenden (der Abbau des moralischen Gewissens ist Folge dieser Droge) werden ihn nicht aufhalten können. Sánchez hat mich in seinen Reflexionen zu meinem Buch *Liebe und Müßiggang* darin bestätigt.[8] Die Lebenskunstlehre von Novalis weist deutlich in diese Richtung:

> Lehrjahre in vorzüglichem Sinn sind die Lehrjahre der Kunst zu leben. Durch planmäßig geordnete Versuche lernt man ihre Grundsätze kennen und erhält die Fertigkeit nach ihnen beliebig zu verfahren. (Blüthenstaub Nr. 5, N, 425)

Malipiero, der geniale Schauspieler, ist eine exemplarische Gestalt für die „Kunst zu leben". Zu ihr gehört das Bewusstsein des Rollenspiels, das den meisten unbewusst bleibt. „Dasein heißt eine Rolle spielen" – aber diese Einsicht ist unter der Herrschaft des Ökonomismus zu einer Statussymbolik veräußert werden. Malipiero aber beherrschte das Rollenspiel als Liebender und machte es den anderen bewusst.

Wie oft an einem einzigen Tag wechseln wir die Rollen: als Väter und Mütter, als Töchter und Söhne. Als Lehrende und Lernende stehen wir bis hinein in Gestik und Sprache auf unterschiedlichen Bewusstseinsstufen. Wenn wir uns in liebender Empathie in die Rolle des anderen versetzen, werden wir ihn neu verstehen lernen. Rosenberg hat dies zum Thema seiner „aggressionsfreien Kommunikation" gemacht. Rollenspiel ist Teil des großen Liebe-Spiels, das uns – im Rollenspiel – als Ereignis berührt. Friedrich Schlegel hat es in der *Lucinde* bis zum liebenden Rollentausch von Mann und Frau gesteigert. Die Spieltheorien von Thomas von Aquin bis Schiller zielen auf das Ziel der Menschwerdung. In seinem Buch *Der Geist der deutschen Romantik*[9] hat Sánchez im Abschnitt *Über das Wesen des romantischen Philosophierens überhaupt* Schiller das 4. Kapitel

---

[8] J. SÁNCHEZ DE MURILLO, *Wie krank ist unsere Zivilisation? Zum Phänomen Müßiggang nach Gisela Dischner*. In: Aufgang 2012, 358–365.
[9] J. SÁNCHEZ, *Der Geist der deutschen Romantik. Der Übergang vom logischen zum dichterischen Denken und der Hervorgang der Tiefenphänomenologie*. München 1986, zit. als JS.

gewidmet: *Die ästhetische Erziehung des Menschen in der Auffassung Schillers* (JS, 111 ff).

Schiller ist für Sánchez zu Recht der entscheidende Inspirator des romantischen Erziehungsgedankens, der über die Aufklärung hinausgeht. Weshalb?

> Die Erziehung des Menschen versteht er als einen ästhetischen Prozeß, in dem sich die ursprüngliche menschliche Form von Freiheit offenbart. Die Form der Freiheit, die Schiller als die spezifisch menschliche ansieht, nennt er *Schönheit* (JS, 112).

Dem pflichtbewussten Menschen Kants setzt Schiller die „schöne Seele" entgegen, „die aus sich selbst heraus ohne Anstrengung das Gute tut" (ebd., 113). Das klingt idealistisch und man möchte sagen: Schön wär's. Schiller sieht diese ‚schöne Seele' auch nicht als die der empirischen Individuen, sondern als Aufgabe der Erziehung. Schillers Begriff von *Bildung* ist an sein Freiheitsverständnis gebunden und äußert sich in der *lebenden Gestalt*. Den Gegenstand des sinnlichen Triebes nennt Schiller *Leben*, den Gegenstand des Formtriebes *Gestalt*: „Der Gegenstand des Spieltriebes […] wird also lebende Gestalt heißen können" (JS, 114). Sánchez kommentiert: „Im Spielphänomen zeigt sich das ursprünglich Menschliche" (ebd.).

Der Mensch im Aufgang ist ein spielendes Wesen. Er spielt mit allem, das ihm begegnet, indem er es neu gestaltet. Auch in seiner Wahrnehmung spielt der Mensch – er wechselt aktiv die Perspektive, um etwas neu und anders wahrzunehmen, er reflektiert in seiner Wahrnehmung die dauernde Veränderung der Zeit, der Beleuchtung, der eigenen Situation, welche die Wahrnehmung verändert, er wird Bewusstsein der subjektiven Stimmungsschwankungen sowohl wie der äußeren ständigen Bewegung: *panta rhei*, alles fließt (Heraklit). Die Einheit des Ganzen in schöpferischer Wahrnehmung und Tätigkeit ist deshalb „weder objektiv noch subjektiv zufällig" (ebd.), „weder äußerlich noch innerlich", sie geschieht *spielerisch*. Deshalb ist der „Mensch nur dort ganz Mensch, wo er spielt" (ebd.). Schillers Definition des Menschen besagt, dass der Mensch, der nicht spielt, weil er beispielsweise in einen Funktionsablauf in der Welt der Arbeit eingespannt ist, nicht ganz Mensch ist. Sowohl die Auffassung vom *l'homme machine* wie jene vom *animal rationale* verleugnen ein Grundphänomen des Menschen – das Spielen. „Grundphänomene sind solche, in denen der Sinn des Prozesses im Menschen ursprünglich aufgeht. Der Mensch ist: Offenheit in der Begrenzung" (JS, 115). Sánchez verbindet seine tiefenphänomenologische Sicht des Aufgangs mit Schillers Gedanken des Spieltriebs. Dass dieser in der Freud'schen Trieblehre fehlt, ist kein Zufall. Freud hat in seiner Analyse des künstlerischen Prozesses den Spieltrieb nicht einbezogen: So kommt er zu der These, dass Kunst Sublimierung sei und folgert, deterministisch, dass der glückliche Mensch nie phantasiere, also keine Kunst machen würde. Sein Aufsatz „Der Dichter und das Phantasieren" enthält diese These von der Kunst als Sublimierung. Freud fällt hinter die Einsichten Schillers zurück, indem er behauptet, dass der Glückliche nie phantasiere und nur unbefriedigte Wünsche die Triebkräfte der Phantasien seien. Die Phantasie auf eine Wunscherfüllung, eine Korrektur der unbefriedigten Wirklichkeit zu reduzieren, definiert den Menschen prinzipiell als Mangelwesen. Dagegen sagt der Müßiggänger, der im Sinne von Schiller, Schlegel und Novalis ein Lebenskünstler ist:

> Glückszustände steigern meine Phantasie! Erst im glücklichen ästhetischen Zustand, wo ich die Zeit vergesse, werde ich schöpferisch. Aber da fliehe ich nicht aus der ‚kalten Wirklichkeit', nie ist meine Wahrnehmung wacher, nie nehme ich die Schönheit *und* Häßlichkeit, die mich umgibt, genauer wahr! Nie kann ich sie besser in Sprache fassen (WB, 250).

Sánchez setzt sich nicht, wie ich es hier ergänzend tue, mit Freud, sondern, dem geschichtlichen Ablauf folgend, mit Kant auseinander, gegen dessen Pflichtbegriff Schiller den Spieltrieb und die ‚schöne Seele' setzt, nicht nur in den *Briefen über die ästhetische Erziehung des Menschen* von 1796, sondern auch in seinem Aufsatz über *Anmut und Würde*. Sánchez kommt aber, als Kierkegaard-Leser, im Zusammenhang der Diskussion zum Spieltrieb Schillers, auf den Begriff der *Angst*. Die Offenheit des Menschen innerhalb der Begrenzung ist

> dem Schicksal des Wagnisses ausgesetzt. Die Offenheit erscheint in der Form der Ausgesetztheit, die die Angst hervorruft. Die Angst vor der Ausgesetztheit im Schicksal des Wagnisses stiftet die unendliche Unruhe, in welcher der Mensch steht. Gerade diese Unruhe treibt zur schöpferischen Tat hin (ebd.).

Von hier aus beleuchtet Sánchez den Schiller'schen Gedanken zum Spiel. Indem sich der Mensch auf das Spiel einlässt, kommt er in eine andere Dimension. Er befindet sich dann am *Übergang*,

> in welchem der Mensch seine zufällige, empirische Individualität verliert und in das Gestaltungsgeschehen des Offenen hineintritt. Das Anheben des Spiels ist Hineingang ins Offene des Wagnisses, in dem der Selbstverlust den Aufgang geschehen läßt […] Spielen ist jede Vorgabe als Möglichkeit ergreifen und jede ergriffene Möglichkeit in Vorgabe für andere Möglichkeiten verwandeln […] Deshalb beflügelt das Spiel nach dem Anheben: weil der Mensch sich als die ursprüngliche Öffnung erfährt, die er ist. Er ist nichts als Selbstpräsenz des Ganzen, wenn seine empirische, zufällige Individualität im Selbstverlust sich dem Ursprung öffnet (ebd.).

Die Fähigkeit, sich dem Ursprung zu öffnen, ist Freiheit. In diesem Sinne betrachtet Sánchez das Werk *Franz Baaders* als des romantischen Philosophen aus der Perspektive der Freiheit. Der Geist der Romantik ist ohne Schiller nicht denkbar, aber er geht über Schiller hinaus. Dies zeigt Sánchez an der Schreibweise Baaders, der, wie Novalis, mit dem *Philosophus Teutonicus*, Jacob Böhme, einen neuen *Zugang* zum *Aufgang* öffnet. „Im Schwung des Aufgangs ist die Helle das Medium des geistigen Sprechens. Dieses will nur öffnen, ins Offene mitreißen" (JS, 122). Diesem Sprechen ist ein „rationalistisch argumentierendes Voranschreiten fremd". Wo wir dieses Sprechen hören, erfahren wir es aus Fragmenten. Vom *Athenaeum*, der von den Schlegels und Novalis herausgegebenen Zeitschrift, über

Baaders Werk bis zu Nietzsche vernehmen wir dieses Sprechen aus Fragmenten: Sie laden ein zum schöpferischen Weiterdenken. „*Die* den Geist *tötende* Systematisierung sah Baader als die Gefahr der Zeit an" (ebd.). Zu Recht, denn sie hat jenes analytische Denken gefördert, von dem wir heute bis zum Ökonomismus beherrscht werden.

Sartre hat dieses analytische Denken entschieden zurückgewiesen, weil ihm das spielerisch-schöpferische Moment fehlt. Es ist dem Denken und Dichten abträglich, in den Naturwissenschaften aber notwendig geworden. Diese würden sich als fruchtbar erweisen, wenn sie ihrer Begrenzung bewusst blieben.

Mit dem Begriff des *Betrachtens* (Heidegger) anstelle des abstrakt-rationalistischen Theoretisierens nähern wir uns im reflektierten Rückblick vorsokratischen Denkweisen, die nicht zufällig in Fragmenten erhalten sind. „Im Aufgang spricht die Freiheit fragmentarisch" (JS, 123).

Der Selbstschöpfungsprozess des Menschen ist an die Freiheit gebunden, die sich nach Schiller in der *lebenden Gestalt* äußert. Spieltrieb und Gestaltungsdrang machen den Menschen zum Menschen. *Lebende Gestalt* ist der Gegenstand des Spieltriebs. Baader hat ihn mit dem Begriff der *Spontaneität* verbunden. Ihr Wesen, so interpretiert Sánchez, öffnet sich *im Aufgang* (JS, 178). Ohne Spontaneität keine Freiheit der Gestaltung: *Statt begreifen berühren*, statt Begriff Berührung. „Das Wesen der Spontaneität, die im Aufgang sich öffnet, geschieht als jener Hervorgang, der durch Hineinsprechen, Einblasen, leichtes Berühren […] hervorgerufen wird" (ebd.). Im Unterschied zum Verhalten des analytischen Begreifens, des – den Gegenstand isolierenden – In-den-Griff-Nehmens, bleibt das leichte Berühren dem Ganzen verbunden wie der Atem der Luft. In einer allegorischen Lesung des verlebendigenden Atem-Einhauchens ist jeder schöpferische Prozess mit dem Atem (der auch das Wort aushaucht) verbunden. Ein Spiel von außen nach innen und von innen nach außen beginnt als Aufgang:

> Alles, was da ist und wirkt, lebt also nur vom Einhauch, vom Athmen dieses all-belebenden Princips – der Luft! Und so hätten wir denn das vierte Princip der Natur, ihre vierte oder *eigentlich ihre erste Weltgegend, den Aufgang gefunden* […] – Insofern nun *sich orientiren* nichts anderes heisst, *als überall diesen Punct des Aufgangs (absoluter Spontaneität) finden und im Gesichte behalten,* so hat die Philosophie erst das Original-Schema zu diesem Quaternarius zu suchen, welches bekanntlich Pythagoras seinen Schülern als *den Schlüssel der Natur* anpries, und bei dem sie schwuren (Baader, n. JS, 177).

In einer Fußnote macht Sánchez auf einen Brief Goethes an Schiller aufmerksam, wo dieser lobend von der Schrift Baaders „über das pythagoräische Quadrat in der Natur, oder die vier Weltgegenden" spricht, die ihm „wohl behagt" (n. JS, ebd.).

Das Moment der „absoluten Spontaneität" wird inzwischen auch innerhalb der Naturwissenschaften diskutiert, im Rückblick auf die *creatio ex nihilo*. In einem Gespräch hat Celan mir gegenüber Baader erwähnt, der ihm bei der intensiven Lektüre von Novalis begegnet war. Vielleicht hat ihn diese Begegnung bestärkt in seiner dichterischen Gestaltung der Neologismen (Atemkristall etc.) zum Wort *Atem* bis hin zum Titel des Gedichtbandes *Atemwende*. Mich wiederum regte es an, über die *pneumatische Sprache* rückblickend als Zukunftsvision nachzudenken.[10] Das Buch von Sánchez schenkte mir 1997 sein einstiger Schüler Gert Hofmann, der heute in Cork lehrt (UCC). Die vielen Bedeutungen des Wortes *pneuma* (Wind, Atem, Seele, Hauch, Engel) zeigen uns den Reichtum einer Sprache, die noch keine Trennung von Natur- und Geisteswissenschaften kannte. Sie war dem Gedanken des Aufgangs damit noch nah. Jacob Böhme, den Baader weiterdenkt, war auch durch die Kabbala die Idee des Atems vertraut. Die nie schriftlich niedergelegte sogenannte *praktische Kabbala* als Geheimwissenschaft durfte nur oral (Einhauch) weitergegeben

---

[10] Vgl. Gisela DISCHNER, „*… bald sind wir aber Gesang". Zur Hölderlin-Linie der Moderne.* Bielefeld 1996. Zit. als GD 96.

werden. Die von asiatischer Weisheit (Yoga) beeinflussten Gedanken zur Verbindung von Atemtechniken und kosmischen Erhebungen (Levitationen, wie sie der Mystikerin Teresa von Ávila vertraut waren) sollen Grundbestand der *praktischen Kabbala* gewesen sein. Von der katholischen Kirche (wie vom orthodoxen Judentum) wurde die Kabbala bekämpft – das Schicksal aller mystischen Tendenzen. Jacob Böhme war eines der Opfer aus der langen Geschichte der Bekämpfung, die als Inquisition jahrhundertelang gefürchtet wurde. Ablesbar ist dies auch an der Wortgeschichte: *con-spirare*, das Miteinander-Atmen hat unter der geschichtlichen Verwandlung in das Substantiv *Konspiration* – im Sinne von Verschwörung – den Geruch der Gefahr, die man bekämpfen muss. Auch im modernen China wurden die im Park miteinander Atmenden und im Spiel der Bewegungen miteinander Kommunizierenden als gefährliche Sekte kriminalisiert. Verbotene Spiele?

Ich habe bei nochmaliger Lektüre von Sánchez' Buch in diesem Kontext den Untertitel zum *Geist der deutschen Romantik* gelesen: *Der Übergang vom logischen zum dichterischen Denken und der Hervorgang der Tiefenphänomenologie.* Natürlich werden Reflexionen zu dieser Thematik heute nicht verboten oder zensiert. Sie werden schlicht als „unwissenschaftlich" von den Gralshütern des analytischen Denkens aus dem offiziellen Diskurs ausgeschlossen. Aus der neuen Audit-Universität werden sie mit Sicherheit verbannt. Aber subversiv wirken sie weiter. Sie wirken weiter im Sinne der *fröhlichen Wissenschaft*, fragmentarisch, frei, spielerisch, auch sprachspielerisch. Das ernste konzentrierte Spiel, das als ästhetischer Prozess die Freiheit offenbart, bringt nach Schiller *Schönheit* hervor. Ernst und Humor sind dabei keine Gegensätze, sondern bedingen einander. Die Dimension des Tragischen, die vom analytischen Denken nicht beachtet wird, bestimmt den Menschen als sterbliches Wesen. Das Komische und Absurde ist seine andere Seite. Deshalb heißt Dantes großes Werk *Die Göttliche Komödie*; sie ist aus der Tiefendimension des dichterischen Denkens geboren.

Sánchez erinnert daran, dass in diesem Zusammenhang erst in der Romantik der *Witz* als *Phänomen* gesehen wurde. Die Attribute geistvoll und witzig (im Sinne von „der Witz der Sache ...") waren zu dieser Zeit noch Synonyme. Der Witz appelliert an den Spieltrieb im Menschen, der das Lachen hervorbringt. Der Witz, wie Sánchez erläutert, „enthüllt die menschliche Weltstruktur unter *einem* bestimmten Blickwinkel. Dieser Blickwinkel ist das *Doppelsinnige*" (JS, 85). Offenheit und Begrenzung, die den Menschen bestimmen, werden aus dem Blickwinkel des Doppelsinnigen erkannt und äußern sich im befreienden Lachen. Im Spiel wird das Lachen mit anderen geteilt – Herz, Geist und Humor wirken zusammen. Die Spielregeln des Humors gelten diesseits jener Welt der entfremdeten Arbeit, in welcher der Mensch zum *Funktionalen* reduziert wird. Wenn der Mensch seinen Spieltrieb um des reibungslosen Funktionierens willen verdrängen muss, entsteht keine Schönheit. Aber der Mensch „soll mit der Schönheit nur spielen, und er soll nur mit Schönheit spielen", wie Schiller im 15. Brief sagt.

III. Aufgang, Spiel, Poesie: Kommt, spielen wir miteinander!

Ginge es um den „Inhalt" und dessen Interpretation, wäre Kunst überflüssig. Die „Kunst der Interpretation" besteht im produktiven Nachvollzug der „lebenden Gestalt" (Schiller). Der Interpret muss sich selbst dem ‚Spieltrieb' hingeben und ihn zum Formtrieb steigern. Er folgt dem Prozess der Gestaltwerdung, er liest nicht hinein, sondern heraus. So entsteht die *Auslese* der Interpretation, die das Kunstwerk neu verlebendigt. Es wird nie ganz ausgelesen, denn es vermählt sich mit dem Zeitgeist immer aufs Neue. Deshalb sprechen wir von „unsterblichen Werken".

Die bloße „zeitgemäße" Abbildung der Realität ist sterblich, wird zum geschichtlichen Dokument, hat rein informativen Wert, ergreift nicht die Nachgeborenen. Kotzebue erinnern wir, weil Kleist gegen ihn polemisiert. – Aber viele sind auch untergegangen, weil sie nicht das Glück hatten, neu entdeckt zu werden oder sie werden erst spät entdeckt durch die Kunst der Interpretation – Benn beschreibt dies sehr überzeugend am Beispiel der späten Entdeckung Rembrandts.

Die scheinbar provozierende Formulierung Schillers, der Mensch solle „mit der Schönheit nur spielen" und er solle nur „mit Schönheit spielen", wird meist bei der berühmten Definition des Spieltriebs nicht mitzitiert, so wenig wie die wichtige und seltsam anmutende Vorbemerkung: „Um es endlich auf einmal herauszusagen." Was für eine Spannung baut Schiller auf zum Leser dieser Vorbemerkung! Das Attribut „endlich" setzt eine schon lange andauernde Erwartung voraus, „auf einmal" steigert Spannung auf das, was nun folgen soll und dies wird nicht gesagt, sondern, verdichtend und gleichsam plötzlich, explosionsartig *heraus*gesagt, als Quintessenz einer die ganze Aufmerksamkeit des Lesers beanspruchenden Aussage, auf die alles anzukommen scheint. Etwas Unerwartetes und vielleicht Ungeheuerliches, noch nie vorher Ausgesagtes wird den Leser jetzt überraschen. Er ist vorbereitet, es keinesfalls zu überlesen, sondern als die Kernaussage des Ganzen ernst zu nehmen. Das retardierende Moment des vorbereitenden Einschubs lässt uns atemanhaltend stutzen. Etwas, das lange zurückgehalten wurde, wird jetzt *endlich* ohne weitere Umschweife *auf einmal heraus*gesagt – wir sind auf einen Schock des Ungewohnten vorbereitet, auf einen sorgsam vorbereiteten Höhepunkt, den Gipfel eines lange Vorbedachten, das nun *endlich* in Worte gefasst wird: „Der Mensch spielt nur, wo er in voller Bedeutung des Wortes Mensch ist, und er ist nur da ganz Mensch, wo er spielt" (15. Brief, *Über die ästhetische Erziehung des Menschen*). Die Ungeheuerlichkeit der Aussage wird uns durch die kompositorische, sprachlich ausgeklügelte Vorbereitung ganz bewusst. Bewusst wird uns, dass Schiller uns aus dem Reich der Notwendigkeit, des Nutzens und des Sozialen *auf einmal* herauskatapultiert.

Das Menschsein wird im Allgemeinen – auch in der Tradition der Aufklärung, mit diesem Reich verknüpft. Das

Reich der Freiheit kann nach Schiller nicht mehr sozial definiert werden, dieses ist nur seine mögliche Rahmenbedingung. Erst das Reich der Freiheit – diesseits von dem der Notwendigkeit errichtet – definiert das wahre Menschsein: „In voller Bedeutung des Wortes" ist der Mensch nur dort Mensch, wo er spielt. Das Gegenteil von Spiel ist nicht Ernst, sondern Arbeit.

„Erst die Arbeit, dann das Spiel"? Welche Arbeit machen sich Kinder beim Spiel! Wie konzentriert sind sie tätig und wollen sich nicht stören lassen! Aber sie befinden sich nicht in der Welt der Arbeit, die von Nutzen definiert wird. Gibt es einen Begriff von Arbeit, der nicht vom Nutzen definiert wird? Das wäre die Arbeit des Künstlers, die Marx als die unentfremdete definiert. Schelling (den Marx für seine Begrifflichkeit ebenso in Anspruch nahm wie Hegel) nennt die Arbeit, die sich nicht vom Nutzen und der Entlohnung her definieren lässt, *freie bewusste Tätigkeit*. In ihr überschreitet der Mensch das Reich der Notwendigkeit, das vom Sozialen aus definiert wird. Das Reich der Freiheit, in welches er wechselt, wird vom Geistigen bestimmt. In diesem Reich ist der Mensch „in voller Bedeutung des Wortes Mensch". Von diesem Reich der Freiheit aus ist der Begriff des *Spiels* zu verstehen. Es ist das Spiel, welches, so Schiller, „das ganze Gebäude der ästhetischen Kunst und der noch schwierigeren Lebenskunst" trägt. Kunst und Lebenskunst werden zusammen gesehen. Bei Novalis finden wir eine Metareflexion zu dieser Aussage. Nach ihm ist die schwierigste Kunst *die Kunst zu leben.*

‚Leben' wird damit aus dem biologischen Zusammenhang, wie er uns aus der Evolutionslehre vertraut ist, herausgenommen. Es bestimmt sich vom freien Spiel, welches die Kunst hervorbringt, als das spezifisch Menschliche. Es wird weder vom Zweck und Ziel noch vom Instinkt aus gesehen.

Der „Überlebensinstinkt", der als bloß triebgesteuerter im menschlichen Zusammenleben zum – unmenschlichen – „Sozialdarwinismus" führen kann, hat mit der Lebens*kunst* nichts gemein. Das Menschsein ist damit für Schiller kein gegebenes, sondern eine Möglichkeit, die es zu realisieren gilt im Sinne des Satzes von Pindar: Werde, der du bist!

Lebenskunst ist die Kunst der Menschwerdung, wenn wir nicht vom biologischen Begriff der Fortentwicklung vom Affen ausgehen. In diesem Sinn sagt die Evolutionstheorie nichts über die Menschwerdung in der Definition Schillers aus: „Der Mensch spielt nur, wo er in des Wortes voller Bedeutung Mensch ist." Das Spiel, welches „das ganze Gebäude der Kunst und der noch schwierigeren Lebenskunst" trägt, ist im Reich der Freiheit anzutreffen, nicht in der utilitaristischen Kausallogik der Evolutionstheorie. Von ihr aus ist dieses Reich nur ein *zusätzlicher* Überfluss und nicht an die ausschließlich menschliche Möglichkeit geknüpft, „das freieste und erhabenste Sein" hervorzubringen. Die Evolutionstheorie kommt nur bis zum *animal rationale*, nicht zu dem Wesen, das nur da ganz Mensch ist, wo es spielt. Im Spiel tritt der Mensch aus seinem biologisch-natürlichen Stadium in ein selbstbestimmt-künstliches.

> Spielen ist jede Vorgabe als Möglichkeit ergreifen und jede ergriffene Möglichkeit in Vorgabe für andere Möglichkeiten verwandeln. Dies wird möglich, wenn der Mensch als Individuum vollständig zurücktritt und sich in den Ort verwandelt, in welchem sich der Gestaltungsprozeß des Ganzen finden kann (JS, 115).

Im künstlerischen Spiel verwandelt sich alles Vorgegebene in ein frei-bewusstes *Gestalten*, es wird zum Stoff, der – geformt – etwas Neues wird. Der frei-bewusst Tätige ist selbstvergessen, ein Diener der Schönheit: „Der Mensch solle mit der Schönheit nur spielen und er solle nur mit Schönheit spielen", wie es im eingangs zitierten 15. Brief Schillers heißt.

Indem der Mensch dies tut, gestaltet er etwas in Freiheit, das den Menschen, der es nachvollziehend genießt, von der Welt des Nutzens, dem Reich der Notwendigkeit befreit; aber nicht, um gestärkt in dieses zurückzukehren, sondern um sich an seine eigene, innere Bestimmung zu erinnern: Mensch zu werden. Er fühlt sich angesprochen in seinem Innersten. Folgt er solchem

Anspruch, wird ihn die noch schwierigere „Lebenskunst" in Anspruch nehmen – er erfährt sich als ein *transzendierendes Wesen*. Der Drang, das Reich der Notwendigkeit zu einem Reich der Freiheit zu überschreiten, wird durch den schöpferischen Nachvollzug der Kunst verstärkt. Das „Engagement" der Kunst besteht nicht im Inhaltlichen (Verbesserungsvorschläge etc.), sondern in der Aufforderung zum Mitspiel, zur eigenen freien bewussten Tätigkeit.

Der sich als *homo ludens* begreifende Mensch erkennt sich als freies Wesen und will diese Freiheit für sich und seine Mitspieler realisieren. Schönheit und Freiheit sind aufeinander bezogen durch die Liebe. Die Liebe zur Schönheit, wie Platons Symposion lehrt, kann mit der Liebe zu einem schönen Körper beginnen und steigert sich zum großen kosmischen Liebesspiel über die Liebe zur Weisheit, der Philo-Sophia. Natur und Kultur werden im Liebesspiel zum Einklang gebracht und wirken auf das Spiel der künstlerischen Gestaltung zurück. Das Element des Spiels verhindert die Reduktion auf das berechenbare Planen.

Im *Tagebuch des Verführers* zeigt Kierkegaard, wie das planende Berechnen das Spielerische und mit ihm die Liebe zerstört: Das Spiel verkümmert zum kalten Kalkül.

Die bedingungslose Liebe inspiriert die Mitspieler. Das Spiel beginnt immer wieder von Neuem mit dem Drang zur Gestaltung. Das selbstvergessene Tun im Spiel, *flow*, sendet Glückshormone aus. Glück im Spiel ist nicht an Gewinn gebunden. Das Spiel der Gestaltung beglückt den so Tätigen um seiner selbst willen. Es ist nicht notwendig auf ein Produkt fixiert. Auch das Spiel der schöpferischen Wahrnehmung kann beglücken –, das Erblicken der Schönheit, die im zielhaftberechnenden Tun übersehen wurde.

Die Freiheit des Spiels innerhalb selbst gesetzter Begrenzung erlöst den Menschen aus der Unveränderbarkeit des *status quo*. Dieser wird als Fremdbestimmung durchschaut, die der Freiheitsliebende durchbricht, um Mensch zu werden: „Der

Mensch ist nur dort ganz Mensch, wo er spielt"! Die Subjekt-Objekt-Trennung ist im Spiel aufgehoben, die *Leiden der Individuation*, an die Sterblichkeit gebunden, sind für diesen ewigen Augenblick suspendiert. Den „unbedingten Charakter der Freiheit" (Kant) bindet Schiller an die Möglichkeit des Spiels, das erst den Menschen zum Menschen macht. Freiheit, Spiel und Liebe treten miteinander in Bezug im Prozess der jeweils individuellen Menschwerdung; keiner der Momente ist isoliert vorstellbar. Aber alle diese Momente sind an die Situation des Einzelnen gebunden, Bestimmtheit und Bedingtheit des Menschen sind immer situativ, sowie auch das Denken darüber.

Nur im Spiel kann der Mensch sich aus der Situation lösen, in der er sich befindet: Er macht die Lage zu seiner Lage. – *Erkenne die Lage*, sagt Gottfried Benn. Indem er sich seiner Lage bewusst wird, befähigt ihn dies zum gestalterischen Spiel mit der Lage, die ihm zum Stoff der Formung wird. „Hätte ich nicht schreiben können, so hätte ich nicht überlebt", schrieb mir Nelly Sachs im Juni 1966.

Das Spiel lehrt die Möglichkeit von Selbstbestimmung in Freiheit.

Auch im bewussten Rollenspiel verhalte ich mich frei, nämlich in Distanz zur Rolle. Wenn ich in ihr aufgehe, hinter ihr verschwinde, bin ich unfrei. Ich bin also immer Bewusstsein des Spiels, das ich spiele, sogar im selbstvergessenen gestalterischen Tun: Ich wähle Worte, Farben, Töne oder die Perspektive in der schöpferischen Wahrnehmung. Ich bin im und außerhalb des Spiels. Die *lebende Gestalt*, als welche Schiller den Gegenstand des Spieltriebs benennt, ist in ihrer Einheit von sinnlichem Trieb (Leben) und Formtrieb (Gestalt) Gegenstand der Freiheit, „weder objektiv noch subjektiv zufällig". Indem ich mich selbst gestalterisch entwerfe, überschreite ich meine Geworfenheit in eine Situation. Spielerisch erfahre ich mich als offen, „aufzubrechen, wohin ich will" (Hölderlin).

Das Geistige kann auf die scheinbare Determiniertheit im Sozialen eine verändernde Wirkung ausüben. Darin besteht die Befreiung in der Kunst und der noch schwierigeren „Lebenskunst".

Deshalb ist die nicht inhaltsfixierte („abstrakte") Kunst den totalitären Staaten so gefährlich erschienen, dass sie diese als *dekadent* und *entartet* verboten haben, sowohl unter Stalin wie unter Hitler. Das gestalterische Spiel der Menschwerdung befreit aus der Fremdbestimmung und Manipulierbarkeit. Der spielerische Gestus ist dem Totalitären verdächtig. Er wird auch in der humorlosen und unspielerischen Bürokratie abgewiesen.[11] Ins Offene zu kommen, lädt der Mensch ein, der spielt. Eine neue Geborgenheit durch das Ausgesetztsein ins Offene entsteht: überall und nirgends zu Hause zu sein, fähig, im Unterwegs zwischen den Zeilen zu lesen. Das Interesse als ein Dazwischensein ist das Schwellenphänomen des Spielenden, der sich ins Offene begibt. Er steht am Übergang und ist Brücke, nicht zum Übermenschen, wie Zarathustra, nein, zum Menschen: da, wo er spielt und dadurch „in voller Bedeutung des Wortes Mensch ist". Ganz entgeistert von der Begeisterung der Spielenden auf der Bühne des Alltags schüttelt der Nützlichkeitsmensch den Kopf. Da ruft ihm einer zu: Wenn ihr nicht werdet wie die Kinder ... Diese Stimme hatte er schon einmal gehört – was hatte sie noch geflüstert ins innere Ohr, damals, als es noch offen war? Wenn zwei oder drei in meinem Namen zusammen sind, so bin ich mitten unter ihnen. Das war die Stimme der todbesiegenden Freiheit hinter dem Vorhang. Sätze, hingesprochen, diesseits geisttötender Systematisierung zur Nachfolge motivierend. Aber verfolgt wurde, wer nachfolgte. Die Institutionen fahren auf der Überholspur, gut verpackt im Kofferraum das Opium fürs Volk. Es sind die

---

[11] Vgl. G. DISCHNER, *Versuch über das Lachen*. In: dies., Die Laute der Liebe. Nordhausen 2009.

Schnellfahrer, die den ersten Stein warfen, als sie hören mussten: Bedenkt, ihr seid Götter! Den Stein auffangen und zu einem Ballspiel einladen –, wer wagt, gewinnt! Schiller öffnet einen neuen Zugang zur Menschheitsgeschichte. Er antizipiert den Paradigmenwechsel vom *homo oeconomicus* zum *homo aestheticus*. Dessen Spielernatur verführt zur *Nachfolge* (Vgl. GD 11, 10f). Sprachspielerisch schlüpft er in die Gedächtnislücken der Zuhörer und füllt sie mit Wortneubildungen – Worte wie seltene Blüten, duftend von Verheißung, verwehend im Morgen des Aufgangs. Wie aus weiter Ferne zu dir, Leser, Winke und Andeutungen umschweben das offenbare Geheimnis: Wir sind alle Mitspieler im großen Liebe-Spiel, auseinandergesetzt von den Oberlehrern der Herdentierherstellung. Entfernt auf getrenntesten Gipfeln rufen wir einsam ins Dunkel: Hörst du mein heimliches Rufen?

IV. Gedankensplitter zu Böhmes Liebe-Spiel

Böhme, der nach F. Schlegel *die Poesie erfunden* hat, singt das Liebe-Spiel des offenbaren Geheimnisses. Seine Sprach-Spiele machen den Empfangsbereiten zum Mitspieler: Im Anfang war das Wort!

Die Sprachspiele Böhmes sind wohlriechende Knospen. Sie öffnen sich zu Blüten in mir.

Aufgang der Knospe im Zeitlupentempo des staunenden Lesens der *Aurora.*

Sonnenaufgang, Knospen sprießen

Lieben solln wir und genießen!

In der Selbstliebe, *Philautia*, schöpfen wir uns selbst. Im Liebe-Spiel werden wir zu Menschen, im ursprünglichen Sinne liebesfähig für ein Du: Komm spiel mit mir!

Grundloses Lieben über dem Ungrund, Leibwerdung des Geistes: Nehmet hin und esset …

Dichtungsgesang: Wahrnehmen, Wahrgeben. König und Dame, die Spielkarten des Universums. Sie sind nicht gezinkt: „Alle sollen Könige werden" (Novalis) Win-win.

Transzendierung ins Diesseits: Böhmes *Physica coelestis* sollte Ritters ritterliche Tat werden. Bilden wir eine neue Tafelrunde? Böhme begründet den Gedanken der Wiederholung: Er beschreibt jede Species öfter und „immer tiefer". Das hat Sánchez gewiss in seiner Idee der Tiefenphänomenologie bestärkt, die eigentlich nur in einem *dichtenden Philosophieren* sich adäquat äußern kann. Nietzsches *Geburt der Tragödie* ist dafür ein gutes Beispiel – es ist noch ein Schritt über die Romantik hinaus, aber dieser verpflichtet. Wenn Nietzsche auf die Romantik schimpft, so meint er Wagner, nicht die Jenaer. Aber je tiefer, desto schwieriger in Sprache zu fassen! Böhme kann nur noch „lallen" am Ende.

Auch Dante kann, im Augenblick der Erleuchtung, im großen Liebe-Spiel mit Beatrice, nur noch lallen, als er das Ziel seiner mystischen Wanderung, im 33. Gesang der *Göttlichen Komödie*, erreicht: Staunend in die Wunderwelt des All-Einen zu blicken, die alle irdische Leuchtkraft übersteigt. Was er schaut, übersteigt alles sprachlich Fassbare, sodass das Gedächtnis versagt. Nur im immer *Wiederholten* des Unaussprechlichen kann Dante das Erlebnis wieder in Worte holen – ganz ähnlich wie Böhme zu gestalten versucht, was ihm in einer Viertelstunde geschah; das Ewig-Eine zu schauen. Dieses wandelt sich, weil, wie Dante „im Schaun mein Auge so genesen":

> Vor diesem Licht wird so der Blick gebannt,
> Daß nie kein Auge, das an ihm gehangen,
> Sich willentlich nach andrer Schau gewandt.
> Ist doch das Gut, nach dem wir all verlangen,
> In ihm beschlossen und in ihm vollendet,
> Was außer ihm in Mängel stets befangen. –
> Nun stockt, noch ehe mein Erinnern endet,
> Mein Wort und stammelt, wie ein Säugling lallt,
> Dem seiner Mutter Brust noch Labe spendet ...[12]

---

[12] DANTE, *Die Göttliche Komödie*. Dt. v. Friedrich Frh. v. Falkenhausen,

Nimmt Böhme nicht schon den Gedanken der *Seelenkunde* vorweg, der erst Jahrhunderte später zu einem intellektuellen Schwerpunkt wurde?

Finsternislicht, Todleben, das wären neue Worte, die das Zugleich der Erfahrung des Ungrundes erfassen könnten. Böhmes Entdeckung des Paradoxen ist in der Romantik zur *Poetologie* erhoben worden.

Erleuchtungen sprengen die alte Sprache. Neue Wortgeburten entstehen – wir haben sie bei Böhme und Dante schon gesehen!

Im Spiel geschieht der Selbstgeburtsprozess des Menschen – mit jedem Tag aufs Neue: Morgenröte im Aufgang. Wir schaffen selbst den Wahrnehmungshorizont (Husserl), der dies ermöglicht.

Liebend-spielerische Begegnung mit den anderen: Ich komme erst ganz zu mir, wenn ich zum anderen komme.

Spirituell-erotische Verschlingungsformen einer neuen Sprache: Eine Art Sprachtantrik entsteht im Wortwerden einer Erleuchtung von einer Viertelstunde.

Ich bewundere die Selbstkommunikationskraft Böhmes: Er führt uns sprachlich in das Liebe-Spiel ein. Der Einklang mit dem Kosmos ist möglich. Wann? Im ewigen Augenblick oder in einer Viertelstunde.

Im Lebens-Spielraum der Phantasie erblüht die innere Landschaft – ist denn das Weltall nicht in uns? (Novalis)

Spielend verjüngen wir uns in der Öffnung zum Ursprung. Im Aufgang, den wir geschehen lassen, schlüpfen wir aus der alten Identität. Dieser Vorgang ist einer Häutung vergleichbar – wir werden immer feinstofflicher: verwundbar – unverwundbar.

Kommt, spielen wir miteinander! Das Apfelballspiel, in dem wir uns erkennen und Kinder werden der zweiten Unschuld: Du bist min, ich bin din!

Menschwerdung im Wechsel-Spiel von Geben und Nehmen: Wer mischt die Karten neu? Wer gibt aus? Wer nimmt ab? Im Spiel

---

Frankfurt 1974, 447.

werden wir uns selbst offenbar, indem wir uns dem anderen offenbaren. Mein Geheimnis heißt: Ich habe nichts zu verbergen. Bin ich dir das offenbare Geheimnis?

Giordano Bruno nennt den Menschen den *Gott der Erde*, Baader nennt ihn den *Mikrotheos* –, sind wir die Götter und Teufel, von denen wir *träumen?*, fragt Angela Gleiberg. In jedem Spiel sind wir göttlich – unschuldig im ästhetischen Zustand, außerhalb der Zeit –, aber nur eine kurze Zeit lang.

Die Wiedergeburt findet hier und jetzt statt – jeden Tag aufs Neue der schmerzlich-freudige Geburtsprozess der Menschwerdung: ein ernstes Spiel!

Leben im Auf- und Untergang, nächtliche Sterbeübung, freudiges Erwachen: *Die Sonne tönt in alter Weise!*

Hervorgang und Hinweggang, Kommen und Gehen, „Willkommen und Abschied". Lebe stets so, als könntest du morgen sterben!

Sein und Nichts. Nichts und alles. Hen kai pan. Aber kein Pantheismus.

„Böhme sieht mit dem Auge des ‚Gemüthes' welches jene Innerlichkeit meint, die alle Kräfte so in Bewegung setzt, daß der Sehende mit dem Gesehenen ein ‚Leib' werden kann" (JS, 204).

Sánchez beschreibt die Aufhebung der Subjekt-Objekt-Trennung in der selbstgebärenden Wahrnehmung: der individuelle Beitrag am großen Liebe-Spiel.

Schlussgedanken: Wie geht es weiter?

Wenn Schiller im 6. Brief schreibt, dass durch die extremer werdende Arbeitsteilung die Menschen sich nicht mehr in Freiheit entfalten (wie der allein stehende Baum, der seine Äste ausbreiten kann), sondern zu „verkrüppelnden Gewächsen" werden, so beschreibt er 1796 prophetisch eine Situation, in der durch die Trennung von Hand- und Kopfarbeit der Mensch seinen eigenen Rhythmus (da an die Maschine und – heute an die Automation – angepasst) und damit sein Körpergefühl verliert. Gleichzeitig verliert er die vom Körper getragene Verbindung zu seinem Inneren und zur Natur.

Das allgemein herrschende Prinzip des Profits, dem alle Menschlichkeit fehlt, stellt den *funktionalen Menschen* her. Der funktionale Mensch, der immer verfügbar, immer *online* unter Dauerstrom nicht mehr zu sich kommt, erkrankt, physisch wie psychisch. Das System der nackten Ausbeutung um des Profits willens ist durch die Globalisierung des weltweiten Konkurrenzkampfes – wer nicht mitmacht, geht pleite – an seine selbstmörderische Grenze gekommen. Die Zunahme der Erkrankungen, physisch wie psychisch, öffnet durch den Verdienstausfall das Tor zur „Präventivmedizin", zu alternativen Heilmethoden, zu entspannenden Atemtechniken etc. – Unternehmer bezahlen Yogakurse und „Creativitytraining" für ihre Angestellten, um sie danach aber gnadenlos in den Arbeitsprozess menschenunwürdiger Beschleunigung zurückzustoßen, damit das Unternehmen „floriert". Wer unfähig oder unwillens ist, sich zum *funktionalen Menschen* reduzieren zu lassen, wird fallen gelassen: eine nicht nur industrielle, sondern inzwischen auf allen Ebenen des Arbeitsmarktes existierende – auch akademische – Reservearmee von Arbeitslosen wartet ja schon in den Startlöchern. Die Menschen werden im wahrsten Sinne des Wortes *verheizt*. Das Wort Burn-out, das am Ende dieses Prozesses zu Recht gebraucht wird, ist inzwischen, wie die damit verbundene Depression, zum Normalfall geworden. Vorbeugend, ohne den Wahnsinn der Arbeitswelt mit umweltzerstörerischer Produktionssteigerung infrage zu stellen, entsteht ein riesiger Markt alternativer „Entschleunigungs"-Methoden. Gut bezahlte Gurus, Heiler, Berater, Wellnessfachleute bieten den Gestressten Entspannungsmethoden an. Auch die Entspannungsmethoden der „Entschleunigung" werden immer „zeitersparender", um sich, zwischen der lebenszeitfressenden Arbeit, zu erholen. Sie sind nicht, was sie sein könnten, ein Mittel, um das ganze Wahnsystem der Arbeitswelt infrage zu stellen, sondern sie sind im Gegenteil ein Mittel, dieses Wahnsystem am Leben zu halten und dem *funktionalen Menschen* vorzugaukeln, er tue viel Gutes für sich. Freilich wird manchen Menschen durch alternative Heilmethoden klar, dass sie leibliche und sterbliche Wesen sind und nicht auswechselbare funktionierende Arbeitsroboter. Aber da viele von ihnen, vielleicht schon seit ihrer Studienzeit, in die Kreditfalle geraten sind, sehen sie keine Möglichkeit, dem krankmachenden Arbeitsprozess zu entfliehen. „Ihre Müßiggang-Idee einer Drei-Tage-Woche für alle ist ja schön und gut für Privilegierte, aber wie soll ich damit mein Haus abbezahlen und meinen zwei Kindern eine gute Ausbildung ermöglichen?" Diese Fragen werden mir gestellt bei Vortragsdiskussionen. Mein Hinweis auf den Verzicht statussymbolischer Produkte – von der Designer-Kleidung bis zu Autos und neuesten iPads – trifft auf Kopfschütteln. Der Zwang *in* zu sein und die Furcht, *out* zu sein ist größer als die Sehnsucht, selbstbestimmter über eigene Lebenszeit zu verfügen.

Also weiter zu rezeptartigen Entspannungsübungen in der „Freizeit", für die man dann wieder tüchtig arbeitet, um sie sich leisten zu können; die Entspanner aus der Arbeitstretmühle wollen verständlicherweise gut bezahlt werden, sie *arbeiten* ja schließlich und haben für ihre Ausbildung gut bezahlt. „*Erleben – Auftanken – Genießen*" so wird ein Kurs „Zeit im Puls" (Sept. 2012) in Salzburg angeboten von *St. Virgil*, die als *Eine Oase in der Stadt* den gestressten „freiwilligen" Arbeitssklaven eine Auszeit anbietet. Einleitend macht der Direktor von St. Virgil, Mag. Peter Braun, zu Recht darauf aufmerksam, dass unser „Bildungssystem vor dringenden und drängenden Reformen" steht. Aber diese Reformen sind überall und global nur Reformen zu einer *Aus*bildung auf dem Arbeitsmarkt, nicht Bildungsreformen.

Man verlangt – eines der neuen Modewörter – neben „Entschleunigung" jetzt „Nachhaltigkeit". Industriefirmen werben damit, und bei Lufthansa soll man seine Seele baumeln lassen: Alles alternativ Gedachte wird, kaum geboren, schon profittechnisch vermarktet, es ist Salz in der Suppe.

Wie den *circulus vitiosus* durchbrechen? Dafür gibt es kein Rezept. Der erste Schritt ist, ihn sich bewusst zu machen und zum ursprünglichen *Aufgang* in Muße zurückzublicken.

Reinhard Falter

Neue Vorsokratik versus Eurotaoismus oder: Was heißt es, Natur positiv zu denken?

Schon lange hat es mir das Romantikbuch von Sánchez angetan. Beeindruckt hat mich auch die konsequente Mahnung, dass der Mensch seine Vergänglichkeit realisieren und sich von dem Wahn freimachen müsse, er könne den Urgrund, das Sein selbst erkennen. Das habe nur zu einer Vergegenständlichung des Seins in der herkömmlichen Metaphysik geführt und schließlich zum Gegenschlag der Leugnung von Sein überhaupt im Szientismus und auch in der Phänomenologie, bis hin zur wichtigen Kritik an Heidegger, der den Grund immer noch als etwas im Begründen aktiv zu Leistendes versteht, also doch als menschlichen Akt und nicht als immer schon geschenkhaft gegeben.[1]

Als ich zum ersten Mal hörte, dass die Tiefenphänomenologie sich auch als neue Vorsokratik bezeichne,[2] horchte ich auf. Phänomenologien gab es schon viele, Göttinger und Münchner, neue Phänomenologie etc. ... und die meisten wollten nach Heidegger postmetaphysisch sein. Gemeint schien mir aber so

---

[1] José SÁNCHEZ DE MURILLO, *Durchbruch der Tiefenphänomenologie*. Stuttgart 2002, 143.
[2] DERS., ebd., 38 geht auf das „Denken im Aufgang" mit der Polarität von Heraklit und Parmenides ein. Hier erscheint das Wesentliche als Entdeckung der „Urtiefenphänomene" Werden und Sein in Wahrnehmen und Denken.

etwas wie eine „nachmetaphysische Vormetaphysik".[3] Doch mit dem Titel „neue Vorsokratik" und der Bezeichnung Jacob Böhmes als „deutschem Vorsokratiker" wurde mir schlagartig klar, in welcher Richtung zu suchen war. Wie könnte ich den Dank für diesen Hinweis besser abstatten als mit einigen Gedanken zur Fortsetzung.

Struktivität

Ich habe mein eigenes Projekt auch als Struktivitätsphilosophie bezeichnet. Das Wort erinnert – wie schon der von Heinrich Rombach verwendete Terminus Strukturontologie – vielleicht zu sehr an Struktur, womit wir etwas Starres verbinden. Doch da Struktivität etwas nur im Vollzug Wirkliches meint, hat es doch mit einer Struktur zu tun, die sich von der Substanz ablösen lässt im Übersetzen oder im Potenzieren (Homöopathie). Das Wirken des Nächtlichen ist weder aktiv noch passiv.[4] Das Kunstwort „struktiv" ist gebildet als Mittelbegriff zu aktiv und passiv und meint Wirken durch Sein statt Wirkung durch Tun. Struktiv ist das, was yin und Hyle (griech.) ist. Yang ist nicht Kausalität, sondern das Anstoßgebende, wie Energeia nicht Wirklichkeit, sondern das Verwirklichte ist und Dynamis nicht Möglichkeit, sondern das sich Verwirklichende. Vieles, was abwertend von der in der Moderne vergötterten Aktivität passiv (statt empfangend) genannt und empfunden wird, ist nicht passiv. Daher stellt sich die Frage, ob die Struktivität eine Mitte der bekannten Pole ist, oder ob passiv und aktiv nur Grenzfälle sind.[5] Vor allem wäre

---

[3] Hans Georg MÖLLER, Die philosophische Philosophie – Feng Youlans neue Metaphysik. Wiesbaden 2000, 27.

[4] Das Wort *struktiv* wurde von Manfred Porkert, einem Mediziner als Kunstwort zur Beschreibung der Wirkungsweise eingeführt, die im ostasiatischen Denken als Gegensatz zur aktiven (aber keineswegs als passiv und auch nicht akausal) gedacht wird.

[5] „Der Fall sein" und „ideell sein" sind gegenüber „auf dem Spiel

als Begriff „struktiv wirksam" polar zu „struktiv bestimmt" (nicht passiv, von innen durchflossen) zu bilden (entsprächen Fluss und Ufer, also männlich und weiblich) oder struktiv zu Struktur. Aber wir brauchen auch einen Ausdruck für struktiv wirkend versus durchflossen.

Einfachstes Beispiel ist das Flüssige, genauer: seine Gestaltbildung *der Fluss* ... Das Wasser arbeitet am Ufer = aktiv; das Ufer unterliegt der Formung = passiv. Das Ufer wirkt aber auch auf das Wasser zurück, durch sein Sein. Das ist struktiv, es wirkt durch seine Struktur oder vielmehr durch sein Sein. Das ist das, was in der griechischen Sprache die Medialformen beschreiben.

Dass diese Ausdrucksmöglichkeit des Mediums in den indoeuropäischen Sprachen verlorengegangen ist, ist Symptom der wachsenden Naturferne.

Was Natur ist, müssen wir von ihrem Medialsein her nehmen – plotinisch[6] gesagt von dem, wie sie die Dinge träumt. Das Prozesshafte ist das Träumende, die „Dinge" das Geträumte.

---

stehen" (innere Spannung und Variationsmöglichkeit einer Sache), von außen bedingt. Aristoteles nennt es „gewaltsame Bewegung". Aktiv und passiv sind Polaritäten der Fremdbestimmtheit. Diese entspräche dann einer Eigenbestimmtheit, die einen eher passiven Pol hat, nämlich das mediale Durchflossensein und einen eher aktiven, den Menschen z.B. im künstlerischen Werkgestalten erleben oder in der Liebe, die sich auf das Selbst des Geliebten richtet. „Gott ist Liebe" heißt auch, dass der Liebende teil hat an der schöpferischen Macht. Solowiev meint: „Jedes Wesen ist das, was es liebt". (*Vorlesungen über das Gottmenschentum,* Stuttgart 1921, 72).

[6] Plotin, der Vordenker eines prozesshaften Naturbegriffs in der Antike, lässt die Physis sprechen: „Ich liebe das Schauen und das, was in mir schaut, erzeugt zugleich den Gegenstand seiner Schau. So zeichnen die Mathematiker aus ihrer geistigen Schau heraus Figuren. Ich aber zeichne nichts, ich betrachte nur und die Formen der stofflichen Welt entstehen, als gingen sie aus mir hervor."

Tatsächlich entspricht das unserem Träumen. *Die Traumbilder sind Maja, das Träumen selbst ist etwas Reales.*[7] Medial sein kennen wir von unserem Menschsein; es ist aufbewahrt in Sprachen wie dem Griechischen.

Einheit von Ding und Zeichen

Nachsokratische Metaphysik ist gekennzeichnet durch die Spaltung von Ding und Zeichen, durch die die Dinge einen exklusiven Wirklichkeitsstatus und die Zeichen einen Freiheitsstatus bekommen.

Die Vorsokratiker denken nicht wie die Platoniker. Alles Sein ist Gegebensein. Es gibt kein Selbst (an sich), aber ebenso wenig gibt es das Gegenteil des platonischen Zerrbilds, bloße Materie. Alles kommt im Außersichsein, in der Entäußerung, in der Selbsttranszendierung (nicht zu verwechseln mit Entfremdung, denn beides ist Sog. Dynamis ist nicht Eigenschaft von etwas, sondern Eigenschaft für etwas. Eine Naturforschung, die dem gerecht werden will, fragt nicht nach Ursachen (die Dynamis ist schon das Wirkende), sondern nach Entfaltungen und Erfüllungen (diese wiederum dürfen nicht teleologisch gedacht werden. „Von selbst" bedeutet, dass das Wesen west, der Regen regnet, der Blitz blitzt.[8]

---

[7] Wenn der Naturphilosoph Ignaz P.V. Troxler (1780–1866) den Traum als die eigentliche Wirklichkeit zwischen die Gegenständlichkeit des Wachens und die Apeironalität des Schlafens stellt, wie der Fluss zwischen der Apeironalität des feldhaft Flüssigen und der Gestaltbildung spielt, dann sind die Objekte Maja und das Subjekt ebenso, wie das Traum-Ich. Das Traumbildende ist fließend und nicht ichartig (wie auch die Natur, die redet, aber nichts sagt).

[8] Nietzsche (KSA 5, 279) bezeichnet es als in der Sprache versteinerten Irrtum der Vernunft, zum Tun ein Sein hinzuzuerfinden; besser wäre einen Täter, da das Sein ein subjektloses Tun ist. Es ist die Teilwahrheit der Postmoderne, dass es kein Selbst gibt, sondern nur ein Von-selbst. Dabei ist freilich die Sinisierung zu vermeiden

Das Durchflossensein durch ein „von Selbst" (= die eigene Natur) ist nicht ein Selbst haben, sondern ein von ihm gehabt werden; das hieße, dass Freiheit die glänzende Außenseite der Entfremdung ist und wir meistens bei uns selbst sind, ohne Wahlmöglichkeit. Der Grundsatz des (nach)sokratischen Denkens ist: „Alles, was ist, ist etwas Bestimmtes." Alles hat in dreifacher Weise am Unbestimmten (Apeironalen) teil: 1. indem es ist, 2. indem es ein Prozess ist und 3. indem es Teil der Totalität ist. Diese dreifache Teilhabe wird im westlichen nachsokratischen Denken ausgeklammert. Denn Sein ist kein bestimmtes (Sein hat selbst keine Struktur, aber drückt sich so aus), sondern Sein ist prozessual und total. Diese drei – Existenz, Prozessualität und Totalitätsreferenz – machen das aus, was wir Selbst nennen. *Alles, was ein Bestimmtes ist, hat kein Selbst, sondern nur ein Von-Selbst.*

Warum ist die Überschreitung dieses Denkhorizontes wichtig?

Um verstehen zu lernen, was Natur ist, um ihr Gewebe nicht weiter zu zerstören und weil *das sokratische Denken nicht in der Lage ist, Natur zu erfassen.* (Sokrates sagt nicht von ungefähr, die Natur wolle ihn nichts lehren.) Es erfasst Natur als Ding von dem her, was man damit machen kann (als Material für Technik) und konstruiert einen Demiurgen, der nichts mit einem erfahrbaren Gott zu tun hat.

Mit dieser Form von Wahnsinn, die sich „Postmoderne", „schwaches Denken", „Strukturalismus", „Dekonstruktivismus" etc. nennt, sich zu beschäftigen lohnt nicht.[9] Aber es gibt

---

(dazu unten).

[9] Auch Heidegger will nicht zur Natur als zentraler Kategorie zurück, während die Vorsokratiker ihren Schriften den Titel „Peri Physeos" gaben. Stattdessen belegt er die griechischen Begriffe mit dem Zentralbegriff Dasein, der eine Scheinontologisierung von Bewusstsein ist, ein heimlicher Subjektivismus. Statt als animal rationale müsste man den Menschen definieren als landschafts-

auch keinen Weg zurück zur klassischen Metaphysik und damit auch nicht zum Christentum, denn dies hat sich als abschüssige Bahn erwiesen.

Wie die Ausrottung der Götter die Vorstufe war zum Tod des einen Gottes in der sog. Aufklärung, so war die Trennung in Dinge und Zeichen, sciencies und arts die Vorstufe zum Tod des Denkens in der Häppchenkost der Bologna-Studiengänge und des Internets. Dem entspricht als Drittes der Tod der Kunst, dessen Vorstufe ihre Autonomisierung war.

Vorsokratik versus Sinisierung oder Eurotaoismus[10]

Mit „vorsokratisch" ist oft „vormetaphysisch" gemeint, vor der Erfindung der Hinterwelt. Was z.B. Heraklit und Laotse verbindet ist die Nichtdualität. Sprache ist nichts prinzipiell anderes als Sein, weil die Welt Sprache ist, die uns ständig zuspricht.

Dieser Gedanke reicht in China bis ins 11. Jh. und auch im Mediterraneum mindestens bis an die Schwelle des Christentums. In Sallusts – des Beraters Julian Apostatas – Schrift über den Kosmos steht zentral:

> Warum die Mythen göttlich sind, ist eine philosophische Frage. Dass alle Dinge hingezogen sind zu dem, was ihnen ähnlich ist, und abgestoßen werden von dem, was ihnen unähnlich ist, heißt, daß unsere Denkweisen (Logoi) über die Götter ihnen ähnlich sein sollten, damit sie ihrer Seinsart würdig sind und sich die Sprechenden die Huld der Götter damit erwerben. Beides war nur in Mythen möglich. Denn die Mythen bilden die Götter darin ab, daß sie aussprechen und unausgesprochen lassen, verborgen lassen und sichtbar machen, zeigen und zudecken.
>
> Und sie haben an sich auch die Güte der Götter, insofern diese alle

---

sichtiges Wesen, die Rückseite des sprachfähigen (logon echon). Landschaftliche Zusammenhänge gab es auch vor dem Menschen schon, wurden aber nicht als solche erkannt.

[10] Am gleichnamigen Buch von Sloterdijk ist nur der Titel gut.

Menschen mit den gegenständlichen Gaben (der Sinnenwelt) beglücken, nur die nachdenkenden Menschen aber mit der Einsicht (der geistigen Welt). So sagen die Mythen zwar allen, daß es Götter gibt, aber nur denen, die sich darum bemühen, was sie sind.
Die Mythen bilden auch die Wirkungsweisen (energeias) der Götter nach. Man kann sogar den Kosmos einen Mythos nennen, insofern auch in ihm die Körper und Gegenstände offenbar sind, die Seele und Geister sich aber verbergen.[11]

Dass die Welt selbst ein Mythos – und nicht nur Gleichnis – ist, bedeutet, dass die Wirklichkeit Sprache ist.[12] Die Natur als Ganze ist Sprache, in der nicht Gott allein den Menschen anspricht, sondern alle Wesen einander, wie sie in einem häufigen Motiv antiker Fibeln erscheint.

Das Schöne war immer schon bildhaft (damit todesverwandt; der Tod ist Bildwerdung). Es ist gleichviel, ob es selbst oder sein Abbild erscheint.

Was ist die Abgrenzung von der postmodernen Nachmetaphysik?

Heute wird alles als Diskurs aufgefasst und die Verbindlichkeit einer Wirklichkeit negiert. Den Autoren, die weniger denken, wird das Gerede zur Welt, wie allen modischen Soziologen und Diskursethikern, während die Vormetaphysik die Welt als Sprache fasst.

---

[11] SALLUSTIOS, *Über die Götter und die Welt*. (Übers. v. R. Falter) Wilamowitz hat dies mit Recht dem Goethe'schen „Alles Vergängliche ist nur ein Gleichnis" an die Seite gestellt (Wyss 375); es ist sogar mehr.
[12] Pawel FLORENSKI (*Meinen Kindern,* Stuttgart 1993) meint, jedes Wort sei ein Mythos, nämlich der Kern einer möglichen Erzählung. Denn das Wort ist ein zu einem Knäuel aufgewickelter Satz, der Satz ist ein vollständig entwickeltes Wort (149). Das Wort hat zweierlei Bezug: den magischen auf das, was es wirkt (Eindruck), und den mystischen auf das, woran es Anteil nimmt (Ausdruck). (208).

Demnach wäre die Metaphysik die Mittelstufe zwischen der göttlichen Physik und dem allumfassenden Geschwätz der Hermeneutik, wie das Christentum bzw. der Monotheismus das Mittelglied zwischen Erfahrungsreligion[13] und Atheismus ist.

Die ontologische Differenz von Sein und Seiendem entsteht aus einem Zwang der Logik (nicht des Logos). Das Denken zwingt mit der Geste des Erscheinens, Aufgehens, etc. etwas anzunehmen, was erscheint. Doch ist das nur die Frage, was der Wind denn sei, wenn er sich gelegt hat. Die einzig sinnvolle Antwort darauf ist die mythische. Wenn man anfängt, das, was nur dem Denken zugänglich ist, grundlegender zu setzen als das Erfahrbare,[14] ist bereits die abschüssige Bahn des Logozentrismus betreten, die José Sánchez de Murillo sehr gut benennt:

> Die Angst vor der Abgründigkeit des Seins führt den Menschen zum Besitzdenken. Dadurch wird das Verhältnis umgestellt und der Mensch, der nach dem Geheimnis seiner Herkunft fragen wollte, findet sich unbemerkt als die wissende Mitte der Welt wieder. Wer nämlich das wahrhaft Seiende, genannt Gott, denken und beschreiben kann, steht höher als dieser.[15]

Das Sein ist nicht das nur Denkbare, sondern das nur dem liebenden Blick Wahrnehmbare.

Der Fehler des Materialismus – dem der Hydromaterialismus als Denken des Stofflichen als im Wesentlichen flüssig wie das Wasser, obwohl es auch als Eis und Dampf vorkommt[16],

---

[13] Vgl. R. FALTER, *Die Götter der Erfahrungsreligion wieder verstehen*. In: Heidnisches Jahrbuch 1 (2006) 90–146.

[14] Solowjew hat es schön ausgedrückt: Das Was ist erfahrbar, das Dass ist nur dem Denken oder Glauben zugänglich. Sein ist aber nicht bloßes Dass.

[15] José SÁNCHEZ DE MURILLO, *Der Geist der deutschen Romantik*. München 1986, 350.

[16] Was wir Hydromaterialismus nennen (s.u.), geht von durch Polaritäten gebildeten Feldern aus, die zwar nicht Nichts sind, und insofern nicht Gegenstands-, sondern Raumwirkungen. Nur so lässt

entgegentritt –, beginnt in gewisser Weise mindestens bei Aristoteles. Dieser unterstellt den Vorsokratikern, es sei ihnen bei der Frage der Arche um eine Stoffursache gegangen. Er beruht jedoch auf dem Fehler des Parmenides, an den Anfang (statt einer echten Polarität) den Gegensatz von Sein und Nichtsein zu setzen. Wenn Sein nämlich nicht auch das sog. Nichts umfasst, wenn es nur ein Pol ist, dessen Gegenpol das Nichts ist, dann ist es nicht das Ganze und wir brauchen ein anderes Wort für das Gesamt der Polarität Sein-Nichts.

Hier liegt die entscheidende Differenz zu dem postmodernen Import ostasiatischen Denkens. Wenn die postmoderne Auslegung der östlichen Tradition als „Abwesen" stimmt, und die chinesische Philosophiegeschichte auf eine Logik ohne Logos hinausgelaufen ist, dann liegt hier ein zum Abendland alternativer, gleichfalls fehlgegangener Weg vor. Der Grundfehler des östlichen Denkens ist jedenfalls von Solowjew scharf erkannt worden als Verneinung des Seins.

Das Sein im Seienden ist ein Flüssiges. Es ist nicht Steigerung des Festigkeitscharakters, wozu es der Platonismus umfälscht, noch ist es Negation. Nur relativ zum Festen ist das Flüssige Negation. Es allein dadurch definieren heißt, es nicht positiv denken.

Liebe ist weder die westliche Verfehlung des „volo ut sis"[17] noch die östliche des Lassens, das letztlich Gleichgültigkeit ist.

Und ebenso wichtig ist zu begreifen, dass es nicht nur die Alternative von Faktischem und Subjektivem gibt, sondern das, was auf dem Spiel steht; freilich ist dies nicht am Subjekt vorbei zu realisieren. Das Käschsymbol eines runden Himmels über quadratischer Erde ist nicht einfach gleich gültig mit seiner

---

sich der Primat des bisher im Abendland negativierten Weiblichen, des Raumes, der Natur, des „Nichts" denken.

[17] Nach Byung-Chul Han (*Abwesen*, Berlin 2007, 12) von Heidegger emphatisch bejaht.

Umkehrung. Der Erweis davon ist, dass es zu einem Grundsymbol einer großen Kultur geworden ist.

Damit wird aus der Zwei die Drei. Jede echte Polarität ist so. Leib ohne Seele ist Leiche und nicht Leib, Seele ohne Leib ist Gespenst und nicht Seele. Ufer ohne Fluss ist Abhang, Fluss ohne Ufer ist Sumpf etc. Alles Relationale ist durch ein Drittes, das sich als Ähnlichkeit fassen lässt, verbunden, und zwar ist dieses Dritte als das Vorgängige und Eigentliche zu denken. Fluss und Ufer zusammen sind erst Fluss im eigentlichen Sinn. Leib und Seele sind erst Leib im eigentlichen Sinn, zu Denkendes und Vorstellung erst Gedanke im eigentlichen Sinn, Ausdruck und Eindruck erst Ausdruck im eigentlichen Sinn.

Es geht also bei der Synthese von Ost und West zugleich um einen dritten Weg. Denn der östliche ist nicht selbst die bessere Alternative.

Byung-Chul Han betont, dass das Abwesen eines Subjekts weder cogito noch cogitor meint. Der Gedanke, der einfällt, hat keine Kraft oder Fallhöhe (120), er ist „einfach" da. Byung-Chul Han vergleicht das beleuchtende Licht des Barock mit dem „stehenden Licht", das japanische Papierwände erzeugen. Das ist nicht das, was wir mit Struktivität meinen. Buddhismus wie Ikebana und die japanischen Gärten haben etwas Lebensfeindliches (sie sehen das Wesentliche im Satori, in der Abschneidung vom Verwurzeltsein und Streben). Wir meinen mit struktiv ein wirkliches Geschehen, nicht nur Geschichte, nicht nur ein Aufleuchten. Zwar gibt der chinesische Ersatz für das Passiv[18] nicht ein Betroffensein, sondern ein Zuschauen, ein aus dem Handlungszusammenhang Draußen-Bleiben wieder und entspricht damit der betrachtend träumenden Haltung der Natur bei Plotin, aber auch bei manchen Stellen von

---

[18] Statt „sie wird geliebt" „sie sieht lieben", wonach also das Passiv einen Zuschauerstatus bezeichnet, griechisch gesagt: einen Status der theoria, wie ihn Plotin für die Natur ansetzt.

Heidegger,[19] doch Natur verstehen wir auch als mächtig. Subjektlos heißt nicht ohne Subjekt, sondern (nicht mit dem einzelnen) mit dem Ganzen als Subjekt. Wir stehen näher beim Schöpfer als beim Nichts, aber der Schöpfer ist uns nicht Zentrum, sondern Umgreifendes (Raum). Das „Es" ist kein „Phantomsubjekt", und Heidegger hat nicht Mühe, subjektlos zu denken, als wäre er ein Postmodernist, sondern das „es" ist tatsächlich ein „dämonisches Übersubjekt",[20] nämlich der Gesamtzusammenhang. Die gepriesene Nüchternheit der Sinisierung und Postmoderne sehe ich als flach. Byung-Chul Han wendet diese Flachheit explizit zum Qualitätsmerkmal. Der Himmel hat keine Tiefe, wenn er als Muster des Nichtredens dargestellt wird, dann nicht, weil er etwas Unsagbares bergen würde, etwas Größeres als sagbar ist, nicht weil die Rede zu wenig, sondern weil sie zu viel wäre. Der wirklich Ost und West verbindende Weise müsste das Zusammenfallen dieses Zuwenig und Zuviel denken – in einer nicht mehr quantitativen Dimension. Das Zuviel an Geschwätzigkeit meint ja einen Willen zu einem Ausdruck, der aus einem Defizit kommt, nämlich einem *Defizit an Selbstverständlichkeit (erst das werden müssen, was man ist)*. Das Zuwenig an Sagbarkeit ist ein *Defizit an der Möglichkeit zu werden, was man ist*. Der Mensch kennt beides (er ist „nie ganz er selbst" heißt: er ist Werdender und auch als solcher kommt er nicht an). Die Konstruktion einer Vollkommenheit, die beides nicht nötig hätte, ist negativ. Der westliche Gott ist immer schon alles, der östliche ist zufrieden mit seinem Nichtsein. Beides ist unfruchtbar und nur in der Negation erschlossen. Bejahung des Unterwegsseins und des nie Ankommens ist auch nicht *Der Weg ist das Ziel*, so sehr der Fluss das ist, was Quelle und Meer Sinn gibt, weil Sinn Weg ist.

---

[19] Heidegger: „Während Gott spielt, wird Welt" (*Der Satz vom Grund*, 167).
[20] was Byung-Chul Han negativ meint (128).

Der Fluss spiegelt als Weg das wider, weshalb die Welt selbst Fluss ist (*der Fluss strömt auch nicht um des momentanen Glückes, sondern um des Ausdrucks willen. Nur die Ausdrucksbewegung ist durchflossene – geniale – Bewegung*), und der Mensch das, weshalb die Welt selbst Mensch ist.

Erfüllung gibt es immer nur in der senkrechten Dimension[21] als Spiegel eines größeren, nie im Erreichen eines Zieles, aber ebenso wenig in dessen Verweigerung. Das Sein ist dem Weg näher als das Nichts, und insofern ist das Abendland auch philosophisch gewichtiger als der Osten.

Hydromaterialismus

„Neue Vorsokratik" ist hier zu radikalisieren zu neuem Heraklitismus. Wichtig ist zu verstehen, dass das Apeiron bei Anaximander kein Stoff ist. Das „aus heraus", worin die Dinge entstehen, hat freilich mit dem Stoff etwas gemein. Wenn wir sagen, ein Ding besteht aus etwas, so können wir auch sagen: sein Wesen verkörpert sich (stärker gesagt: verbirgt sich oder gar verschwindet bzw. stirbt) in dieses Etwas hinein. Aufgehen ist immer schon zugleich ein Untergehen. Das Apeiron, das unauslotbar umfassende, in dem es keine em-peiria (Auslotung) gibt, hat die Struktur eines Ortes. Und auch die vier Elemente haben Ortscharakter,[22] sind aber auch zugleich Wandlungs-

---

[21] Die Senkrechte ist die Dimension der Bedeutung – weder „von her" noch „hin zu". Ihre Pole sind Form als was etwas ist (ti än einai) und Stoff. Es ist genau das Wasser, das dem Strom seinen Inhalt gibt, indem es sich im Strömen darstellt, es gibt kein Strömendes jenseits des Stroms. Der Stoff (und besonders das Element als Reindarstellung einer der vier Stoffgrundtendenzen) ist nicht ein Abfall oder ein Hinzukommendes, sondern er ist Pol der Form. Das Wasser ist Darstellung (Leib) des Fließenden, das Fließende ist Seele des Wassers, nicht etwas Besonderes außerhalb seiner selbst.

[22] „Sich zum Ort machen für anderes" und „zur Materie für anderes werden" sind eng verwandte (empedokleische) Gesten.

phasen, sie sind keine Stoffe bzw. Stoff ist ein Sonderfall von Ortsein, nämlich der, wie die Erde Ort ist. Die Luft ist Ort als Medium.[23] Von der Materie aus denken heißt nicht, alles in Substanz und Akzidens aufteilen. So wie ein Ort nicht nur durch eine Polarität, sondern durch ein Polaritätenkreuz von horizontaler und vertikaler Dimension (Troxler nennt es den allgemeinen Naturtypus, das Geviert der Viergötterbilder der Antike[24] meint dasselbe) gebildet wird, so auch jeder Gegenstand, jede actual entity. Sie hat die Dimension des bestimmten Seins (ideal) und des realen Seins. Etwas Bestimmtes sein (die Ordnung von Typischem und Partikularem) ist jenseits von real oder ideal, aber auch Realität (Erschienenheit, mögliche Wirkungen habend) ist jenseits von Bestimmtsein (Formhaben) oder Materiesein.

---

[23] Buchheim hat sehr schön hergeleitet, dass Luft bei Anaximenes ein Medium ist. Alle Elemente antworten auf die Frage „woraus", aber nur die Erde ist „woraus" im stofflichen Sinn, Luft ist das im Sinn eines Lebensträgers oder Mediums, Feuer ist Antwort auf die Frage nach der treibenden Energie (verwirrender Weise dynamis) und Wasser nach der Form der Verwirklichung (Energeia). – Ein sinnvoller Verständnisansatz ist, dass mit dem Feuer auch das als Wandlungselement gedacht ist, was wir nicht Wandlungsphase, sondern Wandlungsursache nennen würden, das heißt, dass Phasen und Ursachen nicht geschieden sind, sondern Phasen als die jeweils das nächste aus sich hervortreibend und Ursachen als selbst seiend gedacht werden. – Sicher ist richtig, dass die Elemente Lebenselemente sind, das heißt, dass sie die Grundbedingungen von Leben sind, als Medium, Inkarnationsmöglichkeit, Trieb und Treibendes, und dass die Daseinsformen der Naturreiche als Vereinseitigungen zu gelten haben. Das sog. Anorganische ist das, wo die Inkarniertheit, das Flüssige, wo der Trieb, das gasförmig chaotisch Windhafte, wo das Mediumsein und das Feurige, wo das Umwandelnde (durch Vernichtung zur Verflüssigung) dominiert.
[24] R. FALTER, *Horizont, Quelle, Berg und Fluss*. In: Aufgang 5 (2008), 75–99.

Daher ist die scholastische Betonung der zweiwertigen Logik von Substanz und Akzidens eine Zerstörung des Aristotelismus mit seiner Kreuzstruktur von waagrechten gegenständlichen (kausalen) und senkrechten Ähnlichkeits- und Potenzierungszusammenhängen, die durch die Götter ausgedrückt werden.[25] Im westlichen Denken stehen sich *Substanz und Kraft*[26] gegenüber, im östlichen *zyklischer Wechsel und gegenseitige Durchdringung*. Deshalb sind auch hier Zeit und Raum in den gleichen Kategorien auslegbar: Zwar ist der Himmel rund – die Zeit zyklisch – und die Erde viereckig (wie es im Altchinesischen bis zur Symbolik der Käschmünzen selbstverständlich war), aber der Raum verliert nach außen an Dichte, seine Mitte ist eine Achse, Zeit ist eine Spirale, also der nach oben weisende Wirbel.[27]

Ein wesentlicher Ansatz der Struktivität und des Hydromaterialismus bzw. einer neuen Vorsokratik ist, den Stoff der Welt dynamisch und das heißt flüssig zu denken.[28] Das Subjekt gibt es wohl, aber es ist unterwegs und nur im Unterwegssein es selbst (aqua viva Prinzip). Das Subjekt ist nicht Schöpfer, sondern Gefäß. In gewisser Weise ist die Materie das yin aktiv bzw. die bewirkende Seite dadurch, dass das Wirksame bzw. die Materie als wesensmäßig flüssig gedacht wird. Was wirklich ist,

---

[25] Jedes Übersetzen ist bereits ein Transzendieren. Der Grieche erfasst dies in dem Wort Symbolon (auch Fuge, Naht, Gelenk). Vgl. Heidegger, *Grundbegriffe der Metaphysik*. Frankfurt 2004, 447).
[26] Ursprünglich ist, dass Substanz kausal-teleologisch und Kraft struktiv-göttlich gedacht wird.
[27] Marcel GRANET *Das chinesische Denken*. Eingeleitet von Manfred Porkert München 1980, 63 ff.
[28] Der frühe Buddhismus weiß, dass es kein Atman gibt (Nagarjuna: *Die Lehre von der Mitte*. Chinesisch/Deutsch, hg. von Lutz Geldsetzer, Hamburg 2010, 104) und zwar in dem Sinn, als es kein Selbst, sondern nur ein „Von selbst" gibt, ein Grund, aus dem geschöpft werden kann, aber das „Subjekt" des Schöpfens verändert sich im Schöpfen wie der Fluss im Fließen.

ist immer flussartig, nur das Flussartige wirkt (corpora non agunt nisi fluida, sagten die Alchemisten). Es gibt nichts Seiendes, das völlig geronnen (völlig ausgelebt, ausgewirkt) wäre, keinen Überschuss, kein „Mehr"[29] hätte; das wäre die *Materia prima*. Auch die scheinbar völlig geronnene Form wirkt weiter. Tatsächlich ist die Unschärfe ein Indiz des Noch-nicht-ausgewirkt-Habens. Das Aqua-viva-Prinzip wirkt auf allen Stufen. Das Wasser muss fließen, auch wenn es Potential- und Erosionskraftverlust bedeutet, die Pflanze muss wachsen, auch wenn dies Verholzung und damit schließlich Tod bedeutet, das Tier sich bewegen: Die Unumgänglichkeit der Nahrungsaufnahme verhindert das Einrosten, wie bei der Pflanze die Unumgänglichkeit des Wachsens. Der Mensch muss denken, auch wenn Nervenprozesse eine abbauende Tätigkeit sind. Das Selbst bleibt nur in der Veränderung. Das Aqua-viva-Prinzip gibt es auch im Himmelsmechanischen des Rotationsgleichgewichts und in der Statik des Schlusssteins im Rundbogen.

Der Reduktionismus denkt den Stoff körperartig oder im Modell eines Planetensystems. Die Bewegung ist eingegangen in einer bleibenden Gestalt. In Wirklichkeit aber gibt es keine einzelnen Planetensysteme; sie sind Teil einer großen Grundbewegung, die mechanistisch als Expansion gefasst wird, was aber wohl wieder nur die eine Bewegungsrichtung einer großen Pulsation ist. Das Hin und Her (Spiel) der Pulsation[30] ist auch

---

[29] Kein Wesen realisiert sich in einem Moment ganz. Ich bin immer nur Kind oder Erwachsener oder Greis, aber immer doch mehr, als was ich aktuell darstelle. Das Mehr ist insofern zugleich ein Minder, nämlich die Nichtrealisierbarkeit im Moment, das Angewiesensein auf Zeit der Entwicklung.

[30] Die Polarität des Innen und Außen bringt selbst das Hin und Her hervor. Das Hin und Her ist direkte Wirkung der Polarität. Die Polarität wird real, indem sie sich vermittelt, sie wird dadurch zugleich relativ, dynamisch und körperlich. Relativ, dynamisch und körperlich sind Voraussetzungen von Wirkung (Wirklichkeit).

sonst (etwa bei der Pflanze) Darstellung eines Kreisens nichtmechanischer Art, wofür das mythische Bild das In-sich-Zurückströmen des Okeanos oder der sich in den Schwanz beißende Drache ist. So denken wir es auch beim All. Das Planetenmodell ist Bewegung, eingeschlossen im Primat des Festen. Wir setzen dagegen: Das Feste ist eine Phase der Allbewegung, sei es durchflossen als stehende Welle oder als aufgehäuft und langsam wieder abgetragen, dass es unseren Beobachtungszeitraum überschreitet.

Also nur für das je Einzelne gilt: Die dynamis kommt in der energeia zur Ruhe, für das Gesamte aber: alle energeia (Vollendung, Form) besteht nur durch ständigen Zustrom der dynamis. Dies ist für Gaia das Sonnenlicht. Also ist es letztlich das Außen, das treibt, alles Wesentliche ist Geschenk. In Bezug auf die Welt als ganze können wir uns freilich kein Außen denken. Das bedeutet: Wir können das All nicht denken, es sei denn, wir imaginierten ein Apeiron als seinen Außenpol zu ihm hinzu und dächten dieses Apeiron als reine Energie (antik wäre das dynamis und nicht energeia). Wenn wir das aber nun zusammenhalten damit, dass Geistwirkung Umraumwirkung ist, dass die Welt eingelegt ist in Geist wie die Erde in Atmosphäre, dann gäbe es sogar ein Außen der Welt. Materiell mag der Geist sogar ein Produkt des Festen sein, wie die Atmosphäre ein Produkt der Erde. Darin liegt die Wahrheit der heraklitischen Vorstellung des Sich-Nährens der Gestirne von den Dünsten der Erde wie der Götter vom Opferduft.

Es ist eine durchaus interessante Frage, inwiefern die Welt eine Einheit ist, ob ihr ein Gattungsbegriff zugeschrieben werden kann oder nicht – nicht einmal der des vom „Nichts" abgegrenzten Seins, da die Welt auch das Nichts umfassen müsste. Demgegenüber stünde ein Ansatz, wie er mir ursprünglich vorschwebte, alles als physis zu betrachten, d.h. mit der Struktur eines Aufgehens aus dem Apeiron. Dann gäbe es im Ganzen nichts Unnatürliches (vgl. die Relativität der Nichtresorbierbarkeit von Kunststoffen). Was wir Natur im werthaften Sinn nennen, wäre dann eine Natur bestimmter Größenordnung unserer Lebensspanne und unseren Sinnesorganen sowie unserem Denkvermögen angemessen. Im Extremfall wäre dann Wert eine Sphäre quantitativer Angemessenheit. Es scheint richtig zu sein, dass die Welt als ganze (wie schon der Fluss, von dem immer nur ein Abschnitt überblickbar ist) nicht sinnlich wahrgenommen, sondern nur gedacht werden kann. Das Denken aber bewegt sich in Relationen. Logos ist ursprünglich „Verhältnis", und das Grundverhältnis der Verhältnisse ist, dass sie analog sind, dass sie Varianten von einander sind. Wieder stoßen wir auf das Urphänomen der Urphänomene, die Polarität,[31] und diese scheint zugleich der Berührungspunkt von Wahrnehmen und Denken zu sein. Wir denken in Polaritäten, in Verschiedenheiten eines Typus (in dem das Polare verbunden ist) und wir nehmen wahr, indem wir Unterschiede wahrnehmen. Das Denken zielt auf die Einheit, das Wahrnehmen auf die Verschiedenheit. Das Denken ist immer schon vorweggenommene Einheit, weil es keinen einzelnen Gedanken gibt, der nicht durchdrungen wäre vom Gesamt eines menschlichen Denkens und weil es keinen Satz gibt, der nicht einer Sprache angehörte; insofern sind Sprache und „Denkgesamt" Modelle von Welt.[32]

---

[31] Der Polarität steht der wertende Gegensatz, insbesondere die Gegenüberstellung von Gut und Böse, gegenüber. Des Nachdenkens wert ist einerseits, ob Schema und polares Urphänomen selbst eine Polarität oder einen antithetischen Gegensatz bilden, und andererseits, ob Gut und Böse nicht letztlich quantitative Unterschiede sind (mit Nichtigkeit des Bösen).

[32] Die Einschränkung, Sprache impliziere im Gegensatz zu Ausdruck die Absicht verstanden zu werden (R. SPAEMANN, *Schritte über uns hinaus*. I, 2010, 176), gilt vom Sprechen, nicht von der Sprache; der Sprecher will verstanden werden, nicht die Sprache.

Es gilt auch die Umdrehung: *Die Welt ist Sprache* – auch in dem Sinn, wie Sprache vorgängig das Umfassende der beiden Pole von Sprecher und Hörer ist,[33] des Universums alles dessen, was Ausdruck hat. Der Ausdruck richtet sich an die Wahrnehmung und wird immer nur als Teil erfasst, ist aber Ausdruck eines Ganzen, dessen einfachstes Bild der Fluss ist. Dieser ist auch Bild der Unendlichkeit. Die Wahrnehmung bildet das Wesen, das Denken die Verwobenheit ab, und kann dies nur, weil die Wahrnehmung einzeln (Ereignis) und das Denken Netz ist. Die Welt bringt also in der Denkfähigkeit ihr Abbild hervor, das zugleich ihr Spiegel ist.

Natur positiv denken

Das Grundanliegen ist, Natur (physis) wieder als Ursprung zu denken und nicht als Gegenbegriff, der nur in der negativen Abgrenzung gegen andere Begriffe wie Gott, Geist, Gnade, Recht, Technik Kontur gewinnt.

Der Naturbegriff ist heute fast durchgängig gekennzeichnet dadurch, dass er etwas emphatisch macht und gleichzeitig

---

[33] Sprache entsteht nicht zwischen Sprechern im Gespräch, sondern macht erst das Gespräch und damit die Sprecher. So ist die Welt das alle Polarität aus sich Ausgliedernde. Das eigentlich zu Denkende ist: Ein Wesen spricht sich aus, indem es teilhat an einer Sprache, die nicht nur die seine ist. Dass alles, was ist, etwas ist, heißt zwar nicht „all von etwas", auch nicht „all von Seiendem", sondern heißt Spiel des Seins. Spiel des Seins ist nicht nur Variante des Seins, sondern Mundstück des Seins, und das, wovon etwas Mundstück sein kann, ist die Sprache. Das Sein ist wesentlich ein sich Aussprechendes, freilich nicht ein sich aussprechendes Seiendes oder Objekt, sondern das Sein ist wesentlich Fluss, der sich ergießt und im Sich-Ergießen sowohl murmelt als auch sich anders bewegt, sowie eine Gestalt ausbildet. Das Gestaltwerden ist zugleich ein Sich-Ausdrücken und Aussprechen und das sich Ausdrückende ist kein Objekt, sondern selbst ein Verhältnis, wie auch Sprache ein Verhältnis ist und zwar ein Verhältnis von Allem zu Allem.

peiorativ denkt. Deshalb ist Natur für die Neuscholastiker immer noch das Entgegen zu Gott und Gnade, für die anderen das Entgegen zu Vernunft und Moral, für die Naturfreaks zu Technik. Demgegenüber sei betont, dass Natur, als etwas Defizitäres gedacht, nie Natur (physis) ist, Physis ist immer schon ein „Über-sich-Hinaus". Sie trägt z.B. eine ästhetische, eine sinnbildliche und eine wesenhafte Dimension in sich.[34] Natur ist nur das, was auch Spiegel ist und was als Melodie mit allen anderen Melodien in der Verbundenheit der Ähnlichkeit steht.

Natur ist heute zwar positiv gewertet – kaum eine Reklame für ein Produkt, das sie nicht benutzt –, ontologisch aber negativ besetzt. Das ist noch eine Nachwirkung des Judaismus, der den außerweltlichen Gott als ursprünglich und ihm gegenüber Natur als Gemächt sekundär setzt. Technik ist zwar dann Gemächt zweiter Ordnung, aber andererseits Mimesis Gottes. Geist gilt Gott näher als die Eigentendenz des Stoffes (das Von-Selbst). Technik ist zwar teilweise moralisch negativ besetzt, meist in naiver Weise ambivalent und unterschieden, z.B. zwischen humaner und inhumaner Nutzung (nicht etwa zwischen naturverträglicher und naturzerstörerischer), aber das reicht nicht, sie muss ontologisch negativ gesetzt werden. Heidegger etwa sieht auch in der Technik einen Anspruch des Seins. Ich sehe in ihr einen Anschlag des gegen das Sein gerichteten Geistes, im Sinn von Ludwig Klages als Widersacher der Seele.[35] Dahinter steht die klare Empfindung, dass die Welt gespalten ist in Natur, mit der es gilt einverstanden zu sein, und Gemächtewelt, an die man sich nicht anpassen kann, ohne sich gleichzeitig der Natur zu

---

[34] Ebenso lässt sich sagen: Natur ist nie linear, nie bloßes Aufgehen, sondern immer kreisläufig, bzw. die Einheiten von Natur müssen so konzipiert werden, dass sie Kreisläufe bilden. Erosion ist keine Natur, sondern nur die Rückseite der Aufreibung der Erde.
[35] R. FALTER, *Ludwig Klages*. München 2003.

entfremden. Es kommt darauf an, den Umfang der Technik schlicht quantitativ zu begrenzen, sodass wieder Natur das Rahmengebende ist. Dazu muss aber auch die Menschheit quantitativ begrenzt werden.

Wir denken heute Natur nicht als Ursprüngliches, sondern in Absetzung vom Gemachten. Das entspricht unserer naturentfremdeten Lebenswelt. „Von Selbst" ist nicht gleichbedeutend mit „Nichtgemacht". Der Grieche denkt ebenso Menschsein und Geschichte als etwas, was eine Natur hat. Defizitär verstehen wir das als „die Menschen machen ihre Geschichte zwar selbst, aber nicht freiwillig". Gerade darin sind sie geschichtlich, das heißt geschichtsunterworfen, es ist nicht ihr subjektives und individuelles Wollen, sondern das Schicksal.

Genauso wie Natur positiv (nicht als Abwesenheit menschlicher Eingriffe) beschrieben werden muss, um zu einer Naturwissenschaft zu kommen, die diesen Namen verdient, muss das Geistige positiv (nicht als Abwesenheit von Materiellem) beschrieben werden, um eine wirkliche Geisteswissenschaft betreiben zu können.[36]

Geschichte positiv denken bedeutet nicht nur als vergangene Zeit ins Wesenlose gesunken.[37] Der große Historiker vollzieht im

---

[36] Michael Beleites weist darauf hin, dass der Begriff „unfreie Natur" ein Widerspruch in sich ist. Freiheit ist dabei einerseits natürlich nicht Willensfreiheit, andererseits aber auch nicht einfach nur physische Freiheit (nicht eingesperrt sein) es ist das Durchflossen-sein-Können, Angeschlossensein.

[37] Moeller van den Bruck war es, der Konservativismus positiv definierte – nicht als ein Hängen an dem, was gestern war, sondern als ein Leben aus dem, was immer gilt (MOELLER, *Die Konservative Revolution*. Darmstadt [4]1994, 116). Damit ist Konservativismus nicht mehr ein Zurückhalten in der Linearität, sondern die Alternative eines Kreismodells der Geschichte. Demgegenüber ist der auf das sterbende Christentum sich beziehende Pseudokonservativismus nach 1945 volles Versagen.

Medium menschlicher Rede und menschlichen Gedächtnisses eine Parallelbewegung zu dem, was der kosmische „Einschreibungsvorgang" ist, der in mythischer Rede Akaschachronik heißt. Es kommt viel darauf an, ihn nicht nur im mythischen Bild, sondern denkend vollziehbar zu machen.

Der große Historiker hebt gerade dadurch, dass er die kontingent faktischen Bedingungen darstellt, diese vom wesenhaften Geschehen ab und hebt damit dieses in den Bereich des aeí. Er unterscheidet *arche von aitia, hebt die Arche heraus*. Er verflüssigt, indem er (die Umstände, die aitiai) feststellt. Wie gelingt dieses paradoxe Unternehmen?

Seine Aussage ist nie kausal: „Weil das so gewesen ist, deshalb konnte …", sondern sie ist situierend, sie zeichnet durch die Angabe des historischen Ortes das Wesen.

Natur positiv zu denken gelingt nur in dem Maß, wie es gelingt, yin, das Weibliche, Tod und Muße positiv zu denken, ja selbst das Nichts darf nicht subtraktiv gedacht werden. Nichts ist nicht, was übrig bleibt, wenn alles abgezogen ist und mit dem letzten Objekt auch das Subjekt fällt, sondern Nichts ist, woraus das All entsteht, Gegenpol zum All das, was umgestülpt das All ist.[38] Am Anfang steht der Ur-Sprung, ein Nichts, gebildet durch die Polaritäten, der zweite Zustand. Die Umstülpung davon gibt ein Urpaar, dessen Beziehung (ein Ungreifbares) die Arche ist. Durch die Beziehung werden die Pole zu etwas Bestimmtem, als Mann und Frau, yin und yang. Dieses und jedes bestimmte Sein ist nicht etwas für sich, sondern wird bestimmt vom anderen; dass es mit ihm in Beziehung steht, muss der Bestimmtheit vorangehend gedacht werden.

---

[38] Das positive Nichts ist der Ort. Sein für anderes.

Ein Beitrag des Struktivitätsdenkens zum Positivdenken des yin ist, dass es ermöglicht, die Schwäche (Lassen) als Stärke, und damit das yin positiv zu formulieren.[39]

Wenn wir Natur positiv sehen wollen, müssen wir Gegenständlichkeit negativ als ein Defizit, als eine Unfähigkeit auffassen, nämlich die Unfähigkeit der Wesen dieser Stufe einander zu durchdringen und sich miteinander zu vermischen, was bereits auf der zweiten Potenzstufe das Normale ist.[40]

Natur positiv zu denken ist eng verflochten damit, auch den Tod positiv zu denken und Wirken durch Sein zu denken. Tod positiv denken – am schönsten formuliert durch Goethe, er sei das Mittel der Natur, viel Leben zu haben, und überspitzt in der Überlegung vom Tod als Luxus bedeutet, von daher zu denken, dass jedes „Individuum" nur Bruchstück ist und dass alles nur lebt, indem es anderes am Leben hindert.

Die Unfähigkeit, Natur positiv zu definieren, wächst parallel dazu, dass auch Muße nur noch in Abhebung von Arbeit als „Freizeit", nicht mehr positiv, wie bei den Griechen mindestens bis zu Aristoteles, als dem Leben der Götter nahes Leben beschrieben werden kann, nämlich als Selbstsein. Das zeigt, dass Natur als das Zweckfreie verstanden werden muss. Die Scheidung von Arbeit und Muße ist genauso wenig kulturrelativ wie die von Natur und Hergestelltem.

Alles Geschehen ist auch Gleichnis, und Goethe kann sogar sagen, „alles Vergängliche ist nur ein Gleichnis", weil das Gleichnissein das Größere, das Wesentliche ist und das „Real-Sein" nur das Abgeleitete. Realität kann nur das haben, was einer Möglichkeitsform entspricht. Solowjew bestimmt das ideale Sein als dasjenige, das Notwendigkeit und Würde besitzt.

---

[39] Wolfgang Schmidbauer erinnert an den Ausdruck „eine Schwäche für jemand haben", das heißt sich ihm einräumen.
[40] Vgl. Sánchez 1986, 181.

Die moderne Verwirtschaftung will diese umgehen, indem sie etwa versucht Getreidesorten zu züchten, die keine Winterruhe mehr brauchen. Damit kappt sie den Aspekt, der dem Demetermythos zugrunde liegt, nämlich dass Ackerbau immer vorweggenommenes Opfer ist. Der Viehzüchter opfert von seinem Überschuss im Nachhinein. Der Ackerbauer opfert, indem er sein Saatgut der Erde anvertraut. Der Gentechniker zerreißt den Zusammenhang. Die Gefahr dabei ist nicht in erster Linie, dass sich das so Geschaffene in der Natur breit machen würde; was nicht ähnlich ist, verbreitet sich auch nicht auf natürlichem Weg.[41] Die Gefahr liegt vielmehr darin, dass die noch vorhandenen, ohnehin schon spärlichen Reste von Wissen davon, dass unsere gegenständliche Wirklichkeit nur ein Niederschlag ist, ganz verloren geht.[42] Der Bauer, der sät, mag es nicht mehr wissen, aber er vollzieht einen Kultus, ein Opfer (Kultus von colere ist nicht von der sog. Landwirtschaft auf die höhere Kultur übertragen, sondern Ackerbau war grundlegend Kultus).[43] Der Landwirtschaftsfunktionär, der nicht mehr

---

[41] Vgl. die Arbeiten von Michael Beleites.
[42] Vgl. Sánchez' Erfahrungen mit dem Erbe der Maya-Kultur in Guatemala. Interessant ist der Gedanke von Meyer-Abich (*Was es bedeutet gesund zu sein*. München 2010, 427), dass Kultur nichts spezifisch Menschliches ist, sondern wesentlich Wohnen, bzw. die Lebensform, vermöge deren ein Lebensraum nach denen aussieht, die ihn bewohnen, also Biberland, Adlerland. Der aktive oder struktive Anteil der Art an ihrem Habitat mag dabei sehr unterschiedlich sein.
[43] Der Vergleich ist nicht zufällig. Das Genießen (*frui*) ist einerseits ein Angeschlossensein (auch im Sinn der Unselbstständigkeit) im Gegensatz zu *uti* als beliebigem Gebrauchen, es gehört eigentlich auch noch zu den pflegenden Tätigkeiten fast wie Pflanzen, Jäten, Gießen …, es steht nicht als Zweck diesen als Mitteln gegenüber, sondern es ist Vollzug der Abhängigkeit (ich habe noch kein besseres Wort dafür gefunden). Es ist nicht Zweck, sondern Sinn.

warten will, tut etwas grundlegend anderes, das sich vom Tun des Bauern so unterscheidet wie das Genießen eines Weines vom Hineinlitern, um betrunken zu werden.[44]

Ausdruck der Unfähigkeit zur Muße ist die Unfähigkeit, Natur (und Schweigen) positiv – nicht passiv oder subtraktiv – zu denken. Als ich zum ersten Mal formulierte: „Der Fluss arbeitet nicht am Ufer, er spielt", war dies zunächst eine phänomenologische Beobachtung, und als ich als Grundprinzip für Flussrenaturierung formulierte: „Der Fluss braucht Spielmaterial", hatte ich das von den niederländischen Naturschützern gelernt, die Zementierung von Küstenlinie dadurch ersetzten, dass sie dem Meer Sand zum Spielen gaben, sodass es genauso wie ein Fluss, der geschiebegesättigt ist, sein Ufer und seinen Untergrund nicht anzunagen brauchte. Damals war mir noch nicht klar, welch entscheidendes Grundprinzip (welche „arche") ich damit gelernt hatte.

---

[44] Vgl. R. FALTER: *Der Fluss spielt,* in: Aufgang 3 (2006) 34–52.

Corinna Fiedler

Ein Geschenk

Wir waren erschöpft. Den ganzen Tag lang hatten Luise Rinser und ich in ihrer Münchner Wohnung am Manuskript der Autobiographie *Saturn auf der Sonne* gearbeitet. Ich bewunderte ihre Ausdauer und Konzentrationsfähigkeit; es muss kurz vor ihrem 85. Geburtstag gewesen sein. Immer von neuem einen Pfad zu suchen zwischen der Großzügigkeit der Autorin gegenüber Daten und Fakten und dem Bemühen der Lektorin um Genauigkeit hatte uns beide viel Kraft gekostet. Unzählige solcher Pfade hatten gebahnt werden müssen; manchmal schien es kaum noch möglich, gemeinsam weiterzugehen. Aber wir waren doch angekommen auf der letzten Seite – und froh, das geschafft zu haben. Mit dem zerwühlten Manuskript und allen Notizen in der Tasche ging ich zur Garderobe, vorbei an einem Vitrinenschränkchen. Darin standen neben anderen Kostbarkeiten zwei kleine Mokkatassen. „Das sind doch alte Meißener Tässchen?"

‚L'armadio delle meraviglie', so hatte der Schrank einer Freundin meiner Eltern in Verona geheißen, aus meiner Kinderperspektive riesengroß und tatsächlich voller Wunder. Eines davon war eine Teetasse mit genau diesem bunten Blumenmuster gewesen. Das wollte ich Luise Rinser erzählen – aber sie war verschwunden. Ich hörte, wie sie in der Küche murmelte und offenbar etwas suchte. Schließlich kam sie zurück, eine Zeitung in der Hand. Wortlos nahm sie die Tassen und die zarten Untertassen heraus, wickelte, nein, knüllte dicke Lagen Papier um sie herum und stopfte die Päckchen in meine Tasche zu dem Manuskript. „Jetzt gehören sie Ihnen", sagte sie lächelnd. Ich war so überwältigt, dass ich heute nicht mehr weiß, ob und wie ich mich bedankt und verabschiedet habe.

Sie, verehrter, lieber José Sánchez, haben Luise Rinser in ihren späten Jahren so nah und intensiv erlebt wie vielleicht niemand sonst; in Ihrer Biographie der Schriftstellerin haben Sie manchen wichtigen, bewegenden Augenblick aus jener Zeit geschildert. Und als Autor wissen Sie, was es heißt, durch ein ganzes umfangreiches Manuskript hindurch die Einsprüche einer Lektorin auszuhalten. Ihnen möchte ich diese Erinnerung widmen, mit den herzlichsten Wünschen für Ihr Wohlergehen und Ihre weitgespannte Arbeit!

Rüdiger Haas

Rückkehr zur Grund-Erfahrung

Mein Entschluss zu einer philosophischen Magisterarbeit liegt nun schon über zwanzig Jahre zurück. An die wesentlichen Dinge dieser Zeit, in der mein Leben und Denken noch „ganz anders" waren, erinnere ich mich heute sehr genau und gerne. Wenn ich die folgende Geschichte, die die Entstehung und Veröffentlichung meiner Arbeit beleuchtet, aus der Sichtweise meines jetzigen Lebens erzähle, fällt es mir nach all den Jahren nicht leicht herauszufinden, welche Uminterpretationen mittlerweile stattgefunden haben.

Als ich mich vor dreißig Jahren nach bestandenem zweiten Staatsexamen und „lebensbrechender" Versetzung ins Augsburger Exil als Grund- und Hauptschullehrer an der dortigen Universität im Magisterstudiengang Philosophie mit den Nebenfächern Pädagogik und Psychologie immatrikulierte, wusste ich noch nicht, dass die Tiefenphänomenologie in meinem weiteren Leben eine wichtige Rolle einnehmen sollte. Die Philosophie hatte mich bisher stark in den Bann gezogen. Zusammen mit meinem Freund, dem Maler Hermann Rudorf, diskutierte und analysierte ich das Leben im konkreten Lebenszusammenhang Tag und Nacht. Einen besonderen Zugang hatte ich schon damals zur Transzendental-Philosophie des Orients, namentlich zu Swami Vivekananda, dessen fünf Bücher über den Yoga des Ostens ich mit Begierde gelesen hatte. Er führte mich in die Lehre des Advaita-Vedanta ein, in die Philosophie der Nicht-Zweiheit, deren messerscharfer Logik nicht zu entkommen ist. Als ich 1979 Platons Staat das erste Mal studierte, war ich erstaunt, dass der griechische Philosoph *im Wesentlichen* nichts anderes sagte als sein 2.300 Jahre später lebender, aber kulturell und philosophiegeschichtlich völlig anders denkender Kollege aus Indien. Er sagte es nur – vielleicht in brillanter Weise – in einer anderen

Sprache, im Kontext einer anderen Zeit. Und doch sah ich: Es gibt trotz aller, für mich aber nur vordergründiger, Differenzen einen gemeinsamen wahren inneren Kern. Von diesem Hintergrund-Impuls geleitet, begann ich, den roten Faden zu suchen, der das Gemeinsame, aber verborgene Wesen verschiedenster Denktraditionen zusammenbindet. Diesem Geist, dieser Aufgabe folge ich heute noch, ja eigentlich mehr noch als zu jener Zeit. Denn es war klar: Der Mensch ist, welcher Hautfarbe auch immer, ganz gleich welcher Religion angehörend und auch egal, in welcher Zeit lebend, mit all seinen Fähigkeiten, Möglichkeiten und Grenzen, unabhängig vom kulturellen und zeitlichen Kontext, stets denselben psychischen Phänomenen ausgesetzt, an denen er immer wieder scheitert und die es immer wieder von Neuem zu bewältigen gilt.

Mein Schicksal führte mich in die strenge Metaphysik der Heidegger-Schule, die uns Alois Halder in Augsburg in Liebe und Geduld, aber auch mit wissenschaftlicher Präzision näherbrachte. Das Studium der Geschichte der abendländischen Philosophie war in den folgenden Jahren beherrschendes Thema. Meine Ferien und meine Freizeit widmete ich den Originalquellen von Aristoteles bis Popper. Große Freude hatte ich an Meister Eckhart, Teresa von Ávila und Jakob Böhme, um nur einige der Mystiker zu nennen, die ich besonders schätzte. So verging die Zeit meines Studiums, bei dem ich in der Uni-Bibliothek oft bis in die Nacht hinein saß, sehr schnell. Nie hatte ich das Ziel eines zusätzlichen akademischen Abschlusses im Sinn gehabt, wozu auch, wenn die Philosophie doch ohnehin mein Hobby war und ich als damals noch privilegierter lediger Lehrer genügend Geld für Leben und Reisen verdiente. Doch in dieser Zeit hatte sich so viel Wissen und Material angesammelt, dass es nun schriftlich verarbeitet werden wollte. Was bot sich also mehr an als eine Magisterarbeit? Meinem roten Faden gemäß stellte ich mir das

Thema „Über die transzendentale Synthesis bei Immanuel Kant", das ich Professor Halder vorschlug.

Es sollte aber anders kommen, denn zu dieser Zeit tauchte in Augsburg ein Dozent auf, der auf viele Studenten – auch auf mich – eine besondere Anziehungskraft ausübte. Bald sollte zu ihm eine engere Verbindung entstehen. Sein Name war José Sánchez de Murillo. In meinem Tagebuch von 1988 habe ich dazu folgenden Eintrag gefunden:

> Donnerstag, 5. Mai 1988
> José Sánchez ist Privatdozent hier an der Uni Augsburg. Ich bin ihm das erste Mal vor einem Jahr begegnet, als er eine Vorlesung über Meister Eckart gehalten hat. Schon damals ist er mir angenehm aufgefallen als einer, der im Universitätsleben stark aus dem Rahmen fällt. Er ist beauftragt, am Lehrstuhl für Philosophie Vorlesungen zu halten. Jedes Semester liest er eine, und die scheint jedes Mal überdurchschnittlich gut besucht zu sein. Heute musste ich mir einen zusätzlichen Stuhl aus dem Nebenseminarraum holen. Als ich im Vorlesungsverzeichnis nachblätterte, welchen akademischen Titel Sánchez trägt, war ich zunächst erstaunt, als es hieß: Sánchez, José, Privatdozent, Dr. theol./PFT Rom, Dr. phil., Dr. phil. habil. Diese Titelfülle hätte ich nicht erwartet. Er macht zunächst nicht den Eindruck des strengen akademischen Professors, eher den des wissenschaftlichen Mitarbeiters, der den Studenten nähersteht. Aber was für ein Mensch! Ein kleiner, temperamentvoller Spanier, voller Leben, voller Energie, voller Kraft und bildreicher, lebendiger Sprache, die jeden anspricht, die meisten überzeugt und bei vielen wirkliche Denkprozesse in Gang setzt oder zumindest zum Nachdenken und Assoziieren aufruft. Der Kraft seiner Worte ist nicht zu entkommen. Er erinnert mich sehr stark an meinen Yoga-Lehrer, Robert Walser, inspiriert, gelassen, mit bereits verinnerlichtem Konzept, Stichworte faszinierend einkleidend und auslegend. Das Gegenteil von der sonst so trockenen und langweiligen Universitätsphilosophie. Ich denke mir: „So was gibt es also auch noch!" Herr Sánchez ist ein Philosoph des Lebens, nicht des Kopfes. Er versucht das Leben existenziell zu ergründen und Lebenssinn zu finden, nicht irgendwelche blutleeren Theorien ausfindig zu machen. Applaus.

Ich fühle große seelische Verwandtschaft. Ein Gedankenanstoß folgt dem nächsten. Es ist eine Wohltat, ihn zu hören; die Zeit vergeht viel zu schnell.

In diesem Sommersemester hat Herr Sánchez folgendes Thema: Die Welt des Mythos: Erläutert am Beispiel mittelamerikanischer Indianer-Mythen. – Ich betrete den Vorlesungssaal, einen relativ kleinen Seminarraum, viel zu klein für diese Veranstaltung, und sehe, dass er wieder überfüllt ist. Nicht einmal ein Stuhl ist noch frei. Aus dem Nebenraum ergattere ich noch einen und setze mich direkt an die Tür. Meiner Lieblingsbeschäftigung folgend betrachte ich eine Weile das Publikum und studiere die Gesichter. Dabei fällt mir die indianerhafte Atmosphäre auf. Zurückversetzt in die Zeiten der Maya sehe ich Rothäute vor mir, viele mit langen Haaren oder Zöpfen, markanten Charaktergesichtern mit ausgeprägten Mittelpartien und auffällig langen Nasen. Sie tragen legere, gewandartige Kleidung und Mokassins, sind in sich gekehrt und schweigen. Was mögen sie jetzt wohl denken? Bestimmt sind sie gespannt auf das Auftreten ihres Oberhäuptlings José. Und da kommt er herein, flotten Schritts, legt seinen Mantel über dem Stuhl ab, entnimmt zwei, drei Bücher aus seiner flachen Aktenmappe und empfiehlt die Literatur. Ich habe mir das Buch *Maya* von Thompson gemerkt, das die Mythologie großartig zusammenfassen soll.

Dann beginnt Herr Sánchez sein Semester. Im Saal herrscht absolute Ruhe. Er erzählt, wie er dazu kam, dieses doch relativ ungewöhnliche Thema auszuwählen. Er war vor zwölf Jahren zu einem philosophischen Kongress eingeladen und sollte dort einen Vortrag über Indianermythologie halten. Da er aber diese nicht aus der Erfahrung der Praxis kannte, beschloss er, direkt nach Guatemala zu den dort ansässigen, noch lebenden Indianern zu fahren, um sich aus erster Hand von ihren Mythologien belehren zu lassen. Köstlich, als er erwähnte, dass jeder Mensch, der etwas auf sich hält, solchen Kongressen eigentlich fern bleibe, da dort nur geschwätzt werde. Da er es aber trotzdem nicht schaffe, sich den Mühlen des akademischen Grams ganz zu entziehen, zog er also mit seinem Intellektuellenköfferchen aus, um die Mythologie der Indianer zu studieren. Nach Ankunft in Mittelamerika war er jedoch erstaunt. Er fand eine entwurzelte Kultur vor, ein Indianertum, das seine Herkunft nicht mehr kannte. Den Indianern fehlte ihre Identität. Sie wussten nicht mehr, wer sie sind. Es ergab sich eine lange, intensive Studienzeit des Dialogs mit ihnen. Herr Sánchez legte ihnen anhand der Texte ihre eigene Kultur dar, gab ihnen ihre Herkunft zu verstehen, worauf er in den verschiedenen Reservaten referierte. Am Ende des Aufenthalts wurde er schließlich an die dortige Universität gerufen, um einen Vortrag über lateinamerikanische Mythologie zu halten.

Seine Einführungserzählung war amüsant, plastisch, beispielhaft und jeder der anwesenden ‚Indios' fühlte sich in seine frühere Heimat versetzt. Bei der Überleitung in unsere abendländische Kultur bemerkte er Folgendes: „Es ist ein Unterschied, auf welchem Boden sich ein Volk entwickelt, welche Umgebung eine Kultur prägt. Bei den Indianern ist der Kern der Kultur die Pflanze, der Mais. Sie leben mit der Pflanze, säen, kultivieren und ernten sie. Sie leben also mit etwas Lebendigem. Stellen Sie sich nun vor, wie eine Kultur aussieht, deren Umgebung aus Blech besteht! Wie ist eine solche Kultur geprägt? Stellen Sie sich einmal vor, was das für eine Kultur ist, die für das Tote, Nichtlebendige lebt und arbeitet! Sind wir eigentlich berechtigt, den Indianern ‚Kultur' zu bringen? Dürfen wir in unserer Lebensumgebung überhaupt noch von Kultur sprechen? Müsste es nicht eher umgekehrt sein, dass die Indianer uns etwas von ihrer kulturellen Tradition mitgeben sollten? Müssen wir uns nicht von Neuem der Mythologie zuwenden, sie wiederentdecken? Unsere heutige Zeit ist getragen von einer weitverbreiteten Sinnlosigkeit. Der Philosoph aber fragt nach dem Sinn, dem Sein, nach dem Ganzen, das ist. Er kann aber nur richtig danach fragen, wenn er nach sich selbst fragt, denn er ist auf seine Existenz angewiesen, auf sein eigenes Dasein, das er ergründen muss. So stellt er zwei wesentliche Fragen, erstens: Wer bin ich? Und zweitens: Was habe ich zu tun?"

„Wenn wir uns unserer Kultur bewusst werden wollen, müssen wir eine geschichtliche Betrachtung durchführen, denn unser jetziges Dasein ist nur die geronnene Zeit des Jetzt. Wir müssen den Kulturausgangspunkt finden, zurückgehen zu diesem Ursprung.

Wir müssen die Zeit ausfindig machen, untersuchen, was sie ist. Und da werden wir feststellen, dass sie ständig zugrunde geht. Die Zeit geht ständig zugrunde, und so müssen auch wir als Bestandteile dieser Zeit ständig zugrunde gehen, das heißt uns selbst auf den Grund gehen."

Danach zitierte er zwei Stellen aus der Bhagavadgita. Während er las war es im Saal völlig still: „Nie gab es eine Zeit, da ich nicht war und du und diese Fürsten, noch wird je eine Zeit kommen, da wir nicht mehr sein werden." „Wer im Handeln Nicht-Handeln erblickt und Nicht-Handeln im Handeln, der ist ein Weiser unter den Menschen, ein Yogin, ein all sein Werk Vollbringender."

Voller Spannung erwarteten wir die anschließende Auslegung: „Wenn Sie heute einem Menschen sagen: ‚Nie gab es eine Zeit, da ich nicht war', würde man Sie mit der Begründung ‚Sie spinnen!' in die Psychiatrie einweisen. Aber der Autor hier spinnt nicht!" Er zeigte dabei auf den Briefumschlag. „Das ist der Erhabene, der da spricht! Und wer ist der Erhabene? Es ist jeder Erhabene in uns, der uns trägt, den wir in uns tragen. Er ist das Phänomen, das sich uns zeigt. Er ist der Geist in uns, der uns trägt und leben lässt, aufgrund dessen wir erst tragen können. Das sind die beiden Seiten des Phänomens und die führen direkt in den Mythos. Der Mythos besteht aus dem Weitertragen des Geistes, von Generation zu Generation. Hier wird Geist überliefert, Leben erzählt, wohl gemerkt, Leben, nicht Blech! Hier werden keine technischen Zeitschriften gedruckt, sondern Geistkultur weitergetragen. Und dieses Weitertragen hat etwas Geheimnisvolles an sich. Es trägt das Geistgeheimnis in sich, das man nicht begreifen kann. Es ist wie das Wasser, das man auch nicht greifen oder festhalten kann. Haben Sie schon einmal Wasser zu greifen versucht? Was ist das Wunderbare an einem Bad? Die Umgebung des Wassers, das sich ständig entziehende Geheimnis, das uns reinigt. Wenn man dieses Geheimnis ins Wissen heben wollte, würde man das Leben vergewaltigen. Wenn daher ein endlicher Mensch den Mythos begreifen will, ihn wissentlich erfassen will, tut er sich und seinem Sein Zwang an. Der Mythos muss erzählt werden."

Danach gab er ein Bild aus seiner Kindheit zur Verdeutlichung wieder. „Ich erinnere mich genau", sprach er, „an die Abende in meiner Heimat. Ich bin in einem kleinen Dorf in Südspanien geboren, da gab es keinen Fernseher, kein Kino, keine Möglichkeiten fortzugehen. Und was machen dann die Menschen? Sie reden miteinander. Sie treffen sich am Abend im Freien. Die Alten sitzen, den Jungen genügt der Boden. Die Alten erzählen aus ihrem Leben, tragen Lebenserfahrung weiter. Hier herrscht Mitwelt, keine Umwelt. Hier sind die Menschen eine große Familie, sie gehören zusammen, sie sprechen miteinander. Sie haben eine zusammenhängende Welt; es hat nicht jeder eine eigene Welt um sich herum."

Ich denke: ‚Wie wahr und überzeugend, und, ach, wie so wohltuend, das ist Balsam für meine Seele. Sprechen Sie weiter, Herr Sánchez, ich höre Ihnen gerne zu … Das nenne ich wahre Philosophie!'

Die Interpretation des zweiten Satzes war im Wesentlichen die, dass nichts Äußerliches auf der Welt wichtig sei, sondern nur das Innere, der Geist. Wichtig sei die geistige Einstellung bei jeder Handlung. Jetzt sei es wichtig, die Vorlesung zu halten, sie gut zu halten, später sei es aber wichtiger, den Bus zu erreichen, da er sonst abfahre, und am Abend sei es wichtig, gut zu essen. In äußeren Tagesabläufen gebe es keine Vorzüge, Wertungen und Urteile. Im Jetzt das Beste zu verrichten, gelassen und im vollen Bewusstsein, das sei weise, so handelten die Yogins. Allein wichtig sei der Geist!

Ich habe mich noch lange an seinen Ausführungen erfreut. Die Stunden bei den ‚Indianern' werde ich so schnell nicht vergessen.

Schon während der weiteren Vorlesungstage dieses Sommersemesters kam mir der Gedanke, die Magisterarbeit besser bei Sánchez zu schreiben, hatte er doch eine für mich so wichtige Verbindung zur östlichen Philosophie signalisiert. Die Bhagavadgita hatte ich 1985 in den Sommerferien auf der griechischen Insel Thassos in der Übersetzung von S. Radhakrishnan gelesen und analysiert. Noch heute ist sie für mich ein Buch voller Weisheit, für das ich eine große Liebe empfinde.

Nachdem klar war, dass ich meine Magisterarbeit bei Sánchez schreiben *müsse*, ging ich mutig zu Halder, um ihm meine

Umorientierung mitzuteilen. Er reagierte verständnisvoll. Daraufhin wandte ich mich an Sánchez und schlug ihm mein neues Thema vor: „Parallelen des Advaita-Vedanta in Platos Staat". Sánchez nahm das Thema sofort an.

Die Enge des zeitlichen Rahmens unterschätzend schrieb ich während des ganzen Jahres 1989 an der Arbeit. Ich musste mich thematisch begrenzen und den Inhalt reduzieren. Den Titel änderte ich um: *Der Begriff des ‚Philosophen' in Platos Staat*. Die fertige Arbeit gab ich im Dezember 1989 ab. Ende des Sommersemesters 1989 verließ José Sánchez Augsburg. An einem seiner letzten Vorlesungstage kündigte er seinen Abschied mit dem Hinweis an, einen Ruf nach Granada erhalten zu haben. Ich weiß noch, dass ich sehr traurig war, als ich das hörte. Am 13. Januar 1990 erhielt ich einen Brief aus Córdoba:

> Lieber Herr Haas,
> … Vor einigen Tagen habe ich auch Ihre Magisterarbeit bekommen. Ich habe mich gleich an die Arbeit gemacht. Bei so einer schönen Sache macht die sonst undankbare Gutachtertätigkeit wirklich Spaß. Ich gehe davon aus, daß das Verfahren zu Beginn des kommenden SS abgeschlossen werden kann. […] Über die Veröffentlichung Ihrer Magisterarbeit können wir nach Abschluß der Prüfung sprechen. Ab 1. Februar bin ich in Granada.

In der Freude über diese Nachricht befasste ich mich in der folgenden Zeit intensiv mit den Schriften meines „Magister-Vaters". Dabei konstatierte ich zunächst Außergewöhnliches: Sánchez publizierte neben seiner Dissertation über *Die existentialistische Freiheitsauffassung und die christliche Gotteserfahrung*[1]

---

[1] José SÁNCHEZ DE MURILLO, *Die existentialistische Freiheitsauffassung und die christliche Gotteserfahrung*. Eine kritische Untersuchung der Philosophie Jean-Paul Sartres in religionsphänomenologischer Hinsicht. Würzburg 1975.

von 1975 und der überarbeiteten Fassung der Habilitationsschrift von 1983 über den *Geist der deutschen Romantik*[2] auch zwei Romane mit den Titeln *Die Krankheiten des Professor Walther*[3] und *Exil*[4], die ich mir im Dezember 1989 zusammen mit dem kleinen Dialog *Über die Selbsterkenntnis des Menschen*[5] besorgte. Ab Januar 1990 studierte ich den *Geist der deutschen Romantik* und die *Fundamentalethik*[6] von 1988. Bei der Lektüre der faszinierenden Habilitationsschrift erkannte ich die Öffnung eines neuen, bis zu dieser Zeit noch verborgenen phänomenologischen Horizonts, der in die Tiefe der Phänomene führt, die sich in ihrer erscheinenden Ober-Fläche zeigen. Die Tiefe zu erhellen geschehe zunächst auf dem Weg der Selbsterkenntnis. Ein Problem dabei sei, dass der Mensch in seiner Aktualität blind ist, da er sich selbst nicht (wahrhaft) sehen könne. Er sehe sich immer nur verzerrt, halb und verschwommen. Erst im Nachhinein, aus der Distanz, könne er das Frühere begrifflich bemessen und bewerten. Der Mensch sei in seiner Gegenwartsbezogenheit als Vorläufigkeit immer nur geronnene Vergangenheit, die ihre weitere Entwicklung, sich selbst in Gänze also nicht kennt. Das Wesen der deutschen Romantik verdeutlichte diesen Gedanken der Geschichtlichkeit des Seins, das sich als ungründige Bewegung dem Vergänglichen offenbart. Ungrund, ein Wort Jakob Böhmes, meint das Unfassliche dieses Seins, das nicht fassbare Geheimnis des sich offenbarenden Geistes, das immer Geheimnis bleiben muss. Daher gibt es für den Menschen letztlich keinen sicheren

---

[2] DERS., *Der Geist der deutschen Romantik. Der Übergang vom logischen zum dichterischen Denken und der Hervorgang der Tiefenphänomenologie.* München 1986.
[3] DERS., *Die Krankheiten des Professor Walther.* München 1986.
[4] DERS., *Exil.* München 1989.
[5] DERS., *Über die Selbsterkenntnis des Menschen. Ein Dialog.* München 1986.
[6] DERS., *Fundamentalethik.* München 1988.

Grund, auf dem er hienieden wandeln kann. Das wusste auch Heidegger, wenn er in der fünften Stunde seiner Vorlesung über den „Satz vom Grund" Angelus Silesius mit dem trefflichen Reim ins Spiel brachte: „Die Ros ist ohn warum, sie blühet, weil sie blühet, / Sie acht nicht ihrer selbst, fragt nicht, ob man sie siehet."[7] Im Verweis auf den „Mystiker" Silesius gab Heidegger zu bedenken, dass dem vorstellenden Grund-Gedanken des Menschen etwas sehr Wichtiges vorausliege, nämlich seine individuelle Grund-Erfahrung. Heideggers Vorlesung endet an einer Stelle, die Sánchez aufnimmt und den Gedanken weiterführt. Ein wichtiger Wendepunkt in der Philosophie müsse nämlich die *Rückkehr in die Grund-Erfahrung* sein, Theorien und Grund-Gedanken hinter sich zu lassen, dafür aber in die tieferen Erfahrungen des existentiellen Lebens einzutauchen. Diesen Wendepunkt vollzogen die Dichter und Weisen, die Mystiker und wahrhaft existentiellen Denker. 500 v.Chr. geschah im Übergang „vom Mythos zum Logos" genau das Gegenteil. Die „abendländische Philosophie" wurde im antiken Griechenland geboren. Die Geschichte des Seins offenbarte sich seither in einer strengen Rationalität, aus der schließlich die moderne Naturwissenschaft hervorging. Logik, Analyse und Begründung traten ihre Herrschaft an. Der Mythos verwandelte sich in Begrifflichkeiten und wurde durch theoretische Systeme ersetzt, dadurch aber plötzlich fassbar gemacht. Heute stehen wir an der Grenze dieses rational Fassbaren und müssen mit Heisenberg quantenmechanisch einsehen, dass die gemessenen Wege kleinster physikalischer Teilchen am Doppelspalt auch vom Ausmaß und der Einwirkung der Messapparatur abhängen. Sobald ein Teilchen gemessen, d.h. beobachtet wird, ändert sich seine Zustandsfunktion, und diese Verhaltensweise löst beim Beobachter zunächst Erstaunen aus. Heisenberg folgerte

---

[7] Martin HEIDEGGER, *Der Satz vom Grund*. Pfullingen ⁶1986, 68.

daraus, dass anhand dieser Messergebnisse keine *objektiven Aussagen über die sogenannte reale Wirklichkeit* mehr gemacht werden können und uns diese Beobachtungen kein Bild der Natur an sich geben, sondern ein Bild unserer (begrenzten) Erkenntnis als Vorstellung über die Natur erzeugen. Für den Physik-Nobelpreisträger Erwin Schrödinger hieß das, dass diese Beobachtungen nicht mehr zu verstehen, sondern nur noch hinzunehmen seien. Korrelierend dazu mahnt die Tiefenphänomenologie, dass *Wesen und Sinn der Geschichte der endlichen Vernunft des Menschen letztlich entzogen bleiben,* und wer das Geheimnis des Seins in ein jeweils den letzten Geist vorbereitendes Geschehen umzuwandeln gedenkt, begehe Selbstbetrug.[8] Die Wiederholung dieses Selbstbetrugs, der sich durch die abendländische Geschichte zieht, sei in seinem Wesen eine Herrschaft des Todes, eine Flucht vor der Wahrheit unserer Endlichkeit, die nur sinnlose Leere erzeuge:

> Die Selbstgefährdung des Zeitalters ist das Ergebnis der Begrenzung, in welche das Denken sich in einer jahrtausendealten Geschichte begeben hat. Der Drang, alles durchsichtig zu machen, um alles zu besitzen und so über allem stehen zu können, hat den Menschen in eine Stellung gebracht, auf der ihm nun schwindlig wird. Die Abgründe, welche seine Machtsucht und Besitzdrang geöffnet haben, wollen ihn verschlingen. Die Theorien, welche das Geheimnis des Seins lüften sollten, sind freilich gescheitert und lassen ihn nun in einem unbekannten Punkt des Weltalls in der Dunkelheit der kosmischen Nacht hängen. Im Grauen dieses, dem Geist der Ober-fläche getreu, zum Spektakel gewordenen Hängens fragt der Mensch plötzlich entsetzt, wozu er überhaupt da sei. Und er bekommt endlich die Antwort: um Mensch zu sein. Menschsein heißt: den unendlichen Drang mitten in der Unmöglichkeit der eigenartigen Begrenzung und mehrdimensionalen Beschränkung seines Wesens auszuhalten, dem Ruf des Lebens in der Nacht der Wahrheit seines fundamentalen Unwissens folgen, dem Sein im

---

[8] José SÁNCHEZ, *Der Geist der deutschen Romantik* (Anm. 2), 358.

Schmerz seines Vergehens dienen.[9]

Wenn der die Welt interpretierende Mensch den Irrweg der Seins-Ergründung loslässt, begibt er sich in eine neue Grundform des Denkens: die Tiefdichtung. Sie bedenkt die ursprüngliche, schlichte Form des Entwicklungsprozesses im Menschen und findet in der Unmöglichkeit der Begrenzung zunächst Freude, im Schmerz des Vergehens schließlich Glück und im Dienst des Geistes endlich Fülle. Zu allen Zeiten und in allen Erdteilen war und ist sie als die Sehnsucht des Menschlichen wirkend. Die Tiefenphänomenologie ist die wissenschaftliche Form ihrer Selbstdarstellung.[10]

Wie aber sind Freude, Glück und Fülle zu finden? Wie kann der Schmerz der Vergänglichkeit ausgehalten werden? Und wie findet der Mensch zu einem wahren Dienst am Geiste?
Diese Fragen führen unweigerlich in eine andere *Lebensdimension*, in der die Linearität und Logik der Sprache zwar notwendige, aber nicht mehr hinreichende Bedingungen sind. Die höhere Oktave der intuitiven Wahrnehmung, die aus der Ruhe der Mitte menschlicher Leiblichkeit hervorgeht, wird zu einem tragenden Faktor. Das unfassliche Geheimnis offenbart sich sprachlich intuitiv, symbolisch, im Gleichnis.

Bevor ich die Habilitationsschrift las, hatte ich das Glück, sieben Jahre lang in eine Yoga-Schule in der Schweiz gehen zu dürfen, in der ich einen Lehrer traf, der mich schonungslos auf mich selbst zurückwarf. Von ihm erfuhr ich den Unterschied zwischen dem kleinen, begrenzten Ego des Menschen und seinem wahren Wesen, dem „höheren Selbst", das sich dem Menschen offenbaren könne, eine Unterscheidung, wie sie vor allem bei orientalischen Mystikern getroffen werde. Aber auch Eckhart, der christliche Philosoph, betonte den Unterschied

---

[9] Ebd.
[10] Ebd., 359.

zwischen dem „natürlichen" und dem höheren, „göttlichen" Menschen. Es komme darauf an, sich auf eine Lebenspraxis einzulassen, die aufgrund einer anderen Lebenseinstellung eine andere Lebensweise und -haltung erzeuge, zu Gelassenheit, innerer Ruhe und Lebensfreude und schließlich zu wahrer Liebe zu sich selbst und zum Nächsten führe. Das Einlassen auf diese Lebenspraxis ebne den Weg, der den Menschen seelisch-geistig verwandeln könne. Es sei eine Neugeburt möglich, eine seelisch-geistige Revolution, aus der der neue, veränderte Mensch entstehen könne. Wichtig sei besonders die leibliche Dimension des Geistes, das heißt die Durchdringung des Körpers vom „Geist": Leib-Seele-Einheit. Der Mensch solle zu einer seelisch-geistigen Einheit werden, die ihren Niederschlag im Körper finde. „Macht euch die Erde untertan" sei nicht Auftrag zur Beherrschung der Natur, sondern zur harmonischen Zusammenarbeit des Menschen mit der Natur und dem eigenen Körper, um seelisch-geistiger Leib zu werden. Eine unabdingbare Übung dazu sei, sich des Atems bewusst zu werden. Das Wichtigste aber sei vor allem die Praxis dieser Ein-Übung, der zu begehende Weg dorthin, auf dem der Mensch zu einem *Unterwegs* werde. Er sei mit der Aufgabe verbunden herauszufinden, wo das jeweils falsche, begrenzte Ich des Einzelnen wirke, dieses seiner individuellen Freiheit zunächst entgegenwirkende Ego aufzuspüren und schrittweise loszulassen, was mit einem oft sehr schmerzlichen Prozess verbunden sei und nicht über die Lebenslänglichkeit dieses Wegs hinwegtäuschen dürfe. Allein für sich selbst herauszufinden, was egoistisch und was als liebender Akt zu werten ist, sei höchst problematisch, weil der Mensch grundsätzlich unwissend sei. Aufgrund der natürlichen Identifikation mit seinem Ego lebe er prinzipiell verengt und in der Täuschung. Daher sei immer eine menschliche Not Voraussetzung zur Veränderung. Not und Leid seien die Bedingungen der Möglichkeit zur Öffnung der verengenden Lebenssituation des Menschen. Sie rütteln den Menschen auf, können ihn auf den Weg der

Verwandlung führen und eine Wende einleiten: Not-Wendigkeit meint daher die Bereitschaft des Loslassens dieser Not und Loslassen meint die Bereitschaft, sich den Tiefen des Ungründigen zu überlassen. Abschied vom Ego, Geburt einer neuen, weiteren Lebens-Erfahrung, Aufgang des neuen Menschen. Abschied von der Angst vor der Enge, Geburt der Dimension der Freude am Leben. Dies wussten und sagten die Weisen, die den Weg bereits gegangen waren: Der Mensch befinde sich in einem Übergangsprozess hin zu der in ihm stattfindenden Geburt einer höheren Kraft.

Das Leben des christlichen Mystikers Jakob Böhme war geprägt von dieser *Grund-Erfahrung* und Lebenshaltung. Wie konnte er als ungebildeter Schuster auf Autoritäten wie Schelling, Hegel und Heidegger eine solche Faszination ausüben? Wie konnte es sein, dass er so einfach, zugleich aber in einer solchen Tiefe und Klarheit über das Wesen der Dinge berichten konnte und zwar so, dass es hochgebildete Philosophen nach ihm ernst nehmen konnten? Darauf gibt es nur eine Antwort: „Durch Erhellung der Selbsterfahrung, durch reine Erfahrung des Unmittelbarsten. Doch zur Ent-Deckung des unmittelbarsten Sinnes gelangt der Mensch nur durch die Erfahrung des *absoluten Bruches*."[11]

Grundöffnend für Jakob Böhmes Schriften sind eigene Not-Erfahrungen mit anschließendem Durchbruch:

> Als sich aber in solcher Trübsal mein Geist – denn ich wenig und nichts verstund, was er war – ernstlich in Gott erhub als mit einem großen Sturme, und mein ganz Herz und Gemüte samt allen andern Gedanken und Willen sich alles darein schloß, ohne

---

[11] José SÁNCHEZ DE MURILLO, *Jakob Böhme – Der deutsche Vorsokratiker. Zur Gegenwart und Zukunft der Philosophie*. In: Erkenntnis und Wissenschaft. Jakob Böhme (1575–1624). Internationales Jacob-Böhme-Symposium. Görlitz 2000, 129.

Nachlassen, mit der Liebe und Barmherzigkeit Gottes zu ringen, und nicht nachzulassen, er segnete mich denn, das ist: er erleuchtete mich denn mit seinem Hl. Geiste, damit ich seinen Willen möchte verstehen und meiner Traurigkeit los werden; – so brach der Geist durch.[12]

In tiefer Lebensnot und dabei nicht nachlassendem Ringen erhob sich der Geist Böhmes zu Gott und wurde schließlich mit Erleuchtung gesegnet. Ein Durchbruch geschah, der mit nichts verglichen werden konnte als mit dem, „wo mitten im Tode das Leben geboren wird, und [...] der Auferstehung von den Toten".[13] Aus Trauer wurde Freude, aus Freude wurde Glück und aus Leere wurde Fülle.

Böhme schrieb nicht, weil er eine Vorstellung von der richtigen Auslegung der Genese der Naturerscheinungen hatte, sondern: Weil sich ihm in tiefstem Leid ein Erfahrungszugang zu dieser Genese offenbarte, konnte er diese in Worte kleiden.

Der Mystiker beschrieb den zeitlichen Selbstgeburtsprozess der ewigen Freiheit (Gottes) in sieben Naturgestalten. In diesem Prozess der „Ewigen Natur" gebe es zwei Prinzipien: Licht und Finsternis, die untrennbar mit einander verbunden seien. Licht stehe für Freiheit, Weite, Glück und Freude, Finsternis für Verengung, Angst, Leid und Schmerz. Wenn die Finsternis als Ausdruck der ungründigen Tiefe auf eine Ober-Fläche gehoben werde und dabei einen Grund erfahre, verwandle sie sich in Licht. Die Ewige Natur werde so zu einer Festlegungsgeschichte der göttlichen Freiheit, die gleichzeitig als Leibwerdungsprozess für den einzelnen Menschen von der Geburt der Ich-heit zur Selbstbegegnung der Freiheit führt. Und dieser Prozess wird zur konkreten Erfahrung des Menschen. Er stellt

---

[12] JAKOB BÖHME, *Aurora*. Frankfurt/M. 1992. 19. Kapitel (10.), 361 f.
[13] Ebd., 362.

sich in verschiedenen Grundzeiten dar, dem Lebensaufgang der Kindheit, der Jugend, dem Erwachsenensein und dem Alter.

Mit der ersten Naturgestalt der *Begierde* oder des *Erfassens* vollzieht sich die Geburt des Ich, dem die Eigenschaft der „Erde" anhaftet, die Wurzel von Stärke und Macht, die sich im Prinzip „Ich will" äußert. Daraus entsteht die zweite Gestalt: *Scienz, Ziehen oder Stachel.* Das „Ich will" verdrängt die ursprüngliche Lebendigkeit, das, was eigentlich alle wollen, aber zunächst allen verborgen bleibt. Es entsteht eine selbstzufriedene Bewegung, die um sich selbst kreist, wodurch der Selbstbesitz erzeugt wird. Er generiert den Stachel von Bitterkeit und Pein. So wird die dritte Gestalt zur *Angst*, denn Selbstbesitz verengt und Verengung, Angst drückt sich darin aus, dass sich das Ich im Selbstbesitz gefangen sieht. So schlägt die Selbstzufriedenheit in Aggression um, wird blind und zwanghaft. In der Naturgestalt der Angst erfährt der Mensch deshalb nur Enge und Finsternis. Diese Erfahrung ruft allerdings laut nach Selbstbefreiung. So beginnt der eigentliche Befreiungs- und Öffnungsprozess mit der vierten Gestalt, dem *Feuer,* das noch weiter in die Tiefe der Finsternis steigt, dadurch aber – paradoxerweise – eine lichte Potenz hervorruft, die Blitz-Charakter hat und das Wesen der Unter-Scheidung erzeugt. Hier bricht zum ersten Mal *das Menschliche* durch. Jetzt wird die bisherige Finsternis – plötzlich – als Licht gesehen. Durch Hinabstieg in die Tiefe der Finsternis wird die Enge dann nicht mehr als Enge betrachtet, sondern als befestigende Wurzel eines sich offenbarenden Höheren. Das Unendliche steigt plötzlich aus dem Endlichen hervor und befestigt dieses. Der Mensch erlebt die Geburt der Unterscheidung von Angst und Freude und den Durchbruch zum Licht. Ihm wird gewahr, dass die Tiefe nicht mehr bloße Finsternis und angstbereitende Enge ist, sondern als eine notwendige Erfahrung zum Durchbruch in die Freiheit gesehen werden muss. Im Durchbruch erfährt der Mensch die Neugeburt, die Verwandlung seines Wollens in das ursprüngliche Wollen Gottes („dein Wille geschehe"). Sie wird in der fünften Naturgestalt zu *Licht* und *Liebe*. Die Liebe erhebt sich über den Zorn, das Ja über das Nein. Das Licht ist im Menschen angezündet. Fortwährend steigt es liebend in die Finsternis und *verwandelt* diese in Licht. Der Mensch erlebt die Freude der Wiedervereinigung des einst Auseinander gegangenen. Aus der Freude wird Liebe zur Enge und die Liebe tritt in den Dienst des Ganzen. Sie wird zum Wort einer höheren Kraft, zum Wort Gottes, das als die ursprüngliche Stimme, als Ein-Klang das Wort des Ganzen ausspricht. So hört die Liebe in der sechsten Naturgestalt *Schall, Hall und Wort* die Stimme des Ganzen, von der sie jetzt angesprochen wird und mit der sie nun die Enge anspricht. Ihre Sprache ist die Antwort Gottes auf die Sehnsucht des Menschen nach Weite und Freiheit, nach Liebe und Glück, ihr Klang ist Spiegel und Hall der Einheit, Hall aller Stimmen. Die göttliche Genese ist vollendet. In der siebten Naturgestalt *Wesen und Gehäuse* tritt der geformte Leib des Geistes hervor. Aus ihm offenbart sich die göttliche Weisheit. Der dort Angekommene erblickt (in sich) den göttlichen Selbstgeburtsprozess. Ungründig ruhend lebt er in der Liebe und Freiheit der Welt, in einer absolut bejahenden Einheit.

Dieser Selbstgeburtsprozess der ewigen Freiheit offenbart sich in doppelter Hinsicht, zum einen als geschichtlicher Prozess, ähnlich der zyklischen Beschreibung des Auf- und Untergangs der Weltzeitalter im Hinduismus, zum andern aber als individueller Entwicklungsprozess, der jeden einzelnen Menschen angeht. Richtig verstanden wird er zur Struktur der Entwicklung der Dinge und zur Entwicklung des Menschen, zur Struktur der Tiefenphänomenologie. Das Verdienst von Sánchez ist unter anderem, diese Struktur, diesen Entwicklungsprozess, der uns alle betrifft, ins rechte Licht gerückt, die Grundzeiten der menschlichen Entwicklung in einer anspruchsvollen, philosophischen Dimension gezeigt zu haben.

Dies fand seinen Niederschlag im Hinweis, dass Wissenschaft und Philosophie ihre Grenzen klar ins Auge fassen müssen: Es sei Zeit zu einer Umkehr hin zum Mythos, nicht zurück zum gewesenen Mythos der Zeit vor 500 v.Chr. – wie oft fälschlich interpretiert –, sondern nach vorne gerichtet, hin zu einem neuen *Mythos für das kommende Weltzeitalter*. Schon in den 70er-Jahren sah ich in London das Musical „Hair" mit dem Song Aquarius, das zwar etwas naiv und von der auch mit Drogen erzeugten Friedensillusion der Hippie-Bewegung geprägt auf das kommende Wassermann-Zeitalter verwies, im Kern aber mit der Botschaft „love and peace" auf richtige allgemeinmenschliche Ziele deutete. Kurz darauf schrieb Fritjof Capra *Wendezeit* und *Das Tao der Physik*, zwei damals revolutionäre Bücher, die die östliche mit der westlichen Philosophie versöhnen wollte und viel Aufsehen erregte. Bescheidener, aber gewichtiger, präsentiert sich der *neue Mythos*, die *neue Vorsokratik*, mit dem Anspruch einer Sprachform, die jenseits der Illusion der Hippiebewegung die Aufklärung, die Phase der Ratio, des Logos, *durchlaufen* hat.

Die *Tiefdichtung* versteht sich nicht als bloße sprachliche Schöpfung aus dem Unbewussten, sondern als eine, aus der *endlich* und immer nur *vorläufig* zu sich gekommenen Vernunft strömende klare, helle, bewusste Setzung dichter Worte, die aus dem Prozess einer geläuterten individuellen Seinsgenese als *Wort, Schall und Hall* hervorgehen. So wird Tiefdichtung zu einer *reflektierten* Form ursprünglicher Dichtung. Der *Übergang vom logischen zum dichterischen Denken* meint daher nicht die Aufgabe von Logik und Struktur, nicht den Rückfall in einen pränatalen Mythos, sondern – nach der *Integration* der gewohnten Rationalität und dem damit verbundenen Erkennen ihrer *Grenzen* – den ontogenetischen Durchbruch in eine neue Sprach- und Seinsform, die den Widerspruch zwischen dem Einzelnen und dem Allgemeinen Denken und Sein überwindet. Aus dem Loslassen des Ich entstehen Hingabe und Inklusion ins Welt-Ganze. Sprechen besagt dann: Dem Anspruch ent-sagend in der Hingabe sich finden. Nur in ihr findet sich das Wesen, das den Drang nach außen hat und sich so *gestaltet,* in Form gießt.

„Wer die Züge eines Gesichts zu lesen vermag, hört die Geschichte seiner Innerlichkeit. Die Außengestalt spricht sein Wesen aus.

Dieses Sprechen (das Tiefsprechen) nennt Jakob Böhme *Natursprache*.[14] Wenn Sprache das ursprüngliche Wesen der Dinge ausspricht, wird sie zur Tiefdichtung. Tiefenphänomenologie wird Sprachphilosophie. Heidegger war am Ende seines Schaffens zu dieser *Dimension* unterwegs. Er drang in eine beachtliche Tiefe vor, die bisher unerreicht war. Die Natursprache aber vermochte er noch nicht zu hören. Er blieb auf Böhmes Schriften angewiesen und wies auf die Notwendigkeit eines *anderen Anfangs* hin.

Die Worte der Tiefdichtung offenbaren nicht nur eine stabile Innerlichkeit, sondern auch eine Geschichte, eine Entwicklung. Wer sie hören kann, entnimmt aus ihnen die Erzählung eines Entstehungs- und Gestaltungsprozesses. „Mit der Natursprache ist ein Grundsprechen gemeint, das dem Seienden nicht gehört, dem das Seiende vielmehr seiend zuhört. Dieses Zuhören ist sein Dienst."[15] Wenn der Mensch der Natur zuhört und beachtet, dass sich ihm der letzte Sinn der Dinge entzieht, gelangt er in seine Wesensbestimmung. Lässt er das Geheimnis des Seins in sich sein, erreicht er Gelassenheit und Freiheit. Was die Dinge im Wesen sind, bleibt seinem Wissen entzogen. Wenn er sie beherrschend be-greifen will, gefährdet er ihre und seine Freiheit. Achtet er aber den konkreten Willen der Dinge in der Grundhaltung der mithörenden Liebe, handelt er aus gesammeltem Geist und lernt Freiheit und Frieden kennen.

Als ich die Schriften von José Sánchez gelesen hatte, war ich zunächst nur erstaunt über so viel strukturierte und reflektierte Weitsicht, über so viel Klarheit, Prägnanz und Wärme. Zum ersten Mal, schien mir, wurde das Wesen des Menschen und

---

[14] José SÁNCHEZ, *Der Geist der deutschen Romantik* (Anm. 2), 360f.
[15] Ebd., 361.

des Menschlichen ehrlich ins Licht gehoben. Die Inhalte der Tiefenphänomenologie waren mir von innen her einsichtig, weit umfassend und tief. Ich blickte in eine Welt, die ich bereits – wenn auch in anderer Form – kannte, die aber hier in der Deutlichkeit und Prägnanz der Sprache (der deutschen Sprache!), jederzeit nachzulesen war und deren Geist ich nun immer vergegenwärtigen konnte. Auch war für mich klar, dass der Autor einen ähnlichen Entwicklungsprozess hinter sich haben musste, wie Böhme ihn beschrieb. Das Zauberwort war: *menschliche Grund-Erfahrung*. Dorthin zu gelangen war Sinn und Zweck philosophischen Handelns.

In der Zwischenzeit war die Magisterarbeit korrigiert und bewertet worden. Alois Halder war Zweitkorrektor gewesen. Nachdem ich am 3. April 1990 von Professor Sánchez ein siebenseitiges Gutachten aus Granada erhalten hatte, schickte mir Professor Halder am 14. Mai 1990 sein Zweitgutachten, in dem er sich dem Urteil des Erstgutachters uneingeschränkt anschloss, einen herzlichen Glückwunsch zum Abschluss aussprach und mir alles Gute für die Zukunft wünschte. Die Anrede seines Anschreibens formulierte er mit „Sehr geehrter, lieber Herr Haas", woraus ich Größe und Menschlichkeit dieses für seine wissenschaftliche und kritische Einstellung in der Akademie bekannten und gefürchteten Mannes erspürte.

Ich hatte das Glück, zur richtigen Zeit die richtigen Menschen am richtigen Ort getroffen zu haben. Alles war gut gelaufen. Nun galt es, den Text für die geplante Veröffentlichung zu überarbeiten.

Dabei versuchte ich, Wesentliches der Tiefenphänomenologie in meine Magisterarbeit zu integrieren. Es gelang im Hinblick auf ihre Veröffentlichung nur sehr eingeschränkt, aber es machte mir ungeheure Freude, daran zu arbeiten. Zu betonen ist, dass Sánchez in Beratungsgesprächen oder -briefen mit keinem Wort auf seine eigenen Schriften hinwies, geschweige denn seinen Standpunkt und seine Sichtweisen in meinen Schriften gespiegelt sehen wollte. In allen Gesprächen, die ich mit ihm führte, nahm er immer die Rolle des sensiblen Zuhörers und äußerst toleranten Förderers meiner eigenen „schriftstellerischen" Entwicklung ein. Nie hatte ich das Gefühl, von ihm Aufträge zu bekommen, die mir nicht entsprachen, immer aber das sehr positive Gefühl von Achtung und menschlicher Anerkennung. Die Integration der Tiefenphänomenologie in meine Schriften erfolgte ausschließlich aus Eigeninteresse, Freude an der Sache und vielleicht einer gewissen Ähnlichkeit bei der „Sache des Denkens". Am 19. Dezember 1990 schrieb ich dem Dichterphilosophen:

Lieber Herr Sánchez,
… Ich kann Ihnen zu Ihren Schriften wirklich nur gratulieren! Endlich eine zeitgenössische Philosophie, die sich Philosophie nennen kann. […] Die Magisterarbeit ist völlig überarbeitet. Ich habe mir Ihrem wertvollen Rat gemäß, der sich als wahr erwies und als geistiger Samen auf fruchtbaren Boden fiel, Zeit gelassen und wirklich jeden Satz, jedes Wort und jedes Komma überprüft. Vieles mußte daraufhin abgeändert werden […] Seit der Abgabe der MA an der Uni Augsburg ist mittlerweile über ein Jahr vergangen, ein für mich sehr lehrreiches Jahr, sowohl im Menschlichen als auch im Literarischen. Im Menschlichen, und das ist wohl das Wesentliche, insofern, als ich in ein großes Dunkel hinabsteigen mußte, aus dem ich noch nicht wieder ganz herausgekommen bin […] im Literarischen insofern, als ich Ihr gesamtes Werk gelesen und in mich aufgesogen habe. Es hat großen Einfluss auf die Überarbeitung ausgeübt und mir zu eigenen Standpunkten verholfen. Kurz, das letzte Jahr war für mich ein Jahr des Todes, das heißt aber auch, daß es ein Jahr der Auferstehung war. Ich habe mich als Mensch verändert, bin nicht mehr der, der ich war: Einen Teil meines Ichs habe ich unter Schmerzen verbrennen müssen. Jetzt bin ich dafür dankbar.

Die Arbeit wurde Anfang 1993 im Verlag Dr. Friedrich Pfeil veröffentlicht. Der neue Titel beruhte auf einem Vorschlag von José Sánchez de Murillo: *Philosophie leben und Philosophie lehren nach Plato*. Ich weiß noch, wie ich im Herbst 1993 mit einem Tag Sonderurlaub zur Frankfurter Buchmesse fahren durfte, um die Auslage des Büchleins am Stand von Dr. Pfeil begutachten zu können. Es ergab sich dort auch ein kleines Gespräch mit einem Gymnasiallehrer, der das Buch als Sekundärliteratur für seinen Griechisch-Unterricht erwarb.

Das alles war nur möglich, weil ich einem Menschen begegnen durfte, dem ich – heute sogar noch mehr als damals – sehr verbunden bin, der mich nach wie vor fördert und auch in menschlicher Hinsicht mit gutem Rat zur Seite steht. Von einer Schülerin weiß ich, dass José Sánchez in seiner Würzburger Zeit an einem dortigen Gymnasium auch das Fach Ethik lehrte und über ihn so urteilte: „Der beste Mensch, der mir in meinem Leben bisher begegnet ist." – In einem dazu vielleicht notwendigen „Zweitgutachten" würde ich mich dem uneingeschränkt anschließen.

Klaus Haack

Der Autorenfischer

José Sánchez de Murillo – was für ein Name, ein Name wie eine Melodie. Als ich ihn das erste Mal hörte, sah ich sofort die beiden Knaben vor meinem geistigen Auge, Trauben und Melone genüsslich verspeisend, das Bild, das ich seit meiner Schulzeit liebe, gemalt von Bartolomé Esteban Murillo.

Als ich José Sánchez das erste Mal die Hand reichte und ihm in die Augen sah, fühlte ich sofort die Besonderheit dieses Spaniers. Das geschah anlässlich einer Einladung zum Essen in unserem Hause in Schondorf am Ammersee. Traditionell kommt einmal im Jahr Renate R, eine Freundin meiner Frau Christl, zu einem gemeinsamen Menü. Bei einem solchen Anlass, ich glaube es war im Frühsommer 2001, war José Sánchez, als Begleiter von Renate, unser besonderer Gast.

Wir führten ein sehr anregendes Tischgespräch über seine und meine Arbeiten und so erfuhren wir auch, dass er der Herausgeber des *Edith Stein Jahrbuches* sei, einer Jahreszeitschrift, in der verschiedene Autoren sich zu einem speziellen Thema aus Philosophie, Theologie, Pädagogik, Literatur und Kunst äußern. José Sánchez schilderte diese seine Arbeit so anschaulich, dass mein Interesse sofort geweckt war. Ich wollte mehr erfahren über das Christentum, das Judentum und die Weltreligionen.

Auf das nächste Jahrbuch angesprochen, erklärte er, dass es dem Mönchtum gewidmet sein werde. Ich ging gleich auf dieses spannende Thema ein und José Sánchez nahm mich mit der Darstellung seiner tiefsinnigen Gedanken, gewonnen aus eigenen Erfahrungen, in seiner anschaulich beschreibenden Sprache mit in das Zentrum dieser für mich als Mann der Technik recht fremden Welt.

Und dann kam der entscheidende Augenblick, der mein Leben verändert hat. Angeregt vom Gespräch und vom Tischwein stellte ich, eigentlich mehr scherzhaft als ernst, in den Raum: „Kommt in diesem Jahrbuch auch ein Kapitel über die Klosterbrauereien vor?" Sánchez zögerte etwas, verneinte, und dann kam seine Frage: „Wären Sie vielleicht bereit, etwas über die Entwicklung des Brauwesens in den Klöstern für das Jahrbuch zu schreiben?"

Der Angelhaken war ausgelegt, der Köder schien schmackhaft, doch ich schluckte ihn nicht sofort. Noch konnte er seinen Fang nicht ans Ufer ziehen. Als José Sánchez mein Zögern spürte, nahm er mich geistig an die Hand und sprach mir Mut zu. Einige Augenblicke später, mit einem Zeitfenster von etwa einem Jahr, spürte ich den Reiz der Aufgabe, mich als zukünftiger „Autor" an diese neue Aufgabe zu wagen.

Ermutigt durch José Sánchez und Renate R stürzte ich mich begeistert in die Recherche, studierte die Literatur, besuchte die Klöster St. Gallen in der Schweiz, Andechs am Ammersee, Weihenstephan bei Freising, Weltenburg an der Donau, nicht ohne mich jeweils vor Ort von der Güte der Braukunst zu überzeugen. So entstand der kleine Beitrag „Celia, Cerevesia und Conventus", der dann im *Edith Stein Jahrbuch* 2003, *Menschen, die suchen*, veröffentlicht wurde.

Beim Lesen der Liste der Mitautoren dieses Bandes allerdings schoss mir nachträglich noch der Schreck in die Glieder. Wie konnte ich mit meiner bescheidenen Geschichte und meinem abweichenden Schreibstil neben all diesen Größen der Philosophie, der Religionswissenschaften, der Politikwissenschaften, neben all den Professoren, Doktoren, Lehrbeauftragten bestehen? Aber José Sánchez schaffte es ganz einfach, meine berechtigten Selbstzweifel zu zerstreuen, indem er meinen Beitrag lobte. Überzeugt war ich erst, als dieser Autorenfischer im Jahr 2003 abermals seine Angel an den Ammersee mitbrachte.

Wieder nach einem köstlichen Menü lobte er meine Frau ob des hervorragenden Mahls, nicht ahnend, dass wir das Essen gemeinsam gekocht hatten, wie wir das immer tun. Natürlich erfolgte mein Verweis auf meine entscheidende Mitarbeit in der Küche unmittelbar und José Sánchez sprach sich anerkennend über meine „Kochkünste" aus.

Dann warf er erneut den Köder aus und bemerkte so ganz nebenbei, wenn ich so viel vom Kochen verstünde, wäre ich doch eigentlich der richtige Autor für einen Beitrag im nächsten Jahrbuch zur Entwicklung des Kochens und Essens. Natürlich erkannte ich die Absicht. Ohne mir noch größere inhaltliche Gedanken zu machen – was dringend notwendig gewesen wäre –, stimmte ich zu, vom Erfolg des ersten Versuchs verführt. Gleichzeitig wurde für mich eine besondere Eigenschaft dieses Spaniers klar erkennbar, seine missionarische Überzeugungskraft gepaart mit bestechender Logik, ein äußerst wirkungsvoller und verführerischer Köder.

Die Bearbeitung dieses neuen Themas erwies sich dann unerwartet als erheblich schwieriger als ich gedacht hatte. Mehrere Gliederungsversuche wanderten in den Papierkorb, der Zugang zur Problematik wollte nicht gelingen, mir stand das Scheitern bereits deutlich vor Augen. Mit meinen Sorgen wandte ich mich hilfesuchend an José Sánchez und wir vereinbarten einen Spaziergang durch den Englischen Garten in München. In dieser einen entscheidenden Stunde umriss er seine Vorstellungen und eröffnete mir mit einer tiefgründigen Leichtigkeit einen völlig neuen, mir ungewohnten philosophischen Zugang zum Problem. Der Beitrag „Der Mensch ist was er isst …" konnte so mit seiner Unterstützung im Jahrbuch *Aufgang* 2004 veröffentlicht werden.

Und noch einmal gelang es ihm, diesmal ganz leicht, mich zu angeln. Im Jahrbuch *Aufgang* 2005, mit dem Titel „Von Ort zu Ort" fand José Sánchez, dass gerade ich als ehemaliger Lehrer im Fachbereich Luftfahrttechnik der geeignete Spezialist sei, um einen Beitrag zur Entwicklung des Fliegens, einer modernen

Ortswechselmethode, zu leisten. Wie hätte ich da ablehnen können! Und so entstand als dritter Jahrbuchbeitrag die Geschichte der Entwicklung der Luftfahrt mit dem Titel „Als dem Menschen Flügel wuchsen".

Sanft geführt von José Sánchez' einfühlsamer Hand habe ich so lernend Zugang gefunden zu der freudespendenden Tätigkeit des Schreibens von kleinen Geschichten, einer Fähigkeit, von der ich keine Ahnung hatte, bis er kam, sie entdeckte und förderte. Eine kleine Hilfestellung für ihn, ein großer Schritt für mich. Lieber José Sánchez de Murillo, ich danke Ihnen dafür und wünsche Ihnen für die Zukunft alles Gute, Gesundheit und Glück!

Nachtrag:
Er hat schon wieder seinen Angelhaken ausgeworfen ... Petri Heil!

Christian Hackbarth-Johnson

Über die Selbsterkenntnis des Menschen – eine evolutionistische Zen-Perspektive

> Das Denken der Ober-fläche würde tatsächlich sich selbst anders einschätzen und auch anders verfahren, wenn es die Wahrheit der Tiefe vor Augen hätte. [...]
> In der Vereinigung der Tiefe mit der Ober-fläche handelt der Mensch aus der Mitte seiner Bescheidenheit heraus. In diesem Zentrum erst geht das Menschliche auf. Es ist jetzt wieder Zeit für diesen Aufgang.[1]

Tiefe und Oberfläche

Eine berühmte Passage in der Lehrrede Genjō kōan des japanischen Zen-Meisters Dōgen (1200–1253) lautet:

> Den Buddhaweg ergründen heißt sich selbst ergründen. Sich selbst ergründen heißt sich selbst vergessen. Sich selbst vergessen heißt eins sein mit den zehntausend Dingen. Eins mit den zehntausend Dingen sein heißt Körper und Geist von uns selbst und Körper und Geist der Welt um uns fallen lassen.[2]

Dōgens eigene Erfahrung des Erwachens ereignete sich, als sein Lehrer Tiantong Rujin einen neben Dōgen eingeschlafenen Schüler schalt, indem er ihn mit dem Schuh schlug und rief:

---

[1] José SÁNCHEZ, *Über die Selbsterkenntnis des Menschen. Ein Dialog.* München 1986, 64.
[2] Meister DŌGEN, *Shōbōgenzō. Die Schatzkammer des wahren Dharma-Auge.* Band 1. Übers. aus d. Jap. v. Ritsunen Gabriele Linnebach u. Gudō Wafu Nishijima, Heidelberg-Leimen 2001, 58.

„Im Zazen sind Körper und Geist abgefallen!"[3] Dieser Satz löste bei Dōgen die Identifikation mit Körper und Geist und er erfuhr ein Erwachen zum Wesensgrund, der eins ist „mit den zehntausend Dingen". Dōgen kehrte zurück nach Japan und begann, die Praxis des Zazen als Praxis des Erwachens zu diesem Wesensgrund zu lehren. Die Gründung des Klosters Eiheiji, fernab von den Machtzentren seiner Zeit, wurde der Grundstein für die japanische Sōtō-Zen-Schule.

Der chinesische Gründer dieser Schule, Dongshan Liangjie (807–869), war bekannt für seine subtilen Dialoge, mit denen er seine Schüler in der Übung anleitete. In den *Dongshan-Akten*[4] wird geschildert, wie sein Erwachen sich vervollständigte, nachdem er von seinem Lehrer Yunyan Tansheng (780–841) Abschied genommen hatte. Auf die Frage, was er denn antworten solle, wenn er nach vielen Jahren aufgefordert werden würde, das Porträt des Meisters wahrheitsgemäß anzufertigen, hatte dieser ihm zur Antwort gegeben: „Eben dieser Mensch." Dies ist die Formel eines vor Gericht Angeklagten, womit er seine Schuld eingesteht. Dongshan verstand zunächst nicht, was damit gemeint war. Erst als er auf seinem Weg an einen Fluss kam und darin sein Spiegelbild sah, „erlebte er ein großes Erwachen über die Bedeutung des vorherigen Austausches".[5] Dongshan war in seiner Praxis stets sehr stark von dem angezogen gewesen, was man im Mahāyāna-Buddhismus die Leerheit (śūnyatā) nennt. Er hatte aber eine

---

[3] Siehe Heinrich DUMOULIN, *Geschichte des Zen-Buddhismus. Band II*, Bern 1986, 47.
[4] *The Record of Tung-shan*. Translated by William Powell, Honolulu 1986, 27f. Übersetzung aus dem Englischen vom Autor. Siehe auch Christian Hackbarth-Johnson, *Einheit der Wirklichkeiten II*. In: Eva-Maria Glasbrenner, Christian Hackbarth-Johnson (Hg.), *Einheit der Wirklichkeiten. Festschrift anlässlich des 60. Geburtstags von Michael von Brück*. München 2009, 45–50.
[5] *Record of Tung-shan*, a.a.O., 27.

einseitige Sicht von Leerheit als Transzendenz und daher war sein Erwachen unvollständig. Das Wort seines Lehrers führte ihn dazu, sein So-Sein als „eben dieser Mensch" anzuerkennen. Dongshan dichtete daraufhin folgenden Vers:

> Ernsthaft vermeide im Außen zu suchen,
> sonst entfernt es sich weit von dir.
> Heute gehe ich allein.
> Aber überall begegne ich ihm.
> Er ist kein anderer als ich selbst,
> aber ich bin jetzt nicht er.
> In dieser Weise muss es verstanden werden,
> um mit der Soheit zu verschmelzen.

„Eben dieser Mensch" bedeutet Integration der Individualität, der Welt der zehntausend Dinge in ihrer jeweiligen Soheit, durch die integrale Erfahrung von Leere, Oberfläche und Tiefe. Der Blick hier ist gerade umgekehrt zu der oben angeführten Aussage von José Sánchez. Dies ist vielleicht typisch für eine asketische Tradition wie den Buddhismus, die sich in erster Linie auf die Tiefe ausrichtet: Die Erfahrung der Tiefe bekommt eine andere Qualität, wenn sie die Wahrheit der Oberfläche vor Augen hat. Tatsächlich vervollständigt sich erst dann das Erwachen, wenn die Konkretheit des Daseins in die Erfahrung des Absoluten integriert ist, wenn, um die mahāyānistische Formel zu benutzen, die Wirklichkeit der Aussage „Nirvāna = Samsāra" erfahren wird. Die Zen-Übung zielt auf diese Integration von Tiefe und Oberfläche: „Zen-Geist ist alltäglicher Geist."[6] Die Tiefe ist im Alltäglichen da – die Ober-Fläche und die Tiefe, Samsāra und Nirvāna, sind eins.[7]

---

[6] Der Spruch ist abgeleitet von einer Aussage des chinesischen Meisters Nanquan Puyuan (748–835), die die Grundlage des Kōans 19 der Kōan-Sammlung *Mumonkan* abgibt: „Der alltägliche Geist ist das Tao."
[7] Dongshan hat die unterschiedlichen Modalitäten der Erfahrung des

Man könnte auch formulieren: Erleuchtung muss menschlich werden, sie braucht die Bescheidung.

Zeit für den Aufgang

Wenn es in der angeführten Passage von José Sánchez heißt, dass es jetzt wieder Zeit ist für diesen Aufgang der Menschlichkeit aus dem Zusammenkommen von Oberfläche und Tiefe, so denke ich an die großen Entwürfe zur Evolution der Menschheit bzw. des menschlichen Bewusstseins, wie sie Jean Gebser,[8] Pierre Teilhard de Chardin,[9] Sri Aurobindo,[10] und in der Folge Ken Wilber[11] ausgearbeitet haben. Alle vier Autoren öffneten sich für die spirituelle Dimension des Daseins und erfuhren so einen wesentlichen Anstoß für ihr Werk. Alle vier beschreiben die Geschichte der Menschheit bzw. des Kosmos' als evolutionären Prozess. Dieser Prozess zielt auf die Manifestation göttlichen Bewusstseins in der Materie bzw. die Selbstbewusstwerdung der Materie in Bezug auf ihren Ursprung. Aus der Manifestation der Physiosphäre und der Biosphäre entwickelte sich darin der Mensch als Wesen der

---

Zusammenhangs von Tiefe und Oberfläche in der Lehre der sog. „Fünf Stände" systematisiert. Siehe hierzu Hôseki Shinichi Hisamatsu, *Die fünf Stände von Zen-Meister Tosan Ryokai. Strukturanalyse des Erwachens*. Übers. u. hg. v. Ryosuke Ohashi und Hans Brockard. Nachwort von Kôichi Tsujomura. Pfullingen 1980.

[8] Jean GEBSER, *Ursprung und Gegenwart*. 3 Bde., München ²1986.

[9] Günther SCHIWY, *Pierre Teilhard de Chardin. Eine Biographie*. München 1986.

[10] Siehe vor allem Sri AUROBINDO, *Das göttliche Leben*. 3 Bände, Bellnhausen/Gladenbach 1974 (*The Life Divine*, 1914–1919/1939–1940).

[11] Ken WILBER, *Eros, Kosmos, Logo. Eine Vision an der Schwelle zum nächsten Jahrtausend*. Frankfurt a.M. 1996 (*Sex, Ecology, Spirituality*, 1995).

Noosphäre[12] und vereinigt in sich sowohl ein physisches, ein vitales wie ein mentales Wesen.[13] Seine Wesensaufgabe besteht darin, das mentale Wesen zu entwickeln und dadurch Welt zu gestalten. Der Mensch ist offen für die spirituelle Dimension als Grund der manifestierten Welt. Er hat, wie Sri Aurobindo es nennt, ein „seelisches Wesen", das ihn mit der Tiefe, mit dem göttlichen Grund, und mit allem verbindet.

Alle vier Autoren stimmen darin überein, dass die gegenwärtige Epoche der Menschheit von der Entfaltung der rationalen Mentalstruktur geprägt ist. Diese hat sich seit der Aufklärung unter Ausblendung der spirituellen Dimension ganz der Oberfläche zugewandt und sich selbst, indem sie nichts Höheres kennt, absolut gesetzt. Die Entwicklung der rationalen Struktur, des „solaren Ego" (Ken Wilber), ist heute gleichwohl an eine Grenze gekommen. Die Auswirkungen ihrer einseitig oberflächigen Sicht der Wirklichkeit und ihrem isolierend-analytischen Fokus auf Einzelphänomene fordern eine Reintegration der Tiefe auf einer neuen Ebene. Jean Gebser bezeichnet diese neue Ebene als „integrale Struktur", welche die rationale wie auch die ihr vorausgehende archaische, magische und mythische Struktur, integrierend transzendiert.

Gebser unterscheidet in der Menschheitsgeschichte fünf Mentalstrukturen: archaisch, magisch, mythisch, rational und integral. Jede Stufe transzendiert und integriert zugleich die vorgehenden Stufen. Dabei entsteht jeweils eine neue Art der Welt- und Selbsterschließung. Die heute noch vorherrschende rationale Bewusstseinsstruktur begann demnach ab 500 v.Chr. in den kulturellen Zentren Europas und Asiens die damals herrschende mythische Struktur abzulösen. Es entstand philosophisch-wissenschaftliches Denken, das die Welt- und Selbstwahrnehmung rational organisierte. War der *mythische Blick*

---

[12] Teilhard de Chardin verwendet diese Begriffe.
[13] Diese Begriffe verwendet Sri Aurobindo.

mehr von seelisch-polaren inneren Qualitäten geprägt, die auf die Außenwelt projiziert wurden, so stellt die rationale Weltauffassung den Blick scharf auf das je zu untersuchende Objekt, sei es eine Naturtatsache oder ein mentales Objekt, und versucht es in seiner Gesetzmäßigkeit zu erkennen. Der Blick des messenden Geistes auf die Oberfläche instrumentalisiert das Erkannte, leider ohne ausreichend die Einbindung in ein größeres Ganzes zu berücksichtigen. Die rationale Struktur ist folglich auch verbunden mit ihrem vital orientierten Schatten, der *magischen Struktur und* deren Hauptthemen Macht und Nahrung. In der Masse der möglichen Wahrnehmungsgegenstände fokussiert sich der Schatten egozentrisch auf das, was man gerade für sich möchte. Alles andere wie etwa die mythisch-seelischen Themen der erotischen Liebe und der Kunst, sowie das spirituelle Thema der Beziehung zum Göttlichen, wird dadurch nicht selten unter dem Aspekt der Macht rationalisiert.

Ihre Offenheit für die spirituelle Erfahrung hebt die integrale Struktur über die rationale hinaus. Der entscheidende Bewusstseinsquantensprung besteht in einer Öffnung für die transrationalen-intuitiven Bereiche des Bewusstseins, die Sri Aurobindo „Overmind" nennt. Hiermit bezeichnet er die höheren Bereiche der mentalen Ebene jenseits des einschränkenden Ich-Gefühls, ein kosmisches Bewusstsein der Einheit und Geisthaftigkeit allen Seins. (Davon unterscheidet er das „Supramentale", das jenseits des Mentalen ist und das er als „göttliches Wahrheitsbewusstsein" definiert.)

Die integrale Struktur befreit die vorangegangenen Strukturen in ein organisches, sich gegenseitig begrenzendes wie förderndes Miteinander. Alle drei, magische, mythische und rationale Aspekte kommen zu ihrem Recht innerhalb einer umfassenderen Perspektive (bzw. Aperspektive, wie Gebser sagen würde). Der integrale Blick ist ein panoramischer Tiefenblick. Er überblickt und durchschaut alle vorherigen Strukturen, erkennt deren Zusammenhänge und Tiefenstrukturen. Die integrale Struktur ist daher verwandt mit der mythischen, indem sie seelische und geistige Tiefendimensionen wahrnimmt. Sie projiziert sie aber nicht mehr nach außen, sondern erkennt sie als geistig-seelische Gebilde und Kräfte. In ihr ist die rationale Struktur integriert. Sie gewahrt aber die „holarchischen" (Wilber)[14] Vernetzungen zwischen den verschiedenen Ebenen des Seins sowie den ursprunghaften, „zeitfreien" Kontext aller physischen wie geistigen raumzeitlichen Phänomene.

Während Gebsers Einsicht aus einer Art spontaner Intuition entstand, die er in seinem monumentalen Werk *Ursprung und Gegenwart* ausarbeitete,[15] ist der Hintergrund bei Ken Wilber eine zielgerichtet-systematische Praxis der Bewusstseinskultivierung, in seinem Fall die der Zen-Meditation.[16] Mit diesem Hintergrund einer systematischen spirituellen Praxis innerhalb einer geprägten Tradition konnte er dem Phänomen der religiösen Erfahrung besser gerecht werden als Gebser. Indem er die Bewusstseinsphilosophien der Religionen in seine

---

[14] Mit dem Begriff Holarchie beschreibt Wilber das Phänomen, dass Ganzheiten wiederum Teile von Ganzheiten sind. So sind Atome Teile von Molekülen, Moleküle Teile von Zellen, Zellen Teile von Organismen usw. Im selben Sinne ist die rationale Bewusstseinsstruktur Teil der integralen, die integrale Teil der spirituellen. Dabei ist mit Sri Aurobindo davon auszugehen, dass es über der physischen eine vitale Seinsebene, über der vitalen eine mentale, und über der mentalen eine supramentale Ebene gibt.
[15] Siehe Gerhard Wehr, *Jean Gebser. Individuelle Transformation vor dem Horizont eines neuen Bewusstseins*, Petersberg 1996, 129.
[16] Siehe die biogr. Skizze in Edith u. Rolf ZUNDEL, *Leitfiguren der neueren Psychotherapie. Leben und Werk*. München 1991, 222ff. Siehe auch Ken Wilbers autobiogr. Bücher *Mut und Gnade. Die Geschichte einer großen Liebe – das Leben und Sterben der Treya Wilber*, Frankfurt a.M. ⁴2012 (*Grace and Grit*, 1992), und *Einfach „Das". Tagebuch eines erfolgreichen Jahres*, Frankfurt a.M. ³2006 (*One Taste*, 1999).

Auseinandersetzung mit hineinnimmt, erweitert er das Spektrum der Bewusstseinsstrukturen über die integrale Struktur hinaus. Wilber unterscheidet mindestens vier transpersonale oder spirituelle Bewusstseinsstrukturen: die übersinnliche (Naturmystik, Schamanismus), die subtile (Gottesmystik), die kausale (formlose Mystik) und die nonduale Struktur (non-duale Mystik). Die Entwicklung der integralen Struktur ist zweifellos ein entscheidender Entwicklungsschritt, aber noch nicht der letzte.

Wilber führt zudem den Aspekt einer doppelten Entwicklungslinie ein: Prinzipiell steht jede Epoche im unmittelbaren Bezug zur spirituellen Ebene. In jeder Epoche hatten einzelne Individuen Zugang zu einer höheren Struktur, von der aus sie auf die vorherrschend niedrigere einwirkten und von der her sie von den Zeitgenossen verstanden wurden.[17]

Impulsgebend für den Übergang von der mythischen in die rationale Struktur waren Menschen, die in ihrer Erfahrung aus der übersinnlichen oder kausalen Ebene schöpften. In ihrem alltäglichen Bewusstsein teils integral strukturiert, vermittelten sie ihre Lehren auf systematisch-rationale Weise, wie etwa Plato oder Gautama Buddha. Andere wie Jesus oder Mohammed sprachen aus einer transpersonalen Ebene heraus, waren aber in ihrem Alltagsbewusstsein möglicherweise noch stärker mythisch strukturiert oder auf die mythische Ebene ihrer Zeitgenossen bezogen. Sie wurden vor allem in dieser Struktur wahrgenommen und rezipiert („Sohn Gottes", Prophet, der über einen Engel göttliche Durchsagen erhält).

Man kann daher die großen Religionen (auch den Buddhismus) als Mischphänomene beschreiben, deren Grund-

---

[17] Analog zur menschheitlichen Entwicklung durchläuft der einzelne Mensch in seiner Individualentwicklung die unterschiedlichen Bewusstseinsstrukturen, was er in Kapitel 8 seines Buches *Integrale Psychologie* (*Integral Psychology*, 2000) ausführt.

impuls aus den spirituellen Ebenen kommt. Dieser Grundimpuls hat sich in ihnen in magischer, mythischer und rationaler Zeitsignatur geschichtlich expliziert. Auf diese Weise waren und sind die Religionen in gewissem Sinne integrale Phänomene. Ihre Funktion lag und liegt in der Öffnung für die spirituellen Bereiche, die bisher schwerpunktmäßig im Mythischen verankert waren. Mit der Fortentwicklung der rationalen Sichtweise, dem Siegeszug wissenschaftlich-technologischen Denkens, wurde die mythische Macht und damit auch die spirituelle Dimension der Religionen nach und nach zurückgedrängt.

Heute sind wir an einem Punkt, an dem wissenschaftliche Rationalität wieder freundlicher mit Religion und ihren Bewusstseinsmethoden umgeht. Das begründet sich u.a. darin, dass physikalische Erkenntnisse das konventionelle materialistische Weltbild des wissenschaftlichen Rationalismus als unzureichend entlarvt haben. Die moderne Neurophysiologie entdeckt spirituelle Praktiken für sich und beginnt die durch sie erlangten und bewirkten Bewusstseinszustände ernst zu nehmen.[18]

Vergleichbar mit der durch die europäischen Religionskriege im 16. und 17. Jh. hervorgebrachten Aufklärung, erzwingen heute die Auswirkungen der wirtschaftlichen und technologischen Globalisierung eine integrale Sichtweise. Die globale Situation erfordert immer mehr eine Überwindung individueller und kollektiver Egoismen und einen Übergang in ein Bewusstsein der Einheit der Menschheit. Das zunehmende Interesse an der wissenschaftlichen Erforschung spiritueller Praktiken ist ein Anzeichen für das Aufkeimen eines integralen Bewusstseins. Die rational-wissenschaftliche Beschäftigung mit Spiritualität

---

[18] Vgl. Ken WILBER, *Integrale Spiritualität. Integrale Intelligenz rettet die Welt*, München 2007 (Integral Spirituality, 2006). Siehe auch Ulrich OTT, *Meditation für Skeptiker. Ein Neurowissenschaftler erklärt den Weg zum Selbst*. München 2011.

steht fundamental dafür, dass sich eine integrale Bewusstseinsstruktur in der Menschheit auszubreiten beginnt. Vor diesem Hintergrund wird eine spirituelle Aufklärung[19] nötig, die spirituelle Erfahrung wieder auf der Basis einer integralen Philosophie als selbstverständlich dem menschlichen Leben zuerkennt.

Die Rolle der spirituellen Traditionen

Spirituelle, gar mystische Erfahrung fand sich bisher in den spirituellen Traditionen der Religionen. Sie war ihr Kern und hat sich entsprechend der Bewusstseinsstruktur ihrer Zeit in den religiösen Traditionen ausgestaltet. Wenn authentische spirituelle Erfahrung jegliche mentale Bewusstseinsstruktur sprengt, sei diese magisch, mythisch, rational oder integral, braucht sie die Gründung in einer sozialen Gestalt. Sie braucht die ideelle Einbettung in den Bewusstseinshorizont der jeweiligen Zeit, eine Tiefengründung in der Geschichte sowie eine umfassende Philosophie, die die Erfahrung verständlich und vermittelbar macht.

Daher sind die spirituellen Traditionen weiterhin als historische Tiefendimension und historisch bewährte Rahmenwerke unerlässlich. In ihnen wurden und werden spirituelle Strukturen mit ihrem reichen Erfahrungsschatz erlebbar gemacht. Ihre Theologien und Philosophien müssen sich den wissenschaftlichen Erkenntnissen sowie der Relativierung im Dialog mit anderen Traditionen stellen.

Die alten Denk- wie Praxisformen sind oft nicht mehr plausibel. Monastische Orden, traditionelle religiöse Berufe sprechen nicht mehr viele Menschen an. Spirituelle Erfahrung findet andere Wege, um sich zu entfalten.[20] Die Grund-

---

[19] Vgl. Harald WALACH, *Spiritualität. Warum wir die Aufklärung weiterführen müssen*. Klein Jasedow 2011.
[20] Z.B. auch die Nahtoderfahrung.

methoden werden heute vielfach in frei buchbaren Seminaren gelehrt, gestützt durch ein enormes Angebot publizierter Information. Wenn Spiritualität sich auch anders vermitteln kann als in den traditionellen Strukturen, so werden diese dennoch weiterhin eine wichtige Rolle spielen. Sie können aber auch bedeutungslos werden, sollten sie den Anschluss an das neu entstehende Wahrheitsbewusstsein verlieren. Um überleben zu können, müssen sie sich auf ein integral-plurales und menschheitlich-geschwisterliches, der Welt zugewandtes Wahrheitsbewusstsein beziehen.

Das Christentum hatte sich lange gegenüber anderen Religionen abgegrenzt, indem es sich absolut setzte und in anderen Religionen falsche Wege sah. Der Hintergrund war die Rationalisierung mythischer Aussagen in ein dogmatisch-systematisches Lehrgebäude. Ein *integrales Christentum* erkennt in der Begegnung mit anderen Religionen die eigene mythische Gebundenheit und wird auf seinen inneren spirituellen Kern verwiesen, die Erfahrung der Einheit mit Gott.[21]

Ferner hat das Christentum die Intuition einer Vollendung der Welt zunächst apokalyptisch projiziert und als nahe bevorstehend erwartet. Als das Ende ausblieb, wurden bald asketisch-mystische Bewegungen führend und die Heilserwartung richtete sich auf das Jenseits, einem Sein in oder mit Gott nach dem Tod. Erst nach den wissenschaftlichen Entdeckungen der Neuzeit entstanden diesseitsorientierte Eschatologien. Der Jesuit und Paläontologe Teilhard de Chardin (1881–1955) überwand die traditionelle, die Welt negativ sehende, asketisch geprägte christliche Frömmigkeit und Theologie und eröffnete eine mystisch-evolutionäre Sicht des

---

[21] So in der Lebenserfahrung des Benediktiners und christlichen Sannyasis Henri Le Saux/Swami Abhishiktananda. Siehe Christian HACKBARTH-JOHNSON, *Interreligiöse Existenz. Spirituelle Erfahrung und Identität bei Henri Le Saux (O.S.B.)/Swami Abhishiktananda (1910–1973)*. Frankfurt a.M. et. al. 2003.

Kosmos'. Nach ihm ist der Weltprozess eine evolutionäre Manifestation Gottes. Über die Bewusstseinsevolution des Menschen läuft dieser auf den „Punkt Omega" = Christus zu, der das „Herz der Materie" ist.[22]

Für die indischen Traditionen, die das Heil in der Regel in der Befreiung vom Zwang zur Wiedergeburt sehen, also in der Überwindung der Weltgebundenheit, hat Sri Aurobindo die Wende zu einer positiven, evolutionären Sicht des Weltprozesses vollzogen.[23] Die Befreiung des Bewusstseins von der Identifikation mit dem Vergänglichen durch Erkenntnis des Göttlichen ist in seinem „integralen Yoga" nur der Beginn einer aktiven Arbeit der Selbstvervollkommnung des Geistes in der Materie und der Materie im Geist.[24]

---

[22] Äußerst interessant ist sein Bekenntnis am Ende seines Lebens zu der inspirativen Kraft des Weiblichen. Siehe hierzu seine 1950 verfasste autobiographische Skizze: *Das Herz der Materie. Kernstück einer genialen Weltsicht*. Olten 1990 (*Le Cœur de la Matière*, 1976). Vgl. Günther Schiwy, a.a.O., 297ff.

[23] Zentral in seinem umfangreichen Werk ist das kleine Büchlein *The Mother* (1928; dt. *Die Mutter.* Düsseldorf 1990). Eine breitere Wirksamkeit erfuhr seine geistige Arbeit erst, als sich ihm 1920 die Französin Mirra Alfassa (1878–1973) anschloss, die darauf den Ashram organisierte und leitete, während er weitgehend zurückgezogen lebte und sich, wie er es nannte, der Supramentalisierung des Körpers widmete. Als Sri Aurobindo 1950 starb, übertrug er ihr das unvollendet gebliebene geistige Werk, das sich ihrer Aussage nach am 29.2.1956 keimhaft in ihr vollzog. Siehe hierzu die Doppelbiographie v. Georges van Vrekhem, *Beyond Man – The Life and Work of Sri Aurobindo and The Mother*. New Delhi 1999.

[24] Siehe v.a. *Die Synthese des Yoga*. Bellnhausen/Gladenbach 1972 (*Synthesis of Yoga*. 1914–1921, 1955), u. die *Briefe über den Yoga*. 4 Bde., Gauting 1999, Bellnhausen/Gladenbach 19 (*Letters on Yoga*, 1958).

Zen und die geistige Evolution der Menschheit

Betrachtet man die Zen-Tradition in einer solchen evolutionistischen Perspektive, findet sich in ihr eine Erfahrungstradition, die sich in den zur Verfügung stehenden Mitteln der jeweiligen Epoche an der non-dualen Erfahrungsstruktur orientiert hat. Die buddhistische Erfahrung des Erwachens zur Wirklichkeit des Ewigen im Zeitlichen hat sich eine der Zeitsignatur angepasste Form geschaffen. Man zog sich in die Einsamkeit der Berge zurück, richtete sich allein auf die Erfahrung der Erleuchtung aus und erarbeitete sich den Lebensunterhalt, anders als im Bettelmönchtum, durch eigene Feld- und Handarbeit selbst. Dies geschah in einer Zeit, als der zuvor von den Machtzentren in China geförderte Buddhismus aus sowohl mythischen wie rationalen Motiven angefeindet wurde.

Die nicht-dualistische Philosophie des Mahāyāna-Buddhismus gab die epistemologische Grundlage dazu, dass körperliche Arbeit nicht unbedingt der Erleuchtung abträglich ist, sondern im Gegenteil ein Mittel zur Verwirklichung eines nicht-dualen Bewusstseins sein kann. Der oben erwähnte japanische Zen-Meister Dōgen etwa lernte dies auf seiner Chinareise in zwei Begegnungen mit einem alten Koch[25], der ihm erklärte, dass seine Küchenarbeit Zen-Übung sei, dass, wie Dumoulin kommentiert, „das Tagewerk, das aus der Erleuchtung fließt, religiöse Übung ist".[26] – Die Tiefe umfasst die Oberfläche, die Oberfläche wird zum Ausdruck der Tiefe.

Heute trifft der Buddhismus insgesamt, mit seinem spirituell aufklärerischen Pathos, der in den verschiedenen Kulturen mal so und mal so sein Arrangement mit der Macht einging und

---

[25] Einer der schönsten Texte Dōgens sind seine *Richtlinien für den Küchenmönch* (Tenzo Kyokun). Siehe *Dogen's Pure Standards for Zen the Commmunity: A Translation of Eihei Shingi*. Translated by Taigen Daniel Leighton and Shohako Okumura, Albany 1996.
[26] Dumoulin, a.a.O., 44.

sich mythisch verortete, auf ein wissenschaftlich-säkulares Interesse an der Erforschung des Gehirns und des Bewusstseins.[27] Damit regt er ein neues Nachdenken an über die Bedeutung von Bewusstseinskultivierung für die weitere Zukunft des Menschen und des Planeten.[28]

Besonders die stark strukturierten buddhistischen Meditationswege bieten einen bewährten Rahmen für die Neuerschließung spiritueller Erfahrung. Die Basis dafür ist eine systematische spirituelle Praxis, die heutzutage sicherlich aus der mythisch-magischen Verpackung in ein integral-evolutionäres Verständnis des Seins überführt werden muss. Aus der Perspektive spirituell-evolutionären Denkens ist Zen eine der Weisheitstraditionen, in der spirituelle Erfahrungsstrukturen kultiviert wurden bzw. werden. Vermutlich ist heute eine dynamisch-evolutionäre Sicht von Non-Dualität angemessener als die traditionelle a-historische. Die „Eben-dieser-Mensch"-Erkenntnis Dongshans darf auch auf die Geschichte insgesamt ausgedehnt werden. Wie jeder Mensch strukturell eine bestimmte, wenn auch sich stets verändernde konkrete Identität und Persönlichkeit hat bzw. ist und als solche ewige Buddhanatur ist, gilt das auch für eine geistesgeschichtliche, bewusstseinsevolutionäre Epoche. Samsara ist gleich Nirvana – diese geschichtliche Situation ist in ihrer So-heit im schöpferischen Geistgrund gegründet und zugleich in einem Bewusstwerdungsprozess begriffen. Die mentale Ebene als ein kollektives

---

[27] James H. AUSTIN, *Zen and the Brain*. Boston 1998. Siehe auch Ulrich Ott, a.a.O.

[28] Siehe z.B. die Veranstaltungen des Mind and Life Institute mit dem Dalai Lama, (www.mindandlife.org) sowie die Umsetzung buddhistischer Praktiken in den medizinischen Mainstream durch die von Jon Kabat-Zinn initiierten „achtsamkeitsbasierten Interventionen". Als zusammenfassende Einführung siehe Sarah Silverton, *The Mindfulness Breakthrough: The Revolutionary Treatment for Stress, Anxiety and Depression*. London 2012.

Phänomen und übermentales oder gar supramentales Einheitsbewusstsein ist ein Bewusstsein der Einheit in der Vielheit und der Vielheit in der Einheit. Das Spirituelle geht im Menschen auf, es ist allemal geschichtlich prozessual, und kommuniziert sich von Geist zu Geist, von Herz zu Herz.

Zen als Weisheitstradition hat nicht unbedingt ein geschichtliches oder evolutionäres, aber ein non-duales Weltbild. Es geht im Zen um die Erfahrung der Geistnatur des Seins, die zeitlos ist, aber nicht-zwei zur Bewegung der Zeit. Zen zielt auf eine alltagstaugliche[29] Erleuchtung, ein klares Sehen der Wirklichkeit ohne Aufregung, ein Durchdringen der und Durchdrungenwerden von der Wirklichkeit des Seins, eine Gelassenheit, die in der Tiefe gegründet ist und daher die Welt der Oberfläche annimmt, wie sie ist, denn sie ist nur aufgrund der Tiefe, sie ist die Tiefe. Der Zen-Meister Shunryu Suzuki (1904–1971) hat dies einmal folgendermaßen ausgedrückt:

> Im Parinirvana-Sutra sagt der Buddha: „Alles hat Buddha-Natur", aber Dogen liest das so: „Alles *ist* Buddha-Natur." Darin liegt ein Unterschied. Wenn ihr nämlich sagt: „Alles hat Buddha-Natur", dann heißt das, dass Buddha-Natur in jeder Existenz ist, also Buddha-Natur und Existenz verschiedenartig sind. Wenn ihr aber sagt: Alles *ist* Buddha-Natur, dann heißt das, dass alles Buddha-Natur selbst ist. Wenn es keine Buddha-Natur gibt, gibt es überhaupt nichts. […]
>
> Ein Mensch zu sein heißt also, Buddha zu sein. Buddha-Natur ist nur eine andere Bezeichnung für menschliche Natur, unsere wahre menschliche Natur. So tut ihr selbst, wenn ihr überhaupt nichts tut, in Wirklichkeit doch etwas: Ihr bringt euch selbst zum Ausdruck. Ihr drückt eure wahre Natur aus. Eure Augen drücken sie aus; eure Stimme drückt sie aus; euer Auftreten drückt sie aus. Das Wichtigste ist, dass ihr eure wahre Natur in der einfachsten, angemessensten Weise zum Ausdruck bringt und dass ihr sie in der

---

[29] Siehe das Kōan: „Zen-Geist ist alltäglicher Geist." (Mumonkan, Fall 19.)

unscheinbarsten Existenz würdigt.

Wenn ihr diese Praxis Woche um Woche, Jahr um Jahr fortfahrt, wird eure Erfahrung sich immer mehr vertiefen, und sie wird sich auf alles erstrecken, was ihr in eurem täglichen Leben tut. Das Wichtigste ist, jeden Gedanken, etwas zu erlangen, alle dualistischen Vorstellungen zu vergessen. Mit anderen Worten, praktiziert einfach Zazen in einer bestimmten Haltung. Denkt nicht über irgendetwas nach. Bleibt einfach auf eurem Kissen, ohne irgendetwas zu erwarten. Dann werdet ihr schließlich eure wahre Natur wiedererlangen. Das heißt, eure wahre Natur erlangt sich selbst zurück.[30]

Die wesentliche Praxis im Zen ist Zazen, das bloße Sitzen in stiller Gegenwärtigkeit. Zen ist auf spirituelle Erfahrung ausgerichtet, es wendet sich an Menschen, die durch intensive spirituelle Praxis nach der Erfahrung ihres wahren Wesens suchen. Die Praxis und die Erfahrung sind wichtig, nicht die Worte.[31] Noch einmal Shunryu Suzuki:

---

[30] SHUNRYU SUZUKI, *Zen-Geist Anfänger Geist. Unterweisungen in Zen-Meditation,* Freiburg-Basel-Wien 2009 (*Zen-Mind Beginner's Mind*, 1970), 55f.

[31] Zen-Denken ist ein Tiefendenken, das nicht standardisierbar, vielmehr situativ ist. Zen ist keine Lehre, sondern ein aus dem Herzen der Wirklichkeit kommendes kreatives Umgehen mit Lehren, mit dem Leben. Zen-Dialog ist daher nicht diskursiv, sondern, man könnte sagen, evokativ-initiatisch. In diesem Sinne sind Zen-Worte „Worte ewigen Lebens", aber nicht so sehr, dass sie als solche ewige Wahrheiten ausdrücken, sondern dass sie diese Wahrheiten in der eigenen und der Erfahrung des Dialogpartners evozieren. Es geht nicht um die Worte, sondern um die Erfahrung der Tiefe, die damit ausgedrückt wird. Vgl. Toshihiko Izutsu, *Philosophie des Zen-Buddhismus*, Reinbek 1986, 66: „Zen-Dialog versucht [...], die endgültige und ewige Wahrheit in dem momentanen Aufblitzen der Worte zu ergreifen, die zwischen zwei Personen an den beiden Enden der geistigen Spannung in einer konkreten und einzigartigen Lebenssituation ausgetauscht werden."

Mir ist nicht danach zumute, nach dem Zazen zu sprechen. Nach meinem Gefühl ist die Praxis des Zazen genug. Wenn ich doch etwas sagen muss, dann möchte ich am liebsten darüber sprechen, wie wunderbar es ist, Zazen zu praktizieren. Unser Ziel ist einfach, diese Praxis für immer beizubehalten. Sie begann vor anfanglosen Zeiten, und sie wird fortdauern bis in eine endlose Zukunft. Genaugenommen gibt es für ein menschliches Wesen keine andere Praxis als diese Praxis. Es gibt keine andere Lebensweise als diese Lebensweise. Die Praxis des Zen ist der direkteste Ausdruck unserer wahren Natur.

Natürlich ist alles, was wir tun, der Ausdruck unserer wahren Natur, aber ohne Praxis ist es schwer, das zu verwirklichen. […]

Wenn ihr diese einfache Praxis jeden Tag fortsetzt, werdet ihr eine wunderbare Kraft bekommen. Bevor ihr sie erlangt, ist sie etwas Wunderbares, aber nachdem ihr sie erlangt habt, ist sie nichts Besonderes mehr. Sie ist nur ihr selbst, nichts Besonderes. […]

Für eine Mutter mit Kindern ist es nichts Besonderes, Kinder zu haben. Das ist Zazen. Wenn ihr mit dieser Praxis fortfahrt, werdet ihr zunehmend etwas gewinnen – nichts Besonderes, aber doch etwas. Ihr könnt es „universelle Natur", „Buddha-Natur" oder „Erleuchtung" nennen. Ihr könnt ihm viele Namen geben, aber für den, der es hat, ist es nichts und ist doch etwas.[32]

Folgende Geschichte aus der Zen-Tradition, in der wiederum ein Küchenmönch die Hauptrolle spielt, betont die zentrale Bedeutung der konsequenten Erfahrungspraxis, insbesondere wenn es darum geht, die Erfahrung weiterzugeben. Man achte in der Geschichte auf das selbstverständliche, mitunter auch humorvoll anmutende Zusammenspiel von überpersonalen, intuitiven Motiven mit den personalen, ich-haften Strukturen menschlichen Daseins.

---

[32] Shunryu Suzuki, a.a.O., 54f.

Es handelt sich um eine Geschichte, welche den Hintergrund des 40. Kōans[33] der Kōan-Sammlung Mumonkan abgibt. In diesem Kōan geht es um die Auswahl eines geeigneten Kandidaten für eine Klosterneugründung. Ein Laienschüler des Meisters Baizhang, welcher gewisse übersinnlich-intuitive Fähigkeiten hatte, berichtet dem Meister von einer Schau, die er am Gui-Gebirgszug (Guishan) hatte. Der Berg, so sagte er, habe die Kraft 1500 Mönche anzuziehen. Ob er denn nicht einen Schüler hätte, der geeignet wäre, dort ein Kloster zu gründen. Als der Meister sich selbst vorschlug, meinte der Schüler, dass der Berg rundlich sei, der Meister aber hager; zu ihm würden nur 1000 Mönche kommen. Nach einer Inspektion des Klosters wurde insgeheim der Küchenmönch Lingyou als geeignet ausersehen. Es wurde dennoch ein Wettbewerb ausgerufen, bei dem jeder Mönch die Möglichkeit hatte, die Tiefe seiner Erfahrung zu demonstrieren. Meister Baizhang stellte einen Wasserkrug in die Mitte und sagte: „Ihr dürft ihn nicht einen Wasserkrug nennen! Wie wollt ihr ihn dann benennen?" Zunächst antwortete der erste Mönch, nicht unklug, indem er sagte: „Er kann doch nicht eine Holzsandale genannt werden." Als darauf Lingyou aufgefordert wurde, etwas zu sagen, stieß dieser den Krug um und ging zurück an seine Arbeit. Er wurde beauftragt das Kloster zu gründen. Soweit das Kōan. Wie aber gründet man ein Kloster? Lingyou, der später nach dem Gebirgszug Guishan Lingyou genannt wurde, saß acht Jahre lang am Berg in Meditation. Da so lange niemand kam, dachte er, dass der Wahrsager sich vermutlich geirrt hatte. Doch als er sich aufmachen wollte, den Ort zu verlassen, packte ihn, so heißt es, ein Tiger am Arm und setzte

---

[33] Ein Kōan ist eine Geschichte, die zur Meditation verwendet wird. Kōans enthalten jeweils einen zentralen Aspekt der Erleuchtungserfahrung. Durch die meditative Vertiefung in ein Kōan soll dieser Aspekt in die Erfahrung geholt werden.

ihn wieder auf seinen Platz. Der Tiger steht hier symbolisch für eine spirituelle Erfahrung, die just in dem Augenblick kam, als der Mönch aufgeben wollte, als er, man könnte sagen, seine mehr oder weniger zielgerichtete Praxis losließ und dadurch offen wurde für das Eigenwirken des Geistes. Einige Tage später, heißt es weiter, kamen die ersten drei Mönche und die Dinge nahmen ihren Lauf gemäß der Prophezeiung. Der moderne Zen-Meister Yamada Roshi erläutert den Sinn:

> Was sagt uns das? Es lehrt uns ganz einfach und unmissverständlich, dass der Inhalt wichtiger ist als der Behälter. Was nützt eine prachtvolle Fassade ohne jeden Inhalt? Ist der Inhalt wertvoll, findet sich das Gefäß von selbst.[34]

Um ein Kloster zu gründen, oder – übertragen auf heute –, um ein neues Bewusstsein zu verbreiten, braucht es erst eine klare und eindeutige Erfahrung dieses Bewusstseins. Es ist der Inhalt, der am Gefäß arbeitet. Der übende Mensch legt in seiner Praxis der Selbstergründung eine Grundlage. Wenn er dann die ichhafte Vorstellung eines bestimmten Zieles loslässt, ereignet sich das Erwachen zum intuitiven Geist von selbst, denn er ist unsere wahre Natur. Wenn dieser die Führung übernimmt, geschieht Wesentliches. Dann wird jede Aktivität zur Zen-Aktivität.

---

[34] *Mumonkan*, 218.

Gert Hofmann

Nietzsches Theater des Denkens

Eine tiefenphänomenologische Betrachtung zum
Verhältnis von Philosophie und Fiktion

Die Begegnung mit José Sánchez, gleich zu Beginn meiner Studien in Würzburg im Wintersemester 1979, konfrontierte mich zum ersten Mal mit dem grundlegenden *Erfahrungscharakter* menschlicher Wahrheitssehnsucht, der für mein späteres Denken prägend werden sollte. Als ‚Erfahrung' galt mir nicht allein jenes essentiell Unsagbare, das sich, im Sinne des späten Heidegger, als „Erfahrung des Denkens" durch das *Unvermögen* der Sprache gleichwohl im (dichterischen) *Wort* zu zeigen vermag,[1] ohne sich dabei einer Begrifflichkeit kategorischer Aussage zu fügen. *Erfahrung* wurde mir die leibhaftige Performanz jenes überhaupt *Undenkbaren* und *Unfasslichen*, das sich in dem zutiefst romantischen Phänomen der *Nacht* offenbart, die als menschliches Grunderleben alle Formen inspirierter Gewissheit zu durchbrechen vermag und dadurch nicht allein die syntaktische und logische Funktionalität begrifflichen Urteilens, sondern ebenso die transzendente Erlöstheit religiöser Kontemplation und die transzendental „ideierende Wesenschau" (Edmund Husserl) phänomenologischen Denkens diskreditiert. Es war damals José Sánchez' Rezitation von Novalis' *Hymnen an die Nacht*, die ein solches Erfahren in seiner intensiven Leibhaftigkeit bei mir ausgelöst

---

[1] „Die Sage des Denkens wäre erst dadurch in ihr Wesen beruhigt, daß sie unvermögend würde, jenes zu sagen, was ungesprochen bleiben muß." Martin Heidegger, Aus der Erfahrung des Denkens, Gesamtausgabe: Veröffentlichte Schriften 1910–1976 Bd. 13, hg. v. Hermann Heidegger, Stuttgart 2002, 83.

hatte, so intensiv, dass es noch heute mit derselben Stärke in mir resoniert, wenn ich dieses Gedicht immer wieder lese.

José Sánchez entwickelt aus der poetosophischen Nachterfahrung der Romantik in ihrer erfahrungsintensiven und zugleich erkenntnissubversiven Radikalität die Grundzüge einer Tiefen*phänomenologie* als Tiefen*poetik* („Tiefdichtung"), wobei sich gerade in der Erfahrung der „Unmöglichkeit eines absoluten Wissens (mithin, da zum Begriff des Wissens die Absolutheit gehört, überhaupt des Wissens als Grundwissens) [...] eine neue Dimension" für das phänomenologische Denken eröffnet.[2] Als „Tiefdichtung" versteht sich diese neue, radikal sich selbst ergründende Form der Phänomenologie, weil sie „in der hellen Sicht der eigenen Unmöglichkeit verweilt" und deshalb jener paradoxen Wahrheit Sprache und Gegenwart zu verschaffen vermag, dass der Grund des Seins, „da Sein in der Endlichkeit als Vergehen geschieht, nur *nichtseiend* sein kann". Der Grund allen Seins „muß ständig sich selbst entschwinden" und das Denken in der ‚Ungründigkeit' seines letzten Grundes, also jenseits aller transzendentalen Begrifflichkeit, „hellsichtig" zu verweilen imstande sein, als Dichtung. Diese genuin poetische

> Helle erst eröffnet dem Denken das Ungründige des Grundes in seinem irr-sinnigen Sinn, d.h. darin, daß Sinn dem Menschen nur im Herumirren geschehen kann. In dieser Öffnung erreicht das Denken den Punkt, in dem alles eins ist.[3]

Der Aggregatzustand eines Denkens, das aus dem Gewahrwerden der Abgründigkeit seines letztendlichen Irrsinns gleichwohl Sinn zu schöpfen vermag, ist dichterisch. Dem besonderen Enthusiasmus nachzuspüren und phänomeno-

---

[2] José SÁNCHEZ DE MURILLO, *Der Geist der deutschen Romantik. Der Übergang vom logischen zum dichterischen Denken und der Hervorgang der Tiefenphänomenologie*. München 1986, 40.
[3] Ebd. 40–41.

logisch auf den Grund zu gehen, mit dem sich dieses poetische Gewahrwerden des Denkens über seine eigene wesentliche Irrsinnigkeit in der Romantik ereignete, ist das philosophische Verdienst von José Sánchez.

Freilich ereignete sich dieses Gewahrwerden – als Erfahrung des Irrsinnigwerdens vor der Abgründigkeit des Seins – auch andernorts in der Geschichte der Philosophie. Die Tiefenphänomenologie vermag den poetischen Sinn für diese Orte zu stimulieren, an denen sich die Abgründe des Denkens dem Denken selbst als Bedingung seiner eigenen Unmöglichkeit auftun und die Wirklichkeit des Seins dem diskreditierten Absolutheitsanspruch der Erkenntis mit dem Absolutismus der Erfahrung der Vergänglichkeit antwortet. Wahrheit ereignet sich im menschlichen Leben nur als Wirklichkeit dieser Unmöglichkeit.

Für die Frühromantik war der wichtigste Zeuge dieser abgründigen Grunderfahrung Immanuel Kant, dessen Transzendentalkritik der Erkenntnis im *Chorismos*, also im *Abgrund* zwischen zwei kategorisch entgegengesetzten Sinnformen (den Antinomien des reinen Vernunftgebrauchs als Freiheit und Notwendigkeit) ihre Wahrheit besiegelt. Schon für Kant offenbart sich dieser Chorismos nicht als analytische Denkmöglichkeit, sondern als intellektuelle *Erfahrung* der „Zerrüttungen" menschlicher Erkenntnis im „Zwiespalt" des sowohl praktisch (frei) als auch theoretisch (notwendig) sich artikulierenden Vernunftgebrauchs.[4] Der Kantischen Spur in

---

[4] Immanuel KANT, *Kritik der reinen Vernunft* (2. Aufl. v. 1787). Akademieausgabe Bd. 3, Berlin 1911, 282. Diese Sicht auf Kant prägte nicht nur Novalis und die Jenaer Frühromantik, sondern antiklassizistische und antiidealistische dichterische Adaptionen des Kantischen Denkens z.B. in den Werken Friedrich Hölderlins und Heinrich von Kleists. Zur Bedeutung Kants für Hölderlins späte Poetik vgl. G.H., *Hadeshochzeit*. Zur Deutung der Antigone – Transzendentalkritik versus Psychoanalyse. In: Ders. *Schweigende*

den Abgrund philosophischer Wahrheitssuche wird in der Romantik noch einmal das ästhetische *Sublimierungsvermögen* einer *schwebenden Einbildungskraft* des dichterischen Wortes entgegengehalten – jene „productive Imaginationskraft", welche der „Quell, die Mater aller Realität, die Realität selbst ist"[5] und in liquider Fiktion die menschlichen Antinomien von Freiheit und Unterwerfung nicht aufhebt, sondern überflutet und gerade dadurch in der Tiefe ihres Flutens die Abgründigkeit ihres Herkommens sichtbar werden lässt.[6] Diese Spur verdichtet sich aber schließlich mit Nietzsche zu einer *Gravität* (statt Sublimität) der Wahrheit als „Sinn der Erde" nicht in der Wörtlichkeit eines dichterischen Sprechaktes, sondern in der *Körperlichkeit* des schauspielerischen Akts in der Tragödie. Die tiefenphänomenologische Öffnung zur Wahrheit des Seins als Vergehensprozess menschlicher Endlichkeit in der Zeit ermöglicht eine Lesart von Nietzsches Philosophie als *Philosophie des Theaters*, in welcher Wahrheit sich nur in korporaler (aber nicht mehr transzendentaler) Gewissheit ereignet als der flüchtige Ertrag einer theatralen Performanz. Die Welt selbst als menschliche Lebenswelt (nicht als deren Abbild) präsentiert ihre Wahrheit in der Weise des theatralen Spiels. Insofern sie überhaupt „uns etwas angeht", ist sie schon

> falsch d.h. ist kein Thatbestand, sondern eine Ausdichtung und Rundung über einer mageren Summe von Beobachtungen; sie ist ‚im Flusse', als etwas Werdendes, als eine sich immer neu verschiebende Falschheit, die sich niemals der Wahrheit nähert:

Tropen. Studien zu einer Ästhetik der Ohnmacht, Tübingen/Basel 2003, 50–73.

[5] NOVALIS, Werke, Tagebücher und Briefe, 3 Bde., hg. v. Hans-Joachim Mähl und Richard Samuel, Bd. 2 (Fichte-Studien), München/Wien 1978, 177.

[6] Vgl. dazu G.H., *Tropologie des Staubes*. Synkopen der Subjektivität in Friedrich von Hardenbergs *Hymnen an die Nacht*. In: Schweigende Tropen, a.a.O., 95–118.

denn – es giebt keine ‚Wahrheit'.[7]

Das Tiefenphänomen der Zeit (als Vergänglichkeit der Endlichkeit des Seins) in Nietzsches Philosophie hat die Form zyklischer Lebendigkeit, deren Impulsivität sich in Akten der Fiktion als *Zeugung* und als Metamorphose des Leibes in den Übergängen zwischen Geburt und Tod manifestiert: wobei immer die lebendige Wirklichkeit des Gezeugten die ursprünglich in der Möglichkeit des Zeugenden liegende Wahrheit Lügen straft und im Theater als „Gesamtentfesselung aller symbolischen Kräfte" des Leibes[8] sich die *Wieder*-holung mythischer Vergangenheit immer wieder als Öffnung in eine fingierte Zukunft vollzieht. Solche Zukunft verdankt sich als symbolische Geburt und fortwährender Akt ästhetischer Wiederaufrichtung erst der unendlichen Wiederholbarkeit und Veränderbarkeit der theatralen *performance* und ihrer maskierten Vorgeblichkeiten: Zukunft ereignet sich im lebendigen Prozess nur als *Exzess* des Vergangenen, nicht als Ausschöpfung und Bestätigung seiner verbliebenen Möglichkeiten. Im theatralen Ereignis zeigt sich deshalb vor allem eines: die *Maske*, die Prosopopöie des theatralen Spiels ist das eigentliche *Gesicht* der Wahrheit, nicht deren Verstellung. Als Subjekt des theatralen Spiels tritt hier der lebendige Leib in Erscheinung. Als Täger der Maske ergibt er sich in einen *Exzess* seiner eigenen individuellen Hinfälligkeit und Selbstbegrenzung und erschließt menschlicher Kreativität ihre lebendigen Potenziale: erst durch den „schaffenden Leib" vermag das Selbst, „was es am liebsten will: – über sich hinaus zu schaffen. Das will es am liebsten, das

---

[7] Friedrich NIETZSCHE, Sämtliche Werke. Kritische Studienausgabe in 15 Bänden, hg. v. Giorgio Colli und Mazzino Montinari (=KSA), Bd. 12, 112 (Nachgelassene Schriften).
[8] Ebd., Bd. 1 (*Die Geburt der Tragödie*), 34.

ist seine ganze Inbrunst". Und erst der „schaffende Leib schuf sich den Geist als eine Hand seines Willens".[9]

Insofern Tiefenphänomenologie sich als dritte, gleichsam post-philosophische „Grundform des Denkens" gestaltet, ist sie „gelassene Hinschau in die Unmöglichkeit der eigenen Begrenzung".[10] Genau das macht aber Nietzsche zufolge die Grundbefindlichkeit des tragischen Theaters als Manifestation der *conditio humana* aus: kontemplative Einübung in die Grundbewegung des Lebens, das in der Grundbewegung der Zeit als Vergänglichkeit, d.h. also gerade in der Bewegung des Niedergangs aller seiner individuell formierten Bedeutungen „unaufhörlich wieder [aufgeht]".[11] Der *Leib* versteht sich in dieser Manifestation des Lebensprozesses als Modus seines wirklichen individuellen Gestaltwerdens, aber auch als Grundgestalt der unausweichlichen Exponiertheit aller gelebten Wirklichkeit an die Wahrheit der Vergänglichkeit.

Für die in der Romantik sich herausbildende Tiefenphänomenologie ist der „Leib" eingebunden in eine „Triplicität von Leib, Seele und Geist als das Gewesene, das Gegenwärtige und das Zukünftige eines Lebensgebildes". Er versteht sich in diesem Sinngefüge nach José Sánchez als „*Wort* des Geistes" und damit als

> jene Zentralität (Mitte) der Lebensbewegung, die das Gewesene aufbewahrt und daraus die frische Kraft der offenen Einzigkeit gewinnt. Wenn nun die werdende Zentralität auf Verschließung aus ist, so schlägt sie immerfort in neue Formen der Offenheit um. Dieser Umschlag ist nur dank des Leibes (als geronnene Geschichte) möglich. Er ist der Grundbalken, der das Innerste und das Äußerste, das Gewesene und das Zukünftige trägt. Der Grundbalken bildet die Schwelle, die das Zwischen öffnet, und die

---

[9] Ebd., Bd. 4 (*Also sprach Zarathustra*), 40.
[10] José Sánchez de Murillo, a.a.O., 41.
[11] Ebd.

Stätte, die das Feuer trägt.[12]

Das Bild der Schwelle als Stätte der Öffnung und Offenheit ist wichtig, aber im Hinblick auf Nietzsche doch nicht ganz treffend. Für Nietzsche ist der Leib nicht *Wort* des Geistes und zentrale Stätte der fortwährenden Umdeutung eines geschichtlichen Gesamtprozesses, sondern *Akt* einer fortwährenden Lebensgeburt und *Zeuge* (Zeugnis und Zeugender) eines exzentrischen, sich immer wieder selbst entgehenden und insofern auch keine Geschichte (allenfalls *Geschichten* als Fiktionen) begründenden Sinngeschehens. Die Stätte seiner Offenheit ist vielmehr der ephemere Raum der Bühne für ein theatrales Spiel.

Dennoch zeigt sich auch bei Nietzsche, wie jene tiefenphänomenologische Grunderfahrung des Durchbrechens aller Fundamente erkennender Gewissheit zum Signal einer menschlichen Tiefenwahrheit wurde. Hier erscheint sie nur mehr einer korporalen Sensibilität zugänglich, einem Sensorium der Tiefe als Resonanzvermögen, das nach einem sympathetischen *Berühren* verlangt, aber kein Begreifen erlaubt. Dem korrespondiert eine ‚Wahrheit', die nicht sublim ist, sondern intim, nicht transzendental, sondern radikal in dem Sinne, dass sie die Lüge („Ausdichtung") als „sich immer neu verschiebende Falschheit" im Unter-Grund des Weltgeschehens überhaupt verortet: Wahrheitstheater statt Weltentheater. Eine solche Wahrheit inspiriert nicht mehr, wie in der Romantik, das dichterische Wort, welches das Mysterium der heiligen Schrift immer weiter ins weltliche Leben fortzuschreiben versteht, sondern den theatralischen Akt des Schauspiels, des Tanzes und der Musik, der immer flüchtig bleibt und profan, vorübergehende Verstellung eines wesenhaften Mangels an substanzieller Authentizität.

---

[12] Ebd., 316.

Aber was ist „Falschheit", wenn es keine *Wahrheit* gibt? Nietzsches Aphorismus über die Welt, die „uns etwas angeht" gibt uns ein metaphysisches Rätsel auf. Die philosophische Klassik hätte ein Scheitern des Versuchs, sich „der Wahrheit zu nähern" einfach auf einen Mangel adäquater Instrumente im begrifflichen Werkzeugkasten des Philosophen zurückgeführt. Wahrheit als Erkenntnismöglichkeit im Sinne der *homóiosis*, der Entsprechung von Sache und Begriff, war prinzipiell niemals infrage zu stellen. Nietzsches kühne Behauptung, dass eine Annäherung an die Wahrheit unmöglich sei, *nicht* wegen epistemologischer Defizite im Subjekt der Erkenntnis, sondern wegen des ontologischen Status der „Welt" als solcher, kann daher nur als unerhörte philosophische Provokation gewertet werden. Aber zwingt er uns deshalb zu der Schlussfolgerung, dass „Falschheit" als die ontologische Wahrheit der Dinge der Welt aufgefasst werden muss? *Cosmos* hätte sich in *chaos* zu verkehren, Wahrheit und Lüge erwiesen sich als identisch? Wahrheit wäre dann nicht mehr möglich als das Ergebnis einer kognitiven Gleichung: Einerseits entspräche die „sich immer neu verschiebende Falschheit" einer uneinholbaren Aberration ihrer objektiven Bezugsgröße, während das erkennende Subjekt demgegenüber in einen antagonistischen Zustand der Selbst-Unangemessenheit, ja der Selbst-Subversion gezwungen wäre.

Genau dieser Antagonismus jedoch scheint Nietzsches Vorstellung von „Wahrheit" wesentlich zu sein: eine existenziell zu lebende antagonistische Haltung, die den Philosophen über das bloße nihilistische Anerkennen des immer täuschenden und transitorischen Charakters jeder Perzeption von Wahrheit hinauszuführen vermag. Er befähigt ihn, die tiefenphänomenologisch offenbar werdende unvermeidliche Obliteration aller positiven Erkenntniswahrheit entschieden zu *bejahen* als einen Impuls für *jenes* Leben, „das uns etwas angeht". Eine solche Bejahung setzt Potenziale einer Willenskraft frei, die nicht darauf aus ist, die Wahrheit zu *wissen*, sondern Wahrheiten zu *erzeugen* und jedes gegebene Wissen zu überschreiten. Erst in der Weise dieser „unablässig schöpferischen Überschreitung" erreicht „das Lebendige seine volle Konsistenz […] verschafft dem Werden Zugang zu seiner vollen Gegenwärtigkeit und assimiliert das Chaos ans menschliche Leben".[13]

Als *homóiosis* von Chaos und Lebenswelt eröffnet sich der Zugang zur Wahrheit jenseits von Erkenntnistheorie als eine radikal praktische, ethische und ästhetische Herausforderung. Wahrheit als Falschheit generiert eine kreative Praxis, durch welche die Lüge des ‚Fürwahrhaltens', d.h. also die *performance* einer anzunehmenden Lüge *als* Wahrheit zur Quelle des „Lebens selbst als schöpferischem Akt"[14] werden kann. Dieser Antagonismus befeuert eine Philosophie des Lebens als genuine Schauspielkunst, Philosophie als Theater[15] des Lebens und Wahrheit als Gelegenheit einer *Fiktion*: „eine Ausdichtung und Rundung über einer mageren Summe von Beobachtungen". Wahrheit als philosophisches Schauspiel entspringt einem künstlerischen Zeugungsgeschehen zwischen Zufall und Fiktion, Tatsache und Willensakt, durch dessen pure Vitalität die „Lüge sich heiligt" und der „Wille zur Täuschung" sich ein „gutes Gewissen" zur Seite stellt.[16] In der Kunst des Theaters erweist sich die Zeugungsfähigkeit der Wahrheit gerade in ihrer Falschheit, als ihre Fertigkeit das Leben spontan zu stimulieren:

> Darin gewinnt „Wahrheit" möglicherweise eine neue Bedeutung. Wahrheit ist Schein. Wahrheit bedeutet Vollzug […]. Bei

---

[13] Jean-Luc NANCY, „*Unsere Redlichkeit*" (Über Wahrheit im moralischen Sinne bei Nietzsche). In: Werner Hamacher (Hg.), Nietzsche aus Frankreich, Frankfurt a.M./Berlin 1986, 173.

[14] Ebd., 172.

[15] Vgl. G.H., *Theaterphilosophie. Nietzsches Ästhetik der Transfiguration*. In: Ders., Schweigende Tropen. Studien zu einer Ästhetik der Ohnmacht, Tübingen/Basel: Francke 2003, 195-224.

[16] Nietzsche, a.a.O., Bd. 5, 402 (Zur Genealogie der Moral).

Nietzsche sind wir die Künstler = wir die Suchenden nach Erkenntnis oder Wahrheit = wir die Erfinder neuer Möglichkeiten des Lebens.[17]

Nietzsches *Theater des Denkens* erzeugt, anhebend aus der Tiefenphänomenologie der Romantik, eine besondere Sensibilität für das illusionäre, gebrechliche und flüchtige Wesen der Wahrheit. Sie ermächtigt aber auch das souveräne und erfinderische Spiel des Philosophen mit den Masken einer unbegrenzten Vielzahl von Wahrheitscharakteren auf der Weltbühne des Lebens. Was zunächst, in *Die Geburt der Tragödie*, noch wie eine bloße philosophische Suggestion erscheint, entwickelte sich seit dem *Zarathustra* zu einer postphilosophischen Prophezeiung. Zarathustra verspricht nicht mehr die Heraufkunft eines neuen goldenen Zeitalters höherer Erkenntnis, sondern eher den Niedergang einer solchen Hoffnung als metaphysischer Illusion. An deren Stelle tritt als „eigentlich metaphysische Tätigkeit" die *Kunst* der Tragödie, welche die Solidität kategorischer Erkenntnis durchbricht und in der Einsicht kulminiert, „dass nur als ästhetisches Phänomen das Dasein der Welt gerechtfertigt" ist.[18] Im ästhetischen, physischen Phänomen des Theaters koinzidiert die menschlich korporale Wahrheit des Vergehens mit einer Inversion ihres transzendentalen *Antagonons*, der *meta*-physischen Wahrheit des Seins. Deren ästhetische Präsenz, die tragische Maske, überwältigt jede metaphysische Bedeutungstranszendenz in der *performance* des Maskenspiels. Als *Ereignis* – *event* als ,Advent' einer Sinnstiftung – erschöpft dieses sich nicht im Modus der Bildlichkeit und Repräsentation, sondern generiert Wahrheit, zwar nicht mehr als rein *tiefdichterische* Fiktion, aber als gleichsam *tiefendramatische* Aktion: „Welten schaffend" aus der Überfülle

---

[17] Gilles Deleuze, Nietzsche und die Philosophie, Übers. Bernd Schwibs, Hamburg 1991, 113.

[18] Nietzsche, a.a.O., Bd. 1 (Die Geburt der Tragödie), 17.

einer theatralen „Vision", gebiert sie die das Leben selbst und schöpft auf diese Weise einmal mehr aus dem „Ungründigen" ihres Grundes einen „irr-sinnigen Sinn"[19] – denn „alles Leben ruht auf Schein, Kunst, Täuschung, Optik, Nothwendigkeit des Perspektivischen und des Irrthums".[20]

---

[19] José Sánchez de Murillo, a.a.O., 40.
[20] Nietzsche, a.a.O., Bd. 1 (Die Geburt der Tragödie), 18.
.

Jochen Kirchhoff

Erkenntnis als Erinnerung – Anmerkungen zu einem Zentralgedanken in Schellings „Weltaltern"

Ein kleines Präludium zur Einstimmung

Es steht nicht gut um den Menschen auf diesem seltsamen Gestirn, das wir Erde nennen. Er hat sich selbst, wie es scheint, gründlich demontiert und ist nun, fast möchte man sagen mit Inbrunst, dabei, den ihn tragenden und nährenden Planeten in den Orkus zu reißen. Die Eliten, also die, die die Marschrichtung vorgeben und die Deutungshoheit beanspruchen, scheuen sich hierbei mehrheitlich nicht, dieses Weltbemächtigungs- und Weltzerstörungsprojekt schönzureden, es als mehr oder weniger alternativlos darzustellen. An der genannten Demontage haben alle Großideologien teil, an vorderster Front die abstraktionistischen Naturwissenschaften. Diese füttern die globale Megatechnik, „verfeinern" (d.h. gestalten immer infernalischer) die Waffensysteme und bestimmen und bestücken das herrschende Weltbild, das der Urknall-Kosmologie, der glühenden Gasbälle und der toten Leere des Alls. Und sie tun dies sichtlich mit quasi-religiösem Furor.

Mit den sonstigen Glaubens- und Machtsystemen sieht es nicht viel besser aus, seien sie politischer, wirtschaftlicher, finanzieller oder religiöser Natur. Es ist klar, dass alle die Verantwortung für das globale Desaster zurückweisen, ja sich, in je verschiedenen Graden, eine Sonderrolle zuschreiben, den eigenen Wahn rechtfertigen und wortreich verteidigen. Überhaupt ist die allgemeine Verantwortungslosigkeit geradezu atemberaubend. Von dem, was ich seit vielen Jahren die kosmische Verantwortung des Menschen nenne, gibt es allenfalls zarte Flämmchen da und dort, die gegen die globale Feuerwalze machtlos sind. Usw.

Maßlos übertrieben? Einseitig? Allzu pessimistisch? Vielleicht. Aber nur aus dieser ungeschminkten Bestandsaufnahme der globalen Lage heraus ist heute Philosophie sinnvoll zu betreiben. Andernfalls bleibt sie „Literatur", Philologie (bestenfalls) oder intellektueller Schwindel.

Nun zum Thema, zu Schelling, zu den *Weltaltern*. Zur Erinnerung: Schellings *Weltalter*-Fragment, in der Druckfassung von 1813, muss den wenigen, wirklich großen Würfen der Philosophiegeschichte zugerechnet werden. Es sind gewaltige Brocken und Ideenansätze zu bewundern (und zu verdauen), die in ihren besten Passagen auch sprachlich grandios genannt werden dürfen. Der Bewunderung (so es sie denn gibt) tut es keinen Abbruch, wenn man weiß, dass Schelling hier in hohem Grade von Jakob Böhme beeinflusst ist, und zwar von dessen Gesamtwerk (wie José Sánchez gezeigt hat),[1] obwohl er diese Hauptquelle nicht als solche herausstreicht. Mit Blick auf Böhme ist Schelling – von Schopenhauer – sogar der Vorwurf gemacht worden, ein Plagiator zu sein, was *so* sicher überzogen ist. Bekanntlich ließe sich ein ähnlicher Vorwurf mit Blick auf Schelling gegenüber Schopenhauer erheben, was den Kern der Willensmetaphysik anlangt.[2]

Es geht mir hier nicht um solcherart Fragen, die geistesgeschichtlich von Wert sein können, oft aber im philologisch-historischen Gestrüpp enden, wenn kein eigener und fruchtbarer philosophischer Gedanke spürbar ist. Mir geht es auch

---

[1] José SÁNCHEZ DE MURILLO, *Der Geist der deutschen Romantik. Der Übergang vom logischen zum dichterischen Denken und der Hervorgang der Tiefenphänomenologie.* München 1985, 192ff, 234ff und Umfeld.
[2] Jochen KIRCHHOFF, *Schelling*. Rowohlt-Monographie. Reinbek ⁴2000, 136 und Umfeld.

nicht um die komplexe und universal angelegte Struktur der *Weltalter*, nicht um das vielschichtige Gebäude dieser Gedanken und Intuitionen, kurz: nicht um die *Weltalter* als solche oder als „System" (bewusst in Anführungszeichen). Vielmehr greife ich einen, wie ich meine, zentralen Gedanken des Werkes heraus, eben den der Erinnerung, ich könnte auch sagen „Tiefenerinnerung", um einen Begriff aus meinem Buch *Das kosmische Band* ins Spiel zu bringen.[3] Erinnerung – altgriechisch Anamnesis – ist eine Grundkomponente meiner Philosophie, mehr als anderswo vielleicht in der *Anderswelt* und der *Erlösung der Natur*.[4] Insofern ist es verständlich, dass ich den Gedanken der Anamnesis, wenn er mir bei anderen Philosophen begegnet, besondere Beachtung schenke. „Wie spricht ein Geist zum andern Geist?" (Goethe, *Faust*) Das ist hier, wie auch sonst, die Frage …

In der Einleitung zu den *Weltaltern* heißt es:

> Dem Menschen muss ein Prinzip zugestanden werden, das außer und über der Welt ist; denn wie könnte er allein von allen Geschöpfen den langen Weg der Entwicklungen von der Gegenwart bis in die tiefste Nacht der Vergangenheit zurückverfolgen, er allein bis zum Anfang der Zeiten aufsteigen, wenn in ihm nicht ein Prinzip von dem Anfang der Zeiten wäre? Aus der Quelle der Dinge geschöpft, und ihr gleich, hat die menschliche Seele eine Mitwisserschaft der Schöpfung. In ihr liegt die höchste Klarheit aller Dinge, und nicht sowohl wissend ist sie als selber Wissenschaft.
>
> Aber nicht frei ist im Menschen das überweltliche Prinzip noch in

---

[3] DERS., *Das kosmische Band. Der Mensch und seine Bedeutung für das Ganze*. Klein Jasedow 2010. Überschrift des sechsten Kapitels: „Anamnesis Tiefenerinnerung als Erkenntnisweg". 42ff.

[4] DERS., *Die Anderswelt. Eine Annäherung an die Wirklichkeit*. Klein Jasedow 2002, und *Die Erlösung der Natur. Impulse für ein kosmisches Menschenbild*. Klein Jasedow 2004. Der Gedanke der Anamnesis ist eine Art Leitmotiv beider Bücher.

seiner uranfänglichen Lauterkeit, sondern an ein anderes geringeres Prinzip gebunden. Dieses andere ist selbst ein gewordenes und darum von Natur unwissend und dunkel; und verdunkelt notwendig auch das höhere, mit dem es verbunden ist. Es ruht in diesem die Erinnerung aller Dinge, ihrer ursprünglichen Verhältnisse, ihres Werdens, ihrer Bedeutung. Aber dieses Ur-Bild der Dinge schläft in der Seele als ein verdunkeltes und vergessenes, wenngleich nicht völlig ausgelöschtes Bild.[5]

Und im Ersten Buch (*Die Vergangenheit*) schreibt Schelling:

> Gewiss ist, dass, wer die Geschichte des eignen Lebens von Grund aus schreiben könnte, damit auch die Geschichte des Weltalls in einen kurzen Inbegriff gefasst hätte. Der große Teil der Menschen wendet sich von den Verborgenheiten seines eignen Inneren ebenso ab wie von den Tiefen des großen Lebens und scheut den Blick in die Abgründe jener Vergangenheit, die in ihm nur zu sehr noch als Gegenwart sich verhält.[6]

Wie man sich diesen Sätzen deutend nähert, wo man „mitgeht" oder eben nicht, ist (wie auch anders?) von den eigenen weltanschaulichen Prämissen und Glaubenssätzen, Annahmen, Mutmaßungen bestimmt. Es ist zunächst nicht schwer, eine gewisse Kenntnis der Geistesgeschichte vorausgesetzt, jene Vorstellungen herauszufiltern, die in dem Text mitschwingen: Es sind neben der Theosophie Jakob Böhmes und der Böhme-Adaption Franz von Baaders[7] platonische, neuplatonische, hermetisch-esoterische, kabbalistische, im weiten Sinne gnostische und mystische sowie idealistische Elemente und Ideen. In den Münchener Vorlesungen *Zur Geschichte der neueren Philosophie* ab 1827 (den umgearbeiteten Erlanger Vorlesungen von 1822) verbindet Schelling das eigene *System des trans-*

---

[5] F.W.J. SCHELLING. *Schriften von 1813-1830*. Darmstadt 1976, 6.
[6] Ebd., 13f.
[7] Baaders Böhme-Adaption wird umfassend und überzeugend von José Sánchez dargestellt in *Der Geist der deutschen Romantik* (Anm. 2).

zendentalen Idealismus von 1800 mit dem Anamnesis-Gedanken Platons, und zwar in einer Weise, die durchaus einen Brückenschlag erlaubt zu den *Weltaltern*:

> Das individuelle Ich findet in seinem Bewusstsein nur noch gleichsam die Monumente, die Denkmäler jenes Wegs, nicht den Weg selbst. Aber eben darum ist es nun Sache der Wissenschaft und zwar der Urwissenschaft, der Philosophie, jenes Ich des Bewusstseins *mit Bewusstsein* zu sich selbst, d.h. ins Bewusstsein, kommen zu lassen. Oder: die Aufgabe der Wissenschaft ist, dass jenes Ich des Bewusstseins den ganzen Weg von dem Anfang seines Außersichseins bis zu dem höchsten Bewusstsein – *selbst* mit Bewusstsein zurücklege. Die Philosophie ist insofern für das Ich nichts anderes als eine Anamnese, Erinnerung dessen, was es in seinem allgemeinen (seinem vorindividuellen) Sein getan und gelitten hat: ein Ergebnis, das mit den bekannten platonischen Ansichten (wenngleich diese zum Teil einen anderen Sinn hatten und nicht ohne eine gewisse Zutat von Schwärmerischem verstanden waren) übereinstimmt.[8]

Das „Schwärmerische", von dem hier Schelling abgrenzend spricht, war im damaligen philosophischen Sprachgebrauch soviel wie das sogenannte Mystische. Wie in dem gerade zitierten und in dem *Weltalter*-Text ist man versucht, das Gesagte mit der Idee der Palingenesie (Wiedergeburt) und der Metempsychose (Seelenwanderung) in Zusammenhang zu bringen. Diese ist auch als Unterströmung durchaus anwesend und „mitwesend", wie ja auch bei Platon, aber expressis verbis kommt sie nur in der Schrift *Philosophie und Religion* von 1804 zum Ausdruck.[9] In der Schrift *Clara oder über den Zusammenhang der Natur mit der Geisterwelt* sowie in den Stuttgarter Privatvorlesungen von 1810 wird der Tod für Schelling zur „reductio ad essentiam", zur Wiederherstellung der eigentlichen Wesenheit des Menschen, zum Schritt in eine höhere Potenz.

---

[8] SCHELLING (Anm. 5), 376f.
[9] Jochen KIRCHHOFF, *Schelling* (Anm. 2), 118ff.

Die Idee der Wiedergeburt wird ersetzt durch (weitgehend spekulative) Überlegungen zu einem Stufenreich des Bewusstseins nach dem physischen Ende, die an spätere theosophische und anthroposophische Vorstellungen erinnern.

Vielleicht ist das Wort „Unterströmung" sogar zu schwach, um das An-und Mitwesende von Wiedergeburt und Seelenwanderung zu bezeichnen. Denn die „Mitwisserschaft" setzt – sozusagen kosmo-logisch – ein Mit-Dabeisein, eine Art Mitwirken und Mitschaffen voraus, das sich auch mit der Idee des „gestürzten Anthropos" und seiner anamnetischen Erinnerung „an sich selbst" verknüpfen lässt.[10] Von hier aus ist die Natur in ihrem Werden als der Prozess ihrer eigenen Erlösung (durch den kosmischen Anthropos und hin zum kosmischen Anthropos) in der Grundlinie verständlich zu machen (siehe mein Buch *Die Erlösung der Natur. Impulse für ein kosmisches Menschenbild*).

Über Platon heißt es im *Kosmischen Band* (und das wäre hier ergänzend heranzuziehen):

> Platon hat den Gedanken der Anamnesis, den er aus älteren Quellen übernahm (etwa aus dem Eleusinischen Demeterkult), in seinen Dialogen ausdifferenziert, hier stark von Sokrates beeinflusst. Mir ging es wie Nietzsche: Die platonischen Dialoge fand ich sperrig und langatmig, soweit sie von der sokratischen Dialektik bestimmt waren. Gelegentlich allerdings brechen andere und tiefere Schichten hindurch (eleusinische, orphische z.B.), und in ihnen manifestiert sich nicht der Sokratiker Platon, sondern eine darunter liegende philosophische Existenz ganz anderer Prägung. Hier erst kommt, wie mir scheint, der Gedanke der Anamnesis zu seiner eigentlichen und auch spirituellen Kraft. ‚Anamnesis' ist, buchstäblich, das letzte Wort in meiner *Anderswelt* (und sie hat auch das letzte Wort). Der 76. und letzte Punkt der ‚Conclusio' lautet dort: ‚Nur in der All-Verbundenheit und als All-Verbundenheit ist das Ich wirklich es selbst. Und der Mensch, worin sonst könnte

---

[10] DERS., *Erlösung* (Anm. 4), 92f und an mehreren anderen Stellen.

sich seine höhere Würde entfalten, wenn nicht als kosmischer Anthropos in der Potenzenfülle seiner „Gottunmittelbarkeit"? Und nichts anderes meint und ist Erinnerung (Anamnesis).[11]

Ohne die Tiefenerinnerung an sich selbst (= an SICH SELBST) und damit an den eigenen Ursprung in der Großen Ordnung, die sich kämpferisch gegen das Chaos behauptet, kann buchstäblich nichts erkannt werden, wenn Erkenntnis mehr ist oder sein soll als ein bloßes Beschreiben formaler Zusammenhänge im Sinne der herrschenden Intellektualkultur. Dass der Kosmos mühsam zur Ordnung gefügtes Chaos ist, wusste Schelling, wie es auch Böhme wusste.

Es gibt eine kaum beachtete Aussage Goethes vom Januar 1813 Johannes Falk gegenüber, und zwar anlässlich der Beerdigung Wielands, die durchaus an die *Weltalter"* gemahnt:

[…] Die Intention einer Weltmonade kann und wird manches aus dem dunklen Schoße ihrer Erinnerung hervorbringen, das wie Weissagung aussieht und doch im Grunde nur dunkle Erinnerung eines abgelaufenen Zustandes, folglich Gedächtnis ist; völlig wie das menschliche Genie die Gesetztafeln über die Entstehung des Weltalls entdeckte, nicht durch trockne Anstrengung, sondern durch einen ins Dunkel fallenden Blitz der Erinnerung, weil es bei deren Abfassung selbst zugegen war.[12]

Nimmt man diese Aussage ernst, wie auch die Schellings (und das tue ich), so schießen sofort Fragen auf, denen man sich dann stellen muss und – will: Wer erinnert sich hier eigentlich? *Wer* „war dabei"? Ist es überhaupt ein Jemand, eine Ich-Wesenheit oder Ich-Gestalt, die in solche Tiefen der Vergangenheit, ja des Ursprungs hineinreicht? Welche Rolle spielt hier die Zeit? Ist der sich anamnetisch Erinnernde im Erkenntnisakt sozusagen außerhalb des Zeitablaufs und damit eine zeitlose

---

[11] Jochen KIRCHHOFF, *Kosmisches Band* (Anm. 3), 43.
[12] Goethes Gespräche ohne die Gespräche mit Eckermann. Leipzig o.J. (ca. 1910), 283f.

oder zeitüberlegene, quasi-göttliche Wesenheit? (Hölderlin: „Ein Gott ist der Mensch, wenn er träumt; ein Bettler, wenn er nachdenkt."[13] Anamnesis ist in gewisser Weise höheres, ja höchstes Träumen.) Erinnert sich also „der Gott" in uns (an SICH)? Was heißt eigentlich Ursprung (griechisch *arche*)? Die Frage ist eng gekoppelt an die nach dem Sinn des Wortes „Welt". Was ist gemeint? Geht es um die Weltgesamtheit, wie immer diese nun gebaut und konstelliert ist, was ja einen Uranfang impliziert, wie er in der bekannten These vom Urknall zutage tritt? U.v.m.

Den ominösen Urknall halte ich für eine schlecht gestützte Idee, wie ich seit vielen Jahren in meinen Büchern, Essays und Vorträgen plausibel zu machen versuche (zuletzt im achten Kapitel des *Kosmischen Bands*: „Leitfiktion und Fetisch. Warum der Urknall keine seriöse Physik ist", 54ff). Die scientific community hat sich, wie bekannt, auf diese Fiktion eingeschwungen, und das breite Publikum ist ihr hierin gefolgt; und zu diesem „Publikum" zählen auch die meisten „Schöngeister" und Intellektuellen, die sich gerne informiert und skeptizistisch geben, aber an dieser Stelle, wie der Mainstream-Kosmologie überhaupt gegenüber, den Kotau machen. Zur naturwissenschaftlichen Methodik im Sinne der abendländischen Denktradition gibt es ein schönes Wort im *Geist der deutschen Romantik* von José Sánchez:

> Die Natur gibt nur dann Antworten, wenn der Mensch Fragen stellt. Die Art der Befragung bestimmt die Art der Antwort. Organisches Fragen nennen wir jenes, welches eine Antwort hervornötigt, die die Selbstentfaltung des Befragten fördert. Das Fragen der reinrationalen Wissenschaft ist nicht organisch, sondern befehlend. Sie konstruiert die Welt a priori und zwingt die Dinge in die Bahn zu gehen, in welcher wesenhaft nur ichsüchtige Interessen berücksichtigt werden. Aus dieser Einseitigkeit ist die

---

[13] Friedrich HÖLDERLIN, *Hyperion* I,1, zweiter Brief an Bellarmin.

gegenwärtige Selbstgefährdung entstanden.[14]

Also wenn man dem großen Giordano Bruno folgt und eine unendliche und ewige Weltgesamtheit annimmt, lebendig und bewusstseinserfüllt bis in den letzten Winkel hinein, dann kann Ursprung nur den eines Sternensystems meinen, einer Galaxie oder Galaxiengruppe etwa. Und da sind wir wieder bei der Frage der Zeit. Sozusagen als Brückenschlag zwischen Zeit und Zeitlosigkeit/Zeitenthobenheit habe ich den Begriff der „Überzeit" eingeführt.[15] Ich glaube gezeigt zu haben, dass man mit ihm fruchtbar operieren kann.

In der Überzeit weht gleichsam der Atem der Ewigkeit, und doch bleibt der Zeitablauf als kosmisches Werden und alle Wesen durchwaltendes Gesetz in seiner erschütternden Richt- und Richtungskraft erhalten. Das ist mittels der handelsüblichen Logik und Kausalität nicht zu begreifen, hat aber (und das ist wichtig) nichts Religiöses und Mystisches, wie es gemeinhin verstanden wird. Erlösung, wenn es sie gibt, kann nicht *gegen* Zeit und Gesetz verwirklicht werden.

Dass der Schelling der *Weltalter*", und auch danach, „die Welt" primär geozentrisch und nicht kosmozentrisch verstand und auch den vorausgesetzten Prozess der Bewusstwerdung des Göttlichen in der Schöpfung und als Schöpfung auf den Planeten Erde beschränkte, mindert nicht die Tiefe und den Rang dieser Gedanken. Ich greife Schelling kosmologisch auf, was in meinem Verständnis die Geo-Logik einschließt. Die lebendige Erde ist integraler Teil eines lebendigen Sternensystems. Formelhaft verkürzt: „Überall ist Gaia." Leben ist allgegenwärtig, keine Oase inmitten einer überwiegend toten Himmelswüste.

---

[14] José SÁNCHEZ, *Der Geist der deutschen Romantik* (Anm.1), 35.
[15] Jochen KIRCHHOFF, *Die Anderswelt* (Anm. 4), 6. Kapitel: Zeit der Menschen – der Götter. 119ff.

Wie ist das nun mit der anamnetischen „Mitwisserschaft der Schöpfung"? Das führt letztlich auf die Frage, welchen Wesens der Mensch sei, welche Qualität und tiefere Würde wir ihm (noch?) zusprechen dürfen. Die traurige, ja entsetzliche Realität auf der Erde mit Blick auf die Orgie von Gier, Wahn und Gewalt, die sich hier ausgetobt hat in der Geschichte der Erdlinge und sich noch immer flächendeckend austobt, garniert mit seltsamen Ideologien, die die ihnen Anhängenden nicht durchschauen, lässt es fast abwegig erscheinen, mit hohen Worten vom Erdenmenschen zu sprechen. Und doch glaube ich, dass es so etwas wie den kosmischen Anthropos gibt, den eigentlichen und immer gemeinten Menschen, wie er sich zumindest sporadisch hier gezeigt hat. Nur der kosmische Anthropos rechtfertigt überhaupt das „Menschengeschlecht", auf dem heimatlichen Gestirn und überall im Kosmos.

Ich kann vielleicht die Behauptung wagen, dass nur der Mensch, der sich an SICH und seinen Sternenweg erinnert und damit zum Erkennenden und „Mitwissenden der Schöpfung" geworden ist, überhaupt den Namen Mensch verdient. „Nur die Höhe des Menschen ist der Mensch", sagt Paracelsus.[16] Viele halten das für elitär. Dass der Mensch, „wie er nun einmal ist", hier heillos überfordert erscheint, leuchtet ein, nur müsste das kein Argument sein, das hohe Menschenbild, das eng verbunden ist mit dem „Ur-Bild der Dinge" (Schelling), deswegen für eine Phantasmagorie zu halten. Als bloßes Gattungswesen verfehlt der Mensch seine Existenz. Und: Als bloßes Gattungswesen ist er verloren. Als reines Bios-Wesen ohnehin. Aber auch als abgetrenntes, in die eigenen Irrgärten verliebtes Mentalwesen, das die Computersimulationen auf dem Flachbildschirm mit der Wirklichkeit verwechselt.

---

[16] Ich kenne das Paracelsus-Wort nur als Motto des Buches *Der Erstgeborene* von Herbert FRITSCHE, Berlin 1941.

Zunehmend riesenhaftere Fernrohre werden gierig und neugierig in die kosmische Nacht gestoßen, Sonden in die nähere kosmische Umwelt, die des Sonnensystems, geschickt. Die so gewonnenen Daten werden nach Maßgabe der herrschenden Theorien und Hypothesen/Fiktionen ausgewertet, wobei selten wirklich Überraschendes zutage tritt, weil „höhere Felder" als übergreifende Wirkgrößen – etwa das von mir ausdifferenzierte Radialfeld der Gestirne[17] – nicht als Erklärungsprinzipien herangezogen werden (dürfen). Flachland, soweit das technisch hochgerüstete Auge reicht. „Alles so wie hier." Hinzu kommt, dass sich die Erdlinge mehrheitlich unbeobachtet wähnen, auch deswegen, weil sie die nähere und weitere Zone jenseits der Erde für unbelebt und unbewohnt erachten. Sie, die Erdlinge, blicken hinaus und hinauf, ohne ernsthaft zu erwägen, dass sie auch die von dort Angeblickten sein könnten, etwa von höheren und weiter zum Menschlichen hin entwickelten Wesen. Diese Annahme bestärkt sie in ihrer (unfassbaren) kosmischen Verantwortungslosigkeit, die der mitgeschöpflichen, mit-menschlichen auf der Gestirnoberfläche entspricht. Technisch-ufologische Vorstellungen gibt es zuhauf (das Internet ist voll davon), aber diese haben einen Charakter, der nicht selten an das Monströse und Absurde rührt.

Es ist seltsam und irgendwie beklemmend, dass sich häufig auch Naturwissenschaftler ihrer „Mitwisserschaft der Schöpfung" rühmen (wenn auch in anderer Begrifflichkeit). Kosmologen gebärden sich faktisch als Kosmo-Theologen, denen der Weltgeist seinen Bauplan in ihre mathematischen Formeln gehaucht hat und dem sie beim Schöpfungswerk zuschauen. Sie reden, als ob sie beim Urknall „dabei waren" und das Geschehen seitdem souverän zu überblicken in der Lage sind.

---

[17] Umfassend dargestellt in meinem Buch *Räume, Dimensionen, Weltmodelle. Impulse für eine andere Naturwissenschaft.* München 1999, Neuausgabe Klein Jasedow 2007.

Die staunende Menge nimmt es ihnen ab. Den nackten Kaiser bemerken die wenigsten.

Auch bei den Evolutionstheoretikern und Neo-Darwinisten ist es ähnlich: Als Mandatare des Weltgeists (auch wenn sie diesen als solchen ablehnen) werden sie gebührend gefeiert. Wen kümmern da noch die erkenntnistheoretischen Selbstwidersprüche, die auch von den Kritikern nur selten gesehen werden? Einer der wenigen, die diese Selbstwidersprüche bündig auf den Begriff gebracht haben, ist der Philosoph Peter Janich, vor allem in seinem Buch *Kein neues Menschenbild. Zur Sprache der Hirnforschung* von 2009, hier in erster Linie bezogen auf die philosophische Naivität und die Weltbildkonstrukte der Neurophysiologie.[18]

Ich habe in meinem Buch *Was die Erde will* von 1998 in Bezug auf die herrschende Evolutionsbiologie und den neodarwinistischen Ansatz u.a. Folgendes geschrieben (und ich erlaube mir, kontextbedingt, ein weiteres Selbstzitat):

> Die berühmten phylogenetischen Stammbäume, die sich in jeder besseren (oder schlechteren) populärwissenschaftlichen Abhandlung zum Mensch-Natur-Verhältnis findet, so als könne es gar nicht anders sein und als seien dies keine Karten, die wir selbst hergestellt haben, sollen uns immer wieder vor Augen führen, wie unbedeutend wir sind: ein bloßer Nebenzweig der Entwicklung (vielleicht gar, wie Arthur Koestler meint, ein „Irrläufer der Evolution").
>
> Dieses Stammbaumbild, dessen Modellcharakter längst der allgemeinen Überzeugung Platz gemacht hat, dass es sich hierbei um die „wirkliche Wirklichkeit" handelt, ist fraglos ein geistiges Konstrukt, eine Heraussetzung, eine Begriffsdichtung, die ja selbst, wenn die These vom Seitenarm der Evolution stimmt, sich eben diesem Seitenzweig auch verdankt.
>
> Und dieser Seitenzweig enthält (notwendig) Blickverengungen und

---

[18] Peter JANICH, *Kein neues Menschenbild*. Frankfurt 2009.

Begrenztheiten, die in sich und als solche gar nicht aufzuheben sind. Warum sollte dieses winkelhafte Geschöpf mit dem Namen Mensch, als höheres Tier auf einem Seitengleis entstanden, nun überhaupt in der Lage sein, völlig herauszutreten aus der eigenen Begrenztheit und der eigenen Winkelperspektive und so das Ganze des evolutionären Systems der Lebewesen, in souveräner, leibfreier Geistesschau, vor sich hinzustellen? Wenn das schlaue Tier Mensch das wirklich könnte, aus seiner Nische herauszutreten, hinein in eine quasi-göttliche oder kosmische Vogelperspektive, dann wäre eben dadurch die geistige Vorrangstellung, ja, überragende Eigenwürde des Menschen unter Beweis gestellt. Das wäre, paradoxerweise, ein Beweis für die Noosphäre, für den Geist, als eine eigene und eben überlegene Ebene!

Wenn es möglich ist (oder sein sollte), dass wir uns als Seitenzweig der Evolution wirklich erkennen, dass sich also in unserem Geist „das Ganze" derselben widerspiegeln kann, wären wir eben kein unbedeutender Seitenzweig! Sieht man den Zirkelschluss? Sieht man, dass die ganze Argumentation in sich zusammenbricht? Dass der Geist den ganzen Biologismus aus den Angeln hebt? Wenn die herrschende Evolutionstheorie stimmt, gerade dann hebt sie sich selbst auf! Wie soll ein Seitenzweig den ganzen Baum erkennen können? Nur als der ganze Baum könnte er es, und dann wäre er nicht mehr Baum.[19]

Es ist wichtig und heilsam, sich diesen Zirkelschluss vor Augen zu führen (wenn man ihn denn überhaupt wahrnimmt), um nicht einer tumben Gläubigkeit anheimzufallen. Genug –
Der Gedanke, dass Erkenntnis, die diesen Namen verdient, im Kern immer Erinnerung oder besser Tiefenerinnerung ist (also Anamnesis), gehört seit Jahrzehnten zum Kernbestand und zu den Prämissen meines Denkens. Für mich war dies immer auch verbunden mit einer Rechtfertigung meiner Existenz und des Menschen überhaupt. Diese Rechtfertigung

---

[19] KIRCHHOFF, *Was die Erde will*. Neuausgabe Klein Jasedow 2009, 50f.

und das aus ihr erwachsene Bemühen ist nicht zu begreifen und zu leben ohne den Urgegensatz von Verneinung und diese zurückdrängender oder überwindender Bejahung. „Wäre das Nein nicht, so wäre das Ja ohne Kraft", sagt Schelling.[20] Ähnliche Sätze finden sich leitmotivisch an vielen Stellen der *Weltalter*:

> Es ist vergebliches Bemühen, aus friedlicher Ineinsbildung verschiedener Kräfte die Mannigfaltigkeit in der Natur zu erklären. Alles, was wird, kann nur in Unmut werden, [...] so ist alles, was lebt, nur im heftigen Streit empfangen und geboren.[21]

Hier meldet sich Jakob Böhme. Dahinter werden Impulse der Orphik, der Lurianischen Kabbala und der Gnosis spürbar, nicht direkt und als sie selbst, sondern eher indirekt, in eigener Ausdrucksform.

Auch in der Kosmologie und Philosophie Helmut Krauses spielt der Urgegensatz von Verneinung (Chaos) und ordnender Bejahung (Kosmos) eine zentrale Rolle. Das gilt auch für den Gedanken der Anamnesis, obwohl das Wort selbst nur ganz selten auftaucht. Im Zusammenhang mit der Hinführung in die sogenannte Akusmatik, die kosmische Zahlenlehre als „Gegenprogramm" zur herkömmlichen Mathematik, in dem Buch *Vom Regenbogen und vom Gesetz der Schöpfung* heißt es einmal:

> Wenn überhaupt Erklärungen zur Akusmatik abgegeben werden müssen, so sei vermerkt, dass nach einem psychisch sehr schweren Ringen gleichsam wie in einem Kristallisationsprozess die immer verzweigteren akusmatischen Vermessungen zusammenschießen und zum Schluss bestimmte Partien des Gehirns mit bestimmten Teilen des Großverbands – der Milchstraße – korrespondieren. [...] Angesichts der Fülle der Bilder und der Beeindruckungen in unserem Innern erscheint das hier auf der Erde ‚Erlernte' oder Aufgepfropfte so kärglich, derart dürftig, dass beinahe jedem

---

[20] SCHELLING (Anm. 5), 33.
[21] Ebd., 128.

zuzurufen ist, wieviel mehr er eigentlich weiß oder wissen müsste im Vergleich zu dem Erlernten der irdischen Wissensgebiete.[22]

Und der hier vorausgesetzte unmittelbare Zugang zur Tiefe und Weite unserer kosmischen Existenz lässt sich mit dem Grundansatz Schellings zusammenschließen: „Aus der Quelle der Dinge geschöpft, und ihr gleich, hat die menschliche Seele eine Mitwisserschaft der Schöpfung." Dieses in der Seele schlafende und verdunkelte „Ur-Bild" ist nur über die anamnetische Erinnerung (= Tiefenerinnerung) ins Bewusstsein zu ziehen.

Für den späten Platon waren die Ideen Zahlen, und der Zugang zu ihnen war anamnetischer Natur. Auch große Musik hat offenbar einen geistig-kosmischen und anamnetischen Quellgrund.[23]

Ich will noch einmal auf den Faktor Zeit zurückkommen, der ja unlösbar verwoben ist mit den Gedanken der anamnetischen Erkenntnis. Wie steht die menschliche Seele zur Zeit? Ist sie in der Tiefe zeitlich, „über-zeitlich" oder gar jenseits der Zeit (wie religiöse und idealistische Ansätze häufig unterstellen)? Wenn ich die Seele als Ich-selbst-Sein oder ICH-Sein begreife (eine wichtige Prämisse) und ihr gleichzeitig eine Raum- und Zeit-Enthobenheit zuspreche, gerate ich naturgemäß in eine heikle Zone, – heikel auch in philosophischer und erkenntnistheoretischer Hinsicht. Denn damit emanzipiere ich den Einzelnen in seinem Wesen vom kosmischen Prozess (was ja auch die Gnostiker tun), exkulpiere ich ihn in gewisser Weise, besonders dann, wenn dieser kosmische Prozess, was ich annehme, ein karmischer ist, der ohne Metempsychose und Palingenesie gar nicht ernsthaft zu denken ist.

---

[22] Helmut Friedrich KRAUSE, *Vom Regenbogen und vom Gesetz der Schöpfung.* Berlin 1989, 106.
[23] Jochen KIRCHHOFF, *Klang und Verwandlung. Klassische Musik als Weg der Bewusstseinsentwicklung.* München 1989, Neuausgabe Klein Jasedow 2010.

Für eine kurze Phase seines Denkens sah dies auch Schelling so. In der Freiheitsschrift und in den *Weltaltern* jedenfalls ist nichts davon zu spüren, aller sonst tiefen und weittragenden Gedanken ungeachtet.

Zur „Überzeit" in meinem Verständnis gehört die sich dem rationalen Zugriff entziehende Durchdringung und Überlagerung von Nacheinander (dem „normalen Zeitablauf") und Nebeneinander, wobei dieses letztere die unerbittliche Richtungslogik des Gestern-Heute-Morgen zwar nicht ungeschehen macht und machen kann, aber sie dennoch rätselhaft überwölbt in einer Art Gleichzeitigkeit, einem „magischen Zugleich", dem vielleicht das Etikett „göttlich" zukommt. Alles ist hier irgendwie schon geschehen und wirkt als Schon-Geschehenes auf das Zu-Geschehende ein. Die Zukunft bleibt das, was sie wesensmäßig ist, eine „terra incognita" und ein uneinholbares Noch-Nicht, das dem Felsen des Jetzt nicht seine Schwere nehmen kann. Und doch wirkt und waltet das Zukünftige machtvoll im Gegenwärtigen. Du bist in gewisser Weise immer schon gestorben, agierst schon heute als der Morgige, bist eigentlich schon der, der du morgen, oder in einer späteren Inkarnation, sein wirst. Wie du immer noch der bist, der du warst. Und alles geschieht und webt als ein „magisches Zugleich", was du in wachesten Augenblicken auch weißt und das du partiell sogar kontaktieren kannst …

Die Formel vom „magischen Zugleich" habe ich der Schelling'schen Freiheitsschrift abgeborgt, obwohl sie dort einen etwas anderen Sinn hat, der mit dem idealistischen Grundansatz des „freien Sich-selbst-Setzens" zu tun hat, den ich für fiktiv halte. Dennoch sei die betreffende Passage der großartigen Schrift Schellings zitiert:

> Weil in der Schöpfung der höchste Zusammenklang und nichts so getrennt und nacheinander ist, wie wir es darstellen müssen, sondern im Frühesten auch schon das Spätere mitwirkt und alles in Einem magischen Schlag zugleich geschieht, so hat der Mensch, der hier entschieden und bestimmt erscheint, in der ersten

Schöpfung sich in bestimmter Gestalt ergriffen, und wird als solcher, der er von Ewigkeit ist, geboren, indem durch jene Tat sogar die Art und Beschaffenheit seiner Corporisation bestimmt ist.[24]

Kann man das sozusagen pur und direkt nehmen? Ich glaube nicht. Aber es gibt ein Element darin, dem man sich stellen kann und – sollte ...

José Sánchez schreibt:[25]

Die Selbstgefährdung des Zeitalters ist das Ergebnis der Beengung, in welche das Denken sich in einer jahrtausendealten Geschichte begeben hat. Der Drang, alles durchsichtig zu machen, um alles zu besitzen und so über allem stehen zu können, hat den Menschen in eine Stellung gebracht, auf der ihm nun schwindlig wird. Die Abgründe, welche seine Machtsucht und Besitzdrang geöffnet haben, wollen ihn verschlingen. Die Theorien, welche das Geheimnis des Seins lüften sollten, sind freilich gescheitert und lassen ihn nun an einem unbekannten Punkt des Weltalls in der Dunkelheit der kosmischen Nacht hängen. Im Grauen dieses, dem Geist der Oberfläche getreu, zum Spektakel gewordenen Hängens fragt der Mensch plötzlich entsetzt, wozu er überhaupt da sei.

Müsste nicht eine große Welle des „entsetzten Fragens" um den Erdball gehen nach allem, was sich hier ereignet hat? Doch es sind nur Einzelne und vergleichsweise wenige, denen ein derart vertieftes Fragen unabweisbar geworden ist. Es spricht einiges dafür, dass Gedanken „wirksame Faktoren des Universums" sind, wie Novalis sagt. Das hat weitreichende Konsequenzen, die, richtig erwogen, uns helfen können nicht zu resignieren. Vielleicht steht uns ja, jenseits augenscheinlicher Evidenz, ein großer Übergang ins Haus, der vieles zum Untergang verdammt, anderes aber aufgehen und sich neu konstellieren lässt, worauf unsere Hoffnung ruht. José Sánchez ist auf seine Weise

---

[24] SCHELLING (Anm. 5), 331.
[25] *Der Geist der deutschen Romantik* (Anm. 1), 358.

von diesem „Aufgang" beseelt, andere sind es auf andere Weise (so der Autor dieser kleinen Betrachtung).

Was immer geschieht, geschehen kann und geschehen wird, es liegt vorderhand im Dämmerlicht einer noch unenthüllten Zukunft.

Rolf Kühn

Plädoyer für eine phänomenologisch fundierte „Lebensreligion"

Zum Verhältnis von Tiefenphänomenologie, Dekonstruktivismus und Lebensphänomenologie

Meine Begegnungen mit José Sanchez de Murillo waren zunächst rein literarischer Natur über das von ihm herausgegebene Jahrbuch „Aufgang", bis wir uns auf der Tagung „Wissenschaft und Mystik" in Ávila zum ersten Mal persönlich sahen. Er meinte, dass wir uns nirgendwo anders – und unmittelbarer – als „auf dem höchsten phänomenologischen Niveau" treffen konnten. Das scheint mir bis heute maßgeblich zu sein. Der folgende Text zu seinen Ehren möchte daher diese Einschätzung aufgreifen und weiterführen, das heißt in einem fruchtbaren Dialog zwischen verschiedenen Phänomenologieformen und deren Ausrichtung auf die heute gegebene Zukunftsfrage in ihrer kulturell wie religiös unverkennbaren Brisanz.

1. Der Ansatz der Tiefenphänomenologie

Hinter dem Hauptbegriff der Tiefenphänomenologie[1] verbirgt sich ein dreiteiliger Aufbau dieses Werkes, welches dem Wesen des Männlichen und Weiblichen als Ober-Fläche und Tiefe nachgeht, um mit der Vereinigung von beiden als „Hervorgang des Menschlichen" zu schließen. Die leitende Grundidee ist dabei, dass die lange Geschichte von Verwirrungen und Verwüstungen wie aber auch von Güte und Liebesbedarf einen

---

[1] José SANCHEZ DE MURILLO, *Durchbruch der Tiefenphänomenologie. Die Neue Vorsokratik*. Stuttgart 2002. Die Seitenangaben im Text oben beziehen sich hierauf.

„ungeheueren Geburtsprozess" in Gang gesetzt hat, dessen nunmehr beginnendes Kapitel einer „kosmischen Geschichte" den als *Tiefenphänomen* verstandenen Menschen darstellt. Da dazu in großer Breite die gesamte Philosophiegeschichte herangezogen wird, um durch Beispiele der Maya-Kultur, der geschichtlichen Unterdrückung der Frau und eines Roman-Epos „Dein Name ist Liebe" mit der Figur Ratjahamas als weiblich-männlichem Menschen ergänzt zu werden, kann in der Kürze hier nicht alles für unser Gespräch berücksichtigt werden. Daher beschränken wir uns auf den vom Autor angewandten *Phänomenologiebegriff*, wobei einleitend noch bemerkt sei, dass der Untertitel „Die Neue Vorsokratik" des Grundlagenwerkes von Sanchez de Murillo nach der „Griechischen Vorsokratik" und der von Jakob Böhme vertretenen „Deutschen Vorsokratik" die nunmehr „Neue Vorsokratik" eben im Auge hat. Das heißt, Werden und Sein als Flüssiges und Starres bei Heraklit und Parmenides kommen im Un-Grund Böhmes zusammen, um gegenwärtig durch die weibliche Seinserfahrung eine neue Stufe zu eröffnen, in der ursprüngliches Philosophieren und eine menschliche Erneuerung der Wissenschaften möglich sein soll.

Damit ist auch bereits schon der *tiefenphänomenlogische* Ansatz in seiner Grundstruktur angeklungen, wie er durch die einzelnen philosophiegeschichtlichen Deutungen variiert und inhaltlich angereichert wird. Denn bedacht werden soll der „verbindende Grund-Unterschied, der sich zwischen Tiefe und Ober-Fläche und durch sie hindurch kundtut" (29f). Als schöpferischer Urtopos ist er zugleich lebendige Bewegung in Sein und Denken, wobei *Phänomen* die sinnenfällige Manifestation als Erscheinung meint. Aufgrund ihrer Unmittelbarkeit kann die leibliche Empfindungswirklichkeit dementsprechend als ein Urphänomen charakterisiert werden. *Tiefe*, weil sie innerhalb der Sinnlichkeit des Leibes eine bergend-gebärende Dimension darstellt, ist daher weder Begriff noch Struktur oder Bild, sondern das Hervorgangsgeschehen der Seinsdimension selbst, woraus sich dann die ober-flächigen Dimensionen ergeben, welche vorgestellt und begrifflich erfasst werden. Der Autor legt Wert darauf festzustellen, dass die Tiefe in seiner Perspektive somit keinen Gegensatz zur *Oberfläche* bildet, sondern jene verborgene Kraft bezeichnet, welche als Licht dann die Oberfläche erhellt. Insofern der Leib der Sinnesdinge als Lebensprozess ein kosmologisch tiefen-phänomenologisches Urgeschehen in sich birgt, unterliegt er naturgemäß dem Vergehen, wodurch das „Nichts" dialektisch zum kreativen Urstoff wird. Leiden, wie eine lange Tradition der Religionen, der Philosophie und der Dichtung lautet, aber auch unsere alltägliche Erfahrung kennzeichnet, gehört somit zur Urverfassung des Seinslebens, wodurch der Un-Grund sowohl in der Negation wie in der Bejahung besteht, wie dies besonders die Romantik und der deutsche Idealismus erarbeitet haben.[2]

Anders gewendet besagt dies, dass Aufopferung und Lebensbejahung einander entsprechen: Das Nichts als Tod ist ebenso ursprünglich wie der Grund, aus dem ununterbrochen alles ins Sein gelangt. Andererseits sind Vergehen und Aufgang an den Zeugungsvorgang gebunden, wobei sich das schon genannte männliche und weibliche Prinzip vereinigen, um das Menschliche hervorgehen zu lassen. Aufgrund ihres prinzipiellen Charakters sind hiermit nicht vorrangig empirische Eigenschaften bei Mann und Frau gemeint, sondern die Differenz wie Gegenseitigkeit von Männlichkeit und Weiblichkeit bestimmt die Seinsgeschichte als solche. José Sanchez de Murillo ist der Auffassung, dass dies bislang noch nicht gesehen wurde, weil sich die Seinsgeschichte bzw. die Geschichtsentwicklung überhaupt unter der Vorherrschaft des männlichen Prinzips vollzogen habe. Die es charakterisierende *Macht*, welche für den Lebensprozess notwendig ist, impliziert aber

---

[2] Vgl. *ebd.*, 252ff, zu Novalis, Hölderlin, Baader.

auch einseitige Härte und Gewalt, wovon die Zukunft befreit werden muss, soll es eine menschliche Zukunft sein.

Diese lebensursprüngliche Wärme und Zärtlichkeit wird ansatzgemäß von der Tiefe des Weiblichen her erwartet. Die Problematik hierbei besteht in der Schwierigkeit der *Mitteilung*, die bekannterweise auch vom Feminismus oft angemahnt wurde. Denn wenn Philosophie, Wissenschaft und Linguistik nur männliche Kategorien entwickelt haben, dann bedarf es für die Zukunft mehr als nur eines Sprungs: *„der männlichen Denkgeschichte muss die weibliche Lebensgeschichte folgen"* (30). Im Sinne dieser These steht die Tiefenphänomenologie vor der innovativen Aufgabe, neue Weisen der Sprache und der Selbstdarstellung zu entwerfen, wozu Ratjahamas Epos ein konkretes Beispiel im Sinne eines kosmischen und menschheitsgeschichtlichen Vorgangs von Wort, Geist und Gefühl im Schlussteil dieses Buches bildet.

Es ist leicht einzusehen, dass sich der hier verwandte Phänomenologiebegriff kritisch von dem der klassischen Phänomenologie bei Husserl, Heidegger und Sartre abhebt, denen ein „ober-flächiger Grundcharakter" zugesprochen wird (112ff). In ihm erreiche die männliche Selbstinterpretation des Menschen ihren bisher bedenklichsten Höhepunkt, weil das Wesen des Gegenstands durchgestrichen werde, um nur die korrelativen Bewusstseinsformen als erforschbare Mitte zu sehen, wohinter natürlich auch Descartes' Cogito- bzw. Subjektivitätsbegriff als Verabsolutierung aufgegriffen wird (69–75). Obwohl es uns problematisch erscheint, die Noematik, Hyletik und Materialität der konkreten phänomenologischen Analysen so schnell innerhalb des apriorischen Korrelationsprinzips der Phänomenologie einseitig aufgelöst zu sehen, ergibt sich für die tiefenphänomenologische Sicht Sanchez de Murillos, dass die cartesisch absolute Weltkonstruktion mit einer idealistischen bzw. absoluten Seinskonstruktion identisch ist. Gleiches gelte für Heidegger (117ff, 122ff), der keine verbindende Tiefe in der Daseinsanalytik anstrebe, sondern sich nur bei einer oberflächigen Selbstinterpretation des Daseins aufhalte. Die neuere Weiterentwicklung dieser Positionen wird darin gesehen, dass die Andersheit nach der ontologischen Differenz – „mit der die Sache der Philosophie steht oder fällt" (120) – preisgegeben werde, um nur noch die *Einzigkeit* zu kennen, die alles sei, wodurch Leere wie Opportunismus den Geist der Ober-Fläche ausmachen. Angesichts zweier Weltkriege und vieler anderer Formen des Terrors werde daher heute oft ein „schwaches Denken" postuliert; benötigt aber werde in Wirklichkeit das *Weibliche*, um das Sein denkend-mitfühlend auszusprechen. Die Tragödie der neueren Philosophie – hier stellvertretend an der Phänomenologie skizziert – sei es also, dass sie an sich dem Sein dienen wolle, aber dies im Grunde durch rein eigene Selbstentfaltung verhindere.

José Sanchez de Murillo ist mit diesem umfangreichen Buch ohne Zweifel ein sehr wichtiges und aktuelles Anliegen nicht abzusprechen, die gegebene einseitige Entwicklung des Denkens zu erkennen, nachzuzeichnen und Hoffnungen für eine andere neue Zukunft zu gewinnen. Abgesehen von der kulturkritisch öfters diskutierten Frage eines „Heils durch das Weibliche",[3] wobei die Bedeutsamkeit der Frauen gerade für die Kontinuität des Lebensprozesses außer Zweifel steht, scheint uns jedoch die methodische wie thematische Grundfrage folgende zu sein: Wird nicht mit der *Differenzstruktur* von Männlich/Weiblich ein Dualismus vorausgesetzt, der implizit das wiederholt, was dem Denken an sich bisher vorgeworfen wird, nämlich die *Entzweiung*, worüber auch die letztlich angenommene Vereinigung der beiden Prinzipien im Sinne einer neuen Menschlichkeit nicht hinwegtäuschen kann? Allerdings soll damit nicht der hohe Wert der Detailanalysen

---

[3] Vgl. Rolf KÜHN u. Isabelle THIREAU, *Einführung in die Henrysche Kulturanalyse*. In: Michel HENRY, *Die Barbarei. Eine phänomenologische Kulturkritik*. Freiburg/München 1994, 9–71, hier 53ff.

einer solchen Interpretation in Frage gestellt werden, die einen unverzichtbaren Gewinn für eine genauere Lektüre der Philosophiegeschichte und ihrer Folgezeit als Genealogie der Lebensgeschichte bieten. Und verglichen mit unserem eigenen Phänomenologieverständnis[4] möchten wir anmerken, ob Lebensprozesse, wenn sie durch Funktionen wie Zeugung, Geburt usw. beschrieben werden, nicht schon als bloße *Feststellung* eine Lebensrealität voraussetzen, die es in ihrer radikalen oder gegen-reduktiven Eigenphänomenalität aufzuweisen gälte?

Denn eine radikale Phänomenologie zeichnet sich in ihrem Selbstverständnis dadurch aus, dass sie keinerlei Feststellungen, seien sie empirisch, historisch, strukturell usw., einfach voraussetzen kann, sondern die Kriterien der Beschreibung müssen selbst als Modi der Phänomenalisierung aufgeklärt werden – und dazu gehören auch Männlich und Weiblich, die zunächst der äußeren Wahrnehmung entstammen. Aber damit soll hier nur auf eine transzendentale Problematik hingewiesen sein, die gerade die große Fruchtbarkeit dieses Buches für eine Auseinandersetzung zeigt, indem es neue Wege der phänomenologischen Analyse bis in die Konkretion der Sprache und der literarischen Darstellungsform selbst hinein wagt, das heißt, dem poetischen Wort zumindest soviel traut wie dem denkerischen. Wir möchten die zuletzt kurz angedeuteten kritischen Punkte analytisch weiterführen und dabei zugleich auf neuere de-konstruktivistische Tendenzen in der Phänomenologie hinweisen, welche auch die „Tiefenphänomenologie" nicht ignorieren kann, da sie auf eine „fraktale" Infragestellung des Berührens und des Berührtseins hinauslaufen, mithin auf den

---

[4] Vgl. Rolf KÜHN, *Praxis der Phänomenologie. Einübungen ins Unvordenkliche.* Freiburg/München 2009; außerdem zuletzt S. KATTELMANN u. S. KNÖPKER (Hg.), *Lebensphänomenologie in Deutschland. Hommage an Rolf Kühn.* Freiburg/München 2012.

zentralen Stellenwert des Leiblichen als Phänomenalisierung von „Wirklichkeit" überhaupt. Da solche Leiblichkeit als „Inkarnation" zugleich im Mittelpunkt des Christentums steht, führt uns letztlich eine solche Problematisierung sowohl von der Tiefenphänomenologie wie vom Dekonstruktivismus heute her zum Kern eines originären *Religionsverständnisses*, welchem auch bei José Sanchez de Murillo alles Interesse gilt, wie uns scheint.

2. *Dekonstruktion, Immanenz und subjektive Praxis*

Was grundsätzlich gegen eine ausschließlich dekonstruktivistische Lesart des Berührens (und damit des Männlich/Weiblichen) wie etwa bei Jacques Derrida und Jean-Luc Nancy spricht,[5] sind der *Monismus* der Phänomenalisierung als Außer-Sich oder Fraktur, die Reduzierung des Gegegebenen auf eine fiktive oder unbewusste *Textstruktur* sowie die Notwendigkeit eines originären Empfindens, um überhaupt von *Begehren* im Berühren-Wollen sprechen zu können. Für den weiteren Zusammenhang von (eucharistischem) Christentum und Dekonstruktion bleibt daher zu überlegen, ob die christliche Offenbarung nicht von Vornherein eine solche „Berührung" zwischen Gott und Mensch kennt, welche jeder Vermittlung vorausliegt und unser „Fleisch" als Affektion bzw. Leben selbst betrifft. Die Universalität des Christentums ist keine solche eines idealisierenden Prinzips, sondern eine rein phänomenologische Realität im unmittelbarsten und konkretesten Sinne. Denn das Geboren-Werden als „Schöpfung" in Gott will besagen, dass Gott und „Ich/Mich" als anfängliche Individuierung eine absolute Verbindung von ganz einmaliger Natur eingehen, worin die Einheit zwischen Gott und Mensch kein sekundäres Ergebnis darstellt, sondern die Unzerstör-

---

[5] Vgl. Jacques DERRIDA, *Le toucher, Jean-Luc Nancy*, Paris 2000 (dt. Übers. *Berühren, Jean-Luc Nancy*. Berlin 2007).

barkeit des jeweils einzeln „gezeugten" Lebens selbst ausmacht. Mit anderen Worten existiert zwischen Gott und einzelnem Individuum eine Verbindung (*religio*), die unauflösbar ist, weil sie letztlich in der innergöttlichen Modalität dieser Verbindung selbst gründet, das heißt im fleischgewordenen Sohn, weshalb *Einzigkeit* und *Relation* rein phänomenologisch stets zusammengehören.

Die lebendige Ur-Leiblichkeit als unser *Fleisch* vor allem Weltsein ist mithin eine reine Affektion oder eine Passibilität, welche durch die christologische Inkarnation ebenfalls vor aller Zeit selbst affiziert wird. Der Zugang zum göttlichen Leben geschieht im Wort Gottes als Sohn, das heißt als Selbstoffenbarung des göttlichen Lebens, indem dieses sich an den Sohn gibt, um vom Letzteren empfangen und ausgesprochen zu werden. Phänomenologisch gesehen, sind alle diese innergöttlichen Vollzüge eine konkrete Weise der Selbstmitteilung Gottes, sodass unser Zugang zum göttlichen Leben durch unsere Geburt in Ihm eben Teilhabe an jener Einheitlichkeit des absoluten Anfangs bedeutet, der als „Ursprung" (bzw. Ab-Grund, Un-Grund) keine Fraktur oder Differenz in seinem Wesen kennen kann. Mit diesen kurzen Hinweisen soll hier nur unterstrichen sein,[6] dass die prinzipielle Einheitlichkeit unseres Leibes mit dem Leben als empfindendem Fleisch kein Ergebnis irgendeiner „Haptologie" (Derrida) darstellt, sondern jeder Sinnlichkeitslehre – auch der formal transzendentalen – vorausgegeben ist.

Die transzendentale Wirklichkeit des *lebendigen* Leiblichseins ist mithin niemals ein bloßes Konzept oder Konstrukt. Sie begründet sich vielmehr in der einzigen Realität, welche sich *in sich selbst* zu gründen vermag, nämlich im sich selbst generierenden Leben Gottes. Klagt der Dekonstruktivismus

---

[6] Vgl. ausführlicher R. KÜHN, *Gabe als Leib in Christentum und* Phänomenologie. Würzburg 2004, 57ff.

daher das Christentum als idealisierenden Intuitionismus an, so überträgt er seine eigene philosophische Problematik von Empirismus/Transzendentalismus auf eine radikale oder absolute Vor-Gegebenheit, welche niemals unter den Idealisierungsverdacht zu geraten vermag, weil *kein* Vollzug unserer tatsächlichen Vermögen oder transzendentalen Leistungen von der letztlich einzigen Realität eines rein phänomenologischen oder göttlichen Lebens zu abstrahieren vermag. Das eucharistische *Hoc est enim corpus meum* bedeutet dann auf solchem Hintergrund, dass die innergöttliche Wirklichkeit des Sohnes an Menschen und Dinge weitergibt, was *Er* seinem Wesen nach ist: die Selbstgabe des lebendig machenden Gottes im Selbstempfang des Sohnes Gottes als seinem Wort. Nur weil unsere Leiblichkeit in diesem Urverhältnis gegründet ist, wird auch die Welt darin gehalten. Ihre Einheit ist mithin nicht zu „konstituieren", sondern Welt als „Schöpfung" ist nur durch jenes verlebendigende „Können" gegeben, welches all unsere geistigen und praktischen Leistungen anfangshaft durchzieht, um dadurch in der Weitergabe des Lebens Gottes „Sein" sich phänomenologisch verwirklichen zu lassen.

Jede ernstzunehmende Auseinandersetzung mit dem fraktalen Dekonstruktivismus, aber auch mit einer ab-gründig sich ent-faltenden „Tiefenphänomenologie" wie bei José Sanchez de Murillo, kann folglich nicht darin aufgehen, dass der „differe(ä)ntiellen" oder „fraktalen" Begrifflichkeit oder Rhetorikanalyse bloß ein weiterer „Text" entgegengehalten wird, sondern nach der ebenso radikalen wie konkreten Ermöglichung jedes Sprechens *in* seinem Differenzieren selbst gefragt wird. Wäre jemals aufweisbar, dass irgendein „Augenblick" unseres Lebens zunächst *nicht* rein immanent gelebt wäre, um zu sein, dann hätte der Dekonstruktivismus im Prinzip recht. Könnte er sodann noch aufweisen, dass jeder Lebensaugenblick *nicht* in einer radikalen Passibilität solch empfangenen Lebens gründet (das zunächst weder „weiblich" noch „männlich" ist), dann hätte er damit auch die ansonsten nicht hintergehbare

Unmittelbarkeit unserer Gewissheit zerstört, dass wir uns nicht *durch uns selbst* im Leben begründen. Erst wenn diese letzten negativen Voraussetzungen erfüllt wären, ließe sich sinnvoll von einer „Dekonstruktion des Christentums"[7] sprechen, denn die „Effekte" der Texte (auch hermeneutisch verstandener Offenbarungsschriften) bilden nicht die innere Wirklichkeit des (eucharistischen) Christentum selbst. Diese absolute Wirklichkeit besagt einen unbezweifelbaren Zugang zur absoluten Ge-Gebenheit des Lebens als solchem, welches ich als affektives Fleisch ohne irgendeine Unterbrechung in „meinem" Leib *erprobe* – und nicht in irgendeine Schau der Evidenz oder deren Nichterfüllung erhoben werden kann. Wo der philosophische Diskurs anhebt, dort hat also das Entscheidende immer schon stattgefunden, und keine Dekonstruktion kann davon absehen, dass sie ihrerseits einen solchen *Diskurs* bildet. Gegen dessen begriffliche wie analytische Fiktionalität vermag auch die subtilste Fiktionskritik der Effekte nichts auszurichten, weil der praktische *Vollzug* des Lebens als solcher nicht aufzuheben ist, indem Affekt und Leib immer schon „gesprochen" haben, bevor es zu einem differentiellem Wort irgendeiner Aussage aufgrund eines einzelnen Empfindungsurteils kommt.[8] Solchem „Leib" (Fleisch) geht mithin nichts voraus, weder Tiefe noch die Differenz Sein/Werden im zeitlichen Sinne, da die Selbsthervorbringung des Lebens eine inkarnatorische Unmittelbarkeit oder Selbst-Gebung impliziert.

Das *Hoc est enim corpus meum* ist daher nicht ohne Grund nach den neutestamentlichen Schriften ein praktisch *vollzogenes Gedächtnis*, nämlich das Ur-Gedächtnis des sich-gebenden Le-

---

[7] Vgl. Jean-Luc. NANCY, La Déclosion (Déconstruction du christianisme, I). Paris 2005 (dt. Übers. Dekonstruktion des Christentums. Berlin 2008).

[8] Vgl. ebenfalls F. SEYLER, Eine Ethik der Affektivität: Die Lebensphänomenologie Michel Henrys. Freiburg/München 2010, 190ff.

bens Gottes selbst als Heilszusage. Es versammelt in keine distanzierte Vorstellung oder Idee hinein, sondern in genau der Weise, *wie* Gott sich selbst gibt: *ohne Rückhalt* und damit auch ohne Möglichkeit einer Differenz oder einer Kluft, in der sich eine Verweigerung des Lebens errichten könnte. Insofern bleibt das inkarnatorische oder eucharistische Wort der Gabe ebenfalls die einzige Wirklichkeit, auf die sich eine Zukunft weiterhin zu gründen vermag, anstatt diese der Entfremdung von Grenze, Rand und Fraktur zu überantworten, wo letztlich das ontologische Nichts des immer nur wieder variierten „Auseinander" herrschen würde. Will die Phänomenologie, Religionsphilosophie oder auch Theologie im Gegensatz zur postmodernen „Fraktur" mithin verständlich machen, wovon sie spricht, wenn sie das *Heil* den Menschen aufweisen oder verkündigen möchte, dann hätte sie sich ihrerseits in das unaufhebbar eucharistische „Fleisch" jedes lebendigen Menschen zu versetzen, um darin sowohl die inkarnatorische „Ur-Intelligibilität" der christlichen Geheimnisse wie der Heiligen Schrift auszumachen. Denn dieses rein immanente Fleisch als „Ort" der unmittelbaren Offenbarung des „Wortes des Lebens" kann *niemals* lügen, weil es als passible Affektion oder Pathos an die Inkarnation des Sohnes Gottes zurückgebunden ist, um unsere unsichtbare Geburt im Leben Gottes zu bezeugen, welches uns schon nach Paulus „Söhne im Sohn" sein lässt. Daraus ist zu folgern, dass „meine" innerste phänomenologische Wahrheit der Wahrheit des lebendig inkarnierten Christus gleich ist, sodass der Zugang zu den Schriften darin liegt, im biblischen Wort vom „Sohnsein" meine eigene innerste Lebensaffektion wiederzuempfinden, weil in meiner „Ur-Passibilität" die „Ur-Intelligibilität" des inkarnierten Christus bereits gegeben ist und in den Worten der christlich-eucharistischen Tradition ihren Widerhall findet, ohne andere Religionen ausschließen zu müssen, da es hier um die phänomenologische Möglichkeit „religiöser Erfahrung" schlechthin geht: „Wer bereit ist, den Willen Gottes zu tun, wird erkennen, ob diese Lehre von Gott stammt oder ob ich [Christus] in meinem eigenen Namen spreche" (Joh 7,17). Was in diesem wesentlichen Satz definiert wird, ist „*das Phänomen der religiösen Erfahrung*, und zwar als einer unwiderlegbaren Erfahrung für jeden Menschen, dem sie zuteil wird".[9]

Im legitimen theologischen Sinne geht die Schrift dabei von der *Eucharistiefeier* als einem „Tun des Gedächtnisses" an Christi Leben und Realität aus, wodurch diesseits aller diskursiven Identitätsspekulation unterstrichen wird, dass der *Leib* der Eucharistie mit unserem rein affektiven *Fleisch* von Freude und Schmerz eine gemeinsame Offenbarung kennt, welche alle benutzten Worte und literarischen Bedeutungen von Wahrheit, Leben, Fleisch, Gedächtnis, Inkarnation, Passion usw. an den „Ort" ihrer originären Hervorbringung zurückführt. Wir wären damit im Besitz einer (religions-)phänomenologisch gegründeten Modalität, welche ein wirkliches „Wort Gottes" kennt, da dieses sich ausschließlich vom subjektiven Leben in dessen Modalisierungen her speist. Gewiss geht dann die ekklesiale Verkündigung über die Phänomenologie hinaus, insofern letztere nur die konkrete Möglichkeitsbedingung der Realität *deiktisch* aufweisen kann, ohne diese selbst zu sein. Aber die Realität der Inkarnation, der Eucharistie und des christlichen Heils, von der die Liturgie als Theologie unter anderem spricht, findet durch die phänomenologische Lebensimmanenz eine religionsphilosophisch neue Aussagekraft, welche an das *immanente Empfinden* auch des einfachsten Lebens zurückgebunden ist, ohne letztlich einer „Neu-Sokratik" zu bedürfen, sofern diese noch auf „Re-Präsentation" als Vorstellung oder Sinn verweisen sollte.

---

[9] M. HENRY, Christi Worte. Eine Phänomenologie der Sprache und Offenbarung. Freiburg/München 2010, 149.

3. Eine zukünftige „Lebensreligion"

In Auseinandersetzung mit den Selbstradikalisierungen besonders der französischen Phänomenologie seit Heidegger ist folglich eine abyssale Ur-Faktizität prinzipiell offenzulegen, welche durch *nichts* aufgehoben zu werden vermag, ohne dabei jedoch in einen tragischen oder metaphysischen Pessimismus zu verfallen, wie er als „unglückliches Bewusstsein" (Hegel) im Dekonstruktivismus anklingt. Denn so unannehmbar es für die Ohren des Laizismus und (Post-)Säkularismus heute auch klingt, so ist die Weise dieser reinen Lebensselbstgegebenheit zugleich die *Fülle* des Lebens als solchem.[10] Die Konsequenz ist daraus religionsphilosophisch wie ethisch-praktisch (also auch politisch und gesellschaftlich), dass sich „Menschenrechte" wie „Religionen" in der einen *Lebensreligion* wieder finden, was nichts anderes heißt, als *Jedem* in der unerschütterlichen Gewissheit der Selbstoffenbarung Gottes im Sinne der zuvor erwähnten Ur-Affektion zu begegnen und keinen Zweifel an dieser vor-wissenschaftlichen bzw. vor-mundanen Wahrheit aufkommen zu lassen. Denn sobald einmal der fraktale Horizont des vor-stellenden Bewusstseins aufgespannt ist, sind alle ideologischen Vergleiche, Interpretationen und Ausnahmen möglich, womit der Keim zu tolerierter Vergewaltigung und Tötung bereits gelegt wurde. Die „Würde" des Menschen ist nur dann unabdingbar und kein abstraktes Prinzip ohne konkreten kulturellen Kontext zumeist, wenn das *leibliche* oder *sinnliche* Erscheinen des *je individuellen* Lebens in seinem Sosein selbst eine transzendentale Konkretion des absoluten Lebens darstellt. Da jede Macht „von oben" gegeben wird (vgl. Joh 19,11), ist sie in sich selbst Ohnmacht, mithin ohne Anspruch auf irgendeine Figur des Absoluten oder Allgemeinen, um diese zu „vertre-

---

[10] Vgl. zur Kritik des „Humanismus" auch M. HENRY, *Christi Worte*. 28ff.

ten". Ist daher nur das Individuelle zugleich *absolutes* Leben, so kann es auch weder ein- noch ausgeschlossen werden, da es selbst die einzige Realität im Sinne aller Phänomenalisierung ist. Wir wissen uns in dieser grundsätzlichen Sichtweise in Übereinstimmung mit José Sanchez de Murillo, möchten aber unterstreichen, dass es in einer radikalisierten Phänomenologie keinerlei vorgängige Kategorien mehr gibt, welche die absolute Individuation im (göttlichen) Leben noch von irgendeiner „Allgemeinheit" her verstehen sollte – und sei es eben „Sokratik" oder „Menschheitsgeschichte".

Was eine solche *Lebensreligion* demzufolge in wenigen Strichen ethisch kennzeichnet, ist eine transzendentale *Aufmerksamkeit* mit allem, was leiden kann; eine *Ästhetik* aller menschlichen Werke als Potenzialisierung der Lebenswelt; die *Offenheit der Normen* für ihre individuelle wie gemeinschaftliche Weiterentwicklung im Sinne der ständigen Selbstmanifestation des Lebens. Die religiösen Symbole und Riten gleiten damit keineswegs in einen bloßen Ästhetizismus ab, sondern sie bedeuten die je besondere Weise der absoluten Lebensempfindung, ohne sich untereinander ausschließen zu müssen. Auch wird Religion dadurch nicht auf „Kultur" im hermeneutischen Sinne reduziert, denn der transzendentale Ursprung der *Kulturation* entspricht selbst der immanenten „Konfrontation" als der „nächtlichen Intrige" mit der reinen Passibilität des Lebens als solchem, sodass sich Ethik, Kunst und Religion keineswegs auseinanderdividieren lassen, was José Sanchez de Murillo mit seinem Jahrbuch „Aufgang" insofern unterstreicht, als es gemäß dem Untertitel der Einheit von „Denken, Dichten und Musik" gewidmet ist. Ästhetik, Ethik wie Religion bilden in der Tat die originäre Lebensübereignung an den Menschen als seine Ipseisierung, um sich affektiv in Existenz und Geschichte weiterzuentfalten, das heißt im allseitigen „Lebensaffekt" als „Ur-Affektion", welche nicht hier oder da geringer sind, da dieses Leben stets danach verlangt, in seinem *Mehr* zu leben und zu wachsen, bzw. sich zu „vertiefen".[11]

Da niemand *qua* phänomenologischer Lebendigkeit vom ethischen wie religiösen Tun ausgeschlossen ist, bedeutet Verkennung der Religion eine transzendentale *Selbstillusion*, deren Massivität heute jedoch keineswegs das sich fortzeugende Werk des Lebens als solchem vernichtet, da selbst das Nicht-Wissen, warum man lebt, wie Meister Eckhart sagt, das Leben in seiner Gutheit nicht aufhebt:

> Warum lebst du? Um des Lebens willen, und du weißt dennoch nicht, warum du lebst. So begehrenswert ist das Leben in sich selbst, dass man es um seiner selbst willen begehrt. […] Weil es so unmittelbar von Gott fließt, darum wollen wir es leben.[12]

Die einzige Gefahr ergibt sich dadurch, dies nicht mehr zu empfinden, weil die politischen und ökonomischen Entwicklungen uns sagen, dass die einzelnen Individuen eigentlich nicht mehr benötigt würden – „zu viel" sind, insofern Markt und Technik nur noch sich selbst kennen und sich dementsprechend autonom weiterschreiben. *Religionsphänomenologie* kann deshalb in Zukunft nichts anderes als *Phänomenologie des Lebens* im radikalen Sinne sein, weshalb zusammen mit der „Tiefenphänomenologie" José Sanchez de Murillos eine gemeinsame Zukunftsaufgabe unterstrichen werden sollte, welche allen dekonstruktiven Tendenzen gegenüber das tiefste Pathos unserer Tradition nicht verkennt, welche stets versucht hat, „Gott" und „Mensch" in einer unzerstörbaren wie unmittelbaren Einheit (Geburt) zusammenzudenken – und zu leben.

---

[11] Wir haben diesen Begriff der *Lebensreligion* zum ersten Mal in unserem Buch *Gottes Selbstoffenbarung als Leben. Religionsphilosophie und Lebensphänomenologie*. Würzburg 2009, 203ff., vorgestellt, und zwar als Gegenbegriff zur „Weltreligion", sofern letztere ihren Bezug zur Welt (noch) nicht phänomenologisch geklärt hat.
[12] *Deutsche Predigten und Traktate*, München 1979, 184 (Predigt 7).

*José Sánchez de Murillo zugeeignet
auf dem gemeinsamen Weg ins Offene.*

Katharina Oost
Die Liebe zu suchen, Johannes
oder
In einer dunklen Nacht

Du bist mein Jahresheiliger. Das Zettelchen, das ich zog, trägt Deinen Namen.

Im Zufall eine Fügung sehen. Fügungen fallen zu. Kommen von fern. Reisen weit. Fallen in unser Leben. Fallen wie ein Stern. Glühen noch. Verglühen. So wir ihnen keinen Himmel bereiten.

Verglüh nicht! Schau! Ich schreibe dem Himmel. Soll er sich erbarmen. Soll er sich öffnen, dass Du mich hörst.

***

Wie soll ich Dich nennen, wenn der Ton sich nicht einstellt, in dem ich Dir schreiben könnte?

Nicht will ich Dich nennen. Soll wachsen Dein Name. Soll reifen der Klang.

***

Die Liebe zu suchen, mach ich mich auf. Folge dem Sehnsuchtsweg.

Wir gehen ins Licht. Wir nehmen den Schatten mit. Wir bringen ihn dar.

***

Es ist nicht Schwachheit allein, dass der Abschied so schmerzt. Zu lassen alles, was erdet, zu lösen alles, was hält, mag einem gelingen wie Dir.

Wie soll ich mich selbst verlassen? Und wenn ich nicht bin, fühl ich die Erfüllung dann?

Ich weiß, so darf nicht fragen, wer brennt. Doch ohne die Frage kein Mensch. Auch wenn des Meisters aus Erfurt sunder warumbe bis heute noch klingt.

***

Die Liebesglut zum Sehnsuchtsbrand entfacht, ist mir geschehn.

Sag mir: was nun?

Wie lass mein Haus ich tief in Ruhe stehn?

Zeig mir den Weg. Nimm mich an Deine Hand.

***

Lass uns noch gehen, eh die Sterne welken.

Lass küssen uns ein letztes Mal das Licht.

Wird lange Nacht jetzt sein?

***

So lautlos begänne der Aufstieg in die Tiefe der Nacht?

Wir gingen also schon?

Wird Gott denn sein?

Wen hab ich denn Jahrzehnte so genannt?

Wird meine Sehnsucht dann am Ende dieser Dunkelzeit in die Erfüllung gehen?

***

Schickt sich die Liebe an, in unsrer Mitte heimzugehn? Drängt zu sich selbst sie? Drängt zur Ewigkeit?

Wir – das Gefäß, in dem die Liebe sich in ihren Urgrund trägt?

Was wird mit dem Gefäß geschehn am Ende? Wird es am Ende selbst aus Liebe sein?

***

Ist diese Nacht gewachsen, dass wir nun dürsten nach nichts mehr als nach Licht?

So wär uns wieder Tag, wenn wir die Sehnsucht nach dem Licht begrüben?

Sag, dieser Schmerz, ist er aus Sehnsucht? Ist aus Abschied er?

Die Nacht hat die Freude begraben. Ich singe ihr Totenlied.

Wohin denn wollt ich gehen?

Die Liebe zu suchen? – Sag mir, was Liebe ist.

Das Licht zu umfangen? – Gebar nicht meine Sehnsucht selbst das Licht, und starb es also nicht zugleich mit ihr?

Wohin denn soll ich gehen?

***

Wahrheit und Trug unterscheiden – wer lehrte es uns?

Nach Wahrheit suchen. Auch diese Möglichkeit noch denken, dass Gott nicht ist.

Gott solchermaßen lieben, dass er allein – und sollte er nicht sein – unser Begehren ist. Das Nichtsein Gottes lieben.

Auf allen Trug verzichten. Und sei es auch der tröstlichste. Und sei es auch Gott selbst.

Solange wir die Liebe suchen, suchen wir uns selbst?

Auf Gott verzichten?

Dass Gott selbst Nacht uns werde?

***

Schau, dieses Licht, inmitten der Nacht!

Sind wir am Ziel?

Schnell, schnell!

Ich trage ein Brennen in mir, es ist ein Feuer in mir.

Inmitten der Nacht.

***

Was ist geschehen?

Es war ein Leuchten in mir.

Was ist geschehen?

***

Dem Licht misstrauen?
Es könnte Täuschung sein?

***

Dass mich die Wolken doch bärgen, dass mich trüge der Wind!
Fühlst Du den Atem der Frühe?

Lass uns bleiben. Nur eine Weile.
Lass uns dem Licht nachsehn. Nur eine Weile noch.

***

Wann hätten wir den Fluss denn überschritten,
in dessen Tiefe die Vernunft versank?
Auf welcher Brücke schied von uns die Frage nach dem Sinn?
An welchem Ufer nahm das Land Beginn, das nie die Sprache der Gewissheit hört?

***

Liegt der Sinn der Blume in der Schönheit?
Ist es des Sternenhimmels Sinn, dass uns bei seinem Anblick ein Ahnen der Unendlichkeit erfüllt?
Ist es des Glaubens Sinn, dass er uns von uns selber löst und bindet an die Ewigkeit?

***

Nicht glauben wollen?
Gott nicht mehr begehren?
In seiner Stille fühlen, wie er uns begehrt?
Und wenn wir es nicht fühlten?
Wenn er uns nicht begehrte?
Wenn niemand wäre dort, wohin wir gehen?
Wenn ich dem Nichts mein Sehnen zugewandt?

Wenn ich nach all der Dunkelheit nur Leere fände?

***

Sieh doch. Die Angst. Sie lähmt mein Herz.

***

Warum fehlt meiner Seele der Boden, dass das Licht nicht Fuß fassen kann?
Ist diese Nacht aus meiner Dunkelheit?
Beginnt das Licht dort, wo ich ende, sag?
Sodass ich nie, solange ich noch bin, der Finsternis entkomme?

***

Das Kreuz zu suchen?
Dir ist es nah. Trägst es im Namen.
Am Kreuz starb die Liebe nicht,
am Kreuz starb das Leid.
Vom Kreuz stieß der Schrei, in seinen Fängen die Liebe, hinein in das Licht.
Der Finsternis entriss das Licht sein eigen Fleisch und Blut.

***

Schau, was ist das?
Siehst du das Sonnenfeld?
Siehst du, wie es sich wiegt im Liebestanz?
Wie es dem Wind entgegenbebt – wie er mit seinen Flügeln es liebkost?

Ist dies die Liebe nicht?
Sind wir am Ziel?
Sag, können Sehnsucht, Licht und Liebe noch inniger verbunden sein?
Lass uns hier bleiben!

***

Die Liebe nicht suchen?
Auch dies nicht mehr?

Wem aber lenk ich meinen Schritt dann zu?

Die Liebe erlösen von mir?

Hab auf mich acht, Johannes!
Es führt der Weg zum Licht auch in den Untergang.

***

Auf solchem Grat, auf schmaler Treppe sicher gehen –
Wie kann's geschehen?
Wer schützt uns vor der Tiefe, die sich zu Füßen unserer Sehnsucht stürzt.
Wer sicherte den Abgrund, den unsere Suche nach dem Licht entlang des Weges reißt?

***

Der Weg geht einsam. Still.
Es säumt kein Blick ihn mehr, kein Wort.
Ist dort, wo nur noch Stille ist, ist dort denn Gott?
Mich stimmt so bang, wenn nur das Echo meiner Leere um mich klingt.

***

Wohin wächst diese Nacht aus Einsamkeit?
Mit ist, als mündete der Weg in die Verlorenheit.
Kann denn die Nacht noch tiefer in uns wachsen?

***

Mir ist, als habe sich der Himmel für immer uns geschlossen.
Sind wir denn umgekehrt?
Gehen wir zurück?
Sprich mir von Gott, Johannes!

***

Ihn lassen?
Dass meine Sehnsucht sterbe und nur er selbst noch sei?

***

Das also ist der Weg, den Du mich führen könntest?
Empor den Karmelberg?

***

Wird oben Golgota,
 wird Tabor sein?

Christoph Rinser

Sonntagsgespräche

Wem der große Wurf gelungen,
eines Freundes Freund zu sein ...

Friedrich Schiller, Ode an die Freude

Kann man eine Freundschaft „erben"? Ich denke: Ja, man kann. Und zwar äußerlich und innerlich. Durch die Bekanntschaft zwischen José Sánchez und meiner Mutter wurden zunächst die äußeren Voraussetzungen dafür geschaffen, dass wir uns überhaupt begegnen konnten. Da diese Bekanntschaft zu einer ungewöhnlich tiefen inneren Beziehung wurde – besser: vom ersten Augenblick an war[1] –, ist es nicht verwunderlich, dass ich nach dem Tod meiner Mutter einiges an Nähe und Zuneigung „erbte". Und umgekehrt war es natürlich ähnlich. Dazu später mehr.

Die Vorgeschichte: Als ich nach einem beinahe zwanzigjährigen Leben in Italien beschloss, in die einzige Stadt zurückzukehren, die ich als „Heimat" bezeichnen könnte – München –, ahnte ich noch nicht, dass ich kurze Zeit später meine Zelte dort schon wieder abbrechen und meinen Lebensmittelpunkt nach Spanien verlegen würde. Eigentlich sprach – scheinbar – nichts dafür: Ich beherrschte die Sprache nicht und war in meinem Leben überhaupt nur dreimal dort gewesen: zum ersten Mal vor Jahrzehnten mit Mutter und Bruder in der Nordhälfte des Landes; dann im April/Mai 1995 allein mit meiner Mutter (mein Bruder war bereits gestorben), diesmal aber in

---

[1] Näheres ist nachzulesen in José SÁNCHEZ DE MURILLO, *Luise Rinser. Ein Leben in Widersprüchen*, Frankfurt a.M., 2011, besonders im Abschnitt V, 395ff.

Andalusien, da Luise die Heimat, das heißt das Herkunftsland des geliebten Menschen kennenlernen wollte, der einige Monate vorher in ihr Leben getreten war: José Sánchez de Murillo. Die dritte Gelegenheit für einen Spanienbesuch war eine Tagung, die im Herbst 2007 in Ronda von der 2001 gegründeten Luise Rinser-Stiftung, der Universität München und dem Edith Stein Institut abgehalten wurde mit dem Thema „Ort und Landschaft". Meine Teilnahme ergab sich angesichts der Vorgeschichte beinahe zwangsläufig.

Alle drei Reisen haben gemeinsam, dass keine von ihnen in mir den Wunsch weckte, Spanien zu meinem Wohnsitz zu wählen. Denn mein Traum galt damals Frankreich und der Côte d'Azur. Doch als meine Suche dort über längere Zeit zu keinem Ergebnis führte und ich, als ich endlich etwas Passendes gefunden zu haben glaubte, zweimal durch „höhere Gewalt" an einer weiteren Reise dorthin gehindert wurde, die dem Zweck gedient hätte, mich für ein Objekt zu entscheiden und den Kauf voranzutreiben, schien mir dies ein Wink des „Schicksals" zu sein, und ich gab meinen Plan auf und etablierte mich in München.

Doch wenn man so lange in mediterraner Umgebung gelebt hat wie ich, kann man sich wohl in Deutschland nicht mehr wirklich heimisch fühlen. Die Sehnsucht nach dem Mittelmeer brannte weiterhin in mir, fand aber kein konkretes Ziel. Da brach Andalusien über mich herein. Dieser dramatisch klingende Ausdruck scheint mir tatsächlich der angemessene zu sein. Noch heute empfinde ich es so, als habe dieser Gedanke mich „aus heiterem Himmel" ganz plötzlich und ohne erkennbaren Anlass getroffen. Dass es in Wahrheit sehr wohl innere Gründe für diese mein Leben stark verändernde Entscheidung gegeben haben muss, habe ich erst jüngst sehen gelernt. Es war José Sánchez, der mir den Blick dafür öffnete.

Da wir wenig wissen über die tiefen Zusammenhänge, die unser Leben beeinflussen, und nur ausnahmsweise Einblick darin bekommen, kann ich nur ahnen und vermuten, dass die tiefe Beziehung meiner Mutter, die sich über José Sánchez zu Andalusien entwickelt hatte, meine Wahl beeinflusst hat, ohne dass ich mir dessen bewusst geworden wäre.

Als ich mich ziemlich schnell für die „Axarquía" entschied – also das Gebiet um Vélez-Málaga, etwa 25 km östlich von Málaga gelegen –, ahnte ich nicht, dass José Sánchez sich nach seiner Münchener Zeit schon Jahre zuvor just dort niedergelassen hatte. Das erfuhr ich erst, als ich mich im Grunde schon entschieden hatte und er mich das erste Mal in dem Hotel besuchte, von dem aus ich meine Erkundungsfahrten unternahm. Nachdem ich zunächst mit dem Bergdorf Cómpeta und seiner Umgebung geliebäugelt hatte, dort aber nichts Passendes fand und zudem sich Bedenken wegen der Lage einstellten, entschied ich mich schließlich für eine sehr hübsche Siedlung (urbanización) an der Küste in dem Dorf Caleta de Vélez. Bei einem gemeinsamen Besuch in Cómpeta hatte mir José bereits „gedroht", dass er mich dort nur selten würde besuchen können, da ihm die Anfahrt zu weit und bei schlechtem Wetter und Dunkelheit zu gefährlich sei. In Caleta dagegen bin ich für ihn leicht zu erreichen (eine Autofahrt von etwa 20 Minuten über bequeme Straßen). Wie wichtig dieser Gesichtspunkt sein würde, ahnte ich damals noch nicht, weil ich keine Vorstellung hatte, wie oft wir uns sehen würden. Tatsächlich wurde es uns sehr schnell zu einer lieben und notwendigen Gewohnheit, uns allwöchentlich – meist sonntags – in meinem Haus zu treffen.

Von Anfang an war klar, dass nur dieser Ort als Treffpunkt in Frage kam, da José sein Haus, das ihm, als er sich entschied, in seine Heimat Andalusien zurückzukehren, von Bekannten zur Verfügung gestellt wurde, streng als eine Art Eremitage betrachtet, zu der niemand Zutritt hat, auch ich nicht. (Bis heute habe ich nur ein paar Fotos von Außenansichten zu sehen bekommen.) Da er auch kein Telefon besitzt (außer dem Handy), kann er dort kaum gestört werden.

Doch gehen wir einen Schritt zurück. Als meine Mutter noch lebte, traf ich José so manches Mal bei ihr. Dadurch lernten wir uns kennen. Den Worten meiner Mutter konnte ich entnehmen, welche Bedeutung er für sie gewonnen hatte. Natürlich erfuhr ich auch schon eine Menge über den Menschen José Sánchez und über seine Bedeutung als Philosoph und Dichter. Sie selbst hat sich unübertrefflich dazu geäußert in ihrem Vorwort zu Sánchez' Werk *Dein Name ist Liebe*.[2] Auf die Frage, wer dieser Mensch sei, antwortet sie sich selbst:

> Er ist vor allem ein Mensch […], der von sich sagt, er sei „vieles" und habe schon viele Leben gelebt […]. Wie und was immer er arbeitete, stand unter dem Zeichen der Freiheit des Denkens und der Liebe.

> Wort und Phänomen *Liebe* spielen bei ihm eine so zentrale Rolle, daß ihm, dem Wissenschaftler, die Wissenschaft zur „Liebenden Wissenschaft" wurde, das heißt, zu einer Wissenschaft für die Natur und für den Menschen, also nicht eine Wissenschaft als Selbstzweck.

Seine Philosophie stelle, meint Luise Rinser, „eine Verbindung von Denken mit Dichtung" dar „und ihre Vollendung in reiner Dichtung". „Erkennen" sei für ihn – wie für Plato – „die erotische Vereinigung in der Liebe". „Denn nur die Liebe ist wissend."

---

[2] José SÁNCHEZ DE MURILLO, *Dein Name ist Liebe*. Bergisch Gladbach 1998. Das Vorwort ist auch abgedruckt in *Luise Rinser und/y Ronda*, erschienen als Band 1 der Schriftenreihe der Luise Rinser-Stiftung, München 2007, 76ff.

Sánchez habe sich „dem wahren Leben gestellt" und sei „keiner Aufgabe aus dem Weg gegangen". Sie zitiert seine eigenen Worte: „Ich verstand […], daß es im Leben nicht so sehr um Wissen, sondern um Liebe geht". Und weiter: „Der Mensch ist nicht geboren worden, um alles zu wissen und überall zu bestimmen, sondern um zu lieben und geliebt zu werden."

Nach dem Tod meiner Mutter im Jahr 2002 hielt ich es für angebracht, dass nun ihre Biographie geschrieben würde. Da ich mich selbst dieser Aufgabe nicht gewachsen fühlte, überlegte ich, wer dafür wohl in Frage käme, und sehr bald war mir klar, dass es nur José Sánchez sein könne, da er meine Mutter in den wenigen Jahren, die ihnen für ihre Freundschaft zugemessen waren, so tief und genau kennengelernt hatte wie kein Mensch zuvor und weil er von seiner Philosophie und seiner menschlichen Einstellung her dazu prädestiniert war. Ich hatte keinen Zweifel, dass das Ergebnis seiner Arbeit das denkbar beste sein würde. Auch glaubte ich, damit im Sinne meiner Mutter zu handeln. (Was sie zum Ergebnis, vor allem zu den „Enthüllungen" über ihre Rolle in der Zeit des NS-Regimes, sagen würde, können wir natürlich nur vermuten. Ich denke aber, dass sie darüber nicht unglücklich wäre, weil die Wahrheit über diese Zeit mit großem Respekt dargestellt wird und ihr dies vielleicht geholfen hätte, sie auch selbst endlich aufzuarbeiten.) Auch dieser ihm von mir zugemuteten Aufgabe ist er nicht aus dem Weg gegangen. Ohne lange zu zögern, sagte er ja. Seine Bedingung war allerdings, dass ich ihn dabei unterstützen müsse. Das war für ihn (wie auch für mich) selbstverständlich. Wegen der immer sehr gründlichen Recherchen, die vor allem für Luise Rinsers erste Lebensjahrzehnte nötig waren, da es hierüber nur wenig Quellen gibt, die mühsam ausfindig gemacht werden mussten, zog die Arbeit sich länger hin, als wir geahnt hatten. Die gemeinsame Beschäftigung mit dieser Aufgabe führte dazu, dass wir schon allein dadurch über Jahre in sehr engem Kontakt standen. Von den ersten

Recherchen an arbeiteten wir intensiv zusammen, und das blieb so bis zum Abschluss des Manuskripts im Januar 2011. Jedes Kapitel musste – durfte – ich redigieren, sachlich und sprachlich, und dabei machte ich eine Erfahrung, die, wenn man das oben über José Sánchez Gesagte bedenkt, nicht wirklich überrascht: Meine oft zahlreichen und teilweise auch einschneidenden Korrekturen nahm José fast ohne Ausnahme widerspruchslos an mit einer Bescheidenheit, die mich manchmal beschämte. Nie hat er auch nur andeutungsweise die Rolle des besserwissenden Autors herausgekehrt. Immer war es für ihn selbstverständlich, mich als den Muttersprachler anzuerkennen, der stilistisch in der deutschen Sprache eben – trotz José Sánchez' hervorragender Deutschkenntnis – vielleicht letztlich doch etwas sicherer ist. Welcher Autor würde sich so verhalten? Doch nur einer, für den das „Wissen" etwas Untergeordnetes darstellt, untergeordnet der Sache, in diesem Fall der Aufgabe, das Leben der Person, die für ihn eine tiefe Bedeutung gewonnen hatte, angemessen, und das heißt hier: respekt- und liebevoll darzustellen.

José Sánchez' beeindruckende Bescheidenheit und seine Offenheit für Kritik, die ihn vor vielen anderen Persönlichkeiten auszeichnen, sind die notwendige und selbstverständliche Konsequenz seiner Grundeinstellung, dass es letztlich nur um Eines gehe: die Liebe.

Hierfür ist er vom Leben mit einer unschätzbaren Gabe ausgestattet worden: Er wusste sich immer geliebt, besonders von seinem früh verstorbenen Vater. So konnte er spätere Demütigungen richtig einordnen und hatte auch die Kraft, sich davon nicht entmutigen zu lassen. Ich denke da besonders an seinen Kampf um die philosophische Habilitation. Die revolutionäre Bedeutung seiner Habilitationsschrift *Der Geist der Deutschen Romantik*[3] scheint mir bisher nur von wenigen in ihrer

---

[3] *Der Geist der deutschen Romantik*. München 1986.

Tragweite erkannt. Dies beweist das Ringen mit Wikipedia, wo ein Artikel „Tiefenphänomenologie" nach einigem Hin und Her wieder gelöscht wurde mit dem Argument, der Begriff sei „nicht allgemein anerkannt". (Heute findet man die Tiefenphänomenologie nur als kleinen Abschnitt im Artikel „Phänomenologie", daneben allerdings auch einen Artikel über José Sánchez selbst.)

Von den vielen kleineren und größeren Kämpfen, die José Sánchez in seinem Leben zu bestehen hatte, kann hier verständlicherweise nicht die Rede sein. Doch drei Anlässe jüngeren Datums erlebte ich selbst mit und war auch an ihnen beteiligt. Deshalb möchte ich sie hier erwähnen. Außerdem scheinen sie mir wichtig, weil sie zeigen, dass José Sánchez keineswegs das „Lamm" ist, als das er manchem vorkommen könnte, und durchaus kämpfen kann, wenn es ihm nötig erscheint. Die Vorfälle hingen mit der Biographie zusammen. Das erste Mal ging es um den Titel. Der Verlag schlug vor: „Luise Rinser – Eine Lebensbeschreibung." Doch diese Formulierung stieß auf Josés entschiedenen Widerstand. „Hier wird nicht beschrieben, sondern wissenschaftlich analysiert, psychologisch, historisch und tiefenphänomenologisch. Deshalb ist dieser Untertitel völlig inadäquat." (Zudem erschien gerade in jenen Tagen eine andere Biographie mit eben diesem Untertitel.) José hatte sich innerlich schon lange auf den Untertitel: „Die Biographie" festgelegt, mit Betonung auf den Artikel. Er ließ sich schließlich aber doch davon überzeugen, dass dies letztlich zu allgemein und nichtssagend sei. Da er sehr klar die großen Widersprüche im Leben Luise Rinsers herausgearbeitet hatte, einigten wir uns mit dem Verlag auf den Untertitel „Ein Leben in Widersprüchen".

Die zweite Auseinandersetzung entstand, als wir erfuhren, dass in der „Neuen Rundschau" der Briefwechsel zwischen Luise Rinser und Ernst Jünger veröffentlicht werden sollte mitsamt einer Einführung, und zwar noch vor Erscheinen der Biographie. Dies beunruhigte José sehr, da er fürchtete, in diesem Aufsatz – der ja, wenn er überhaupt etwas Sinnvolles enthalten sollte, den Hintergrund des Briefwechsels beleuchten musste – könnten Dinge vorweggenommen werden, die José entdeckt hatte und in der Biographie erstmals darstellte. Das Erscheinen des Aufsatzes hätte dazu führen können, dass ihm vorgeworfen würde, er habe jenen Artikel gekannt und noch in die Biographie eingearbeitet, ohne ihn zu zitieren, dass also Teile der Biographie ein Plagiat seien – was natürlich ein völlig absurder Vorwurf wäre. So wehrten wir uns mit Entschiedenheit (und mit Erfolg) gegen die Veröffentlichung. Allerdings hatte dies zur Folge, dass dann gar kein Heft der *Neuen Rundschau* zu Luise Rinsers 100. Geburtstag erschien (was wir natürlich bedauerten).

Auch für das dritte Mal war die Biographie der Anlass: In der Süddeutschen Zeitung erschien am 30. April 2012 eine Rezension des Buches, in der letztlich auf die Biographie gar nicht wirklich eingegangen wurde, sondern die – so der Eindruck mancher Leser – nur dazu diente, sowohl Luise Rinser wie den Autor in ein schlechtes Licht zu rücken. Sie enthielt nachweislich falsche Behauptungen, die gegen die Ehre des Autors gingen, und erfundene Zitate. Über ein Jahr kämpften wir gemeinsam, um eine Richtigstellung zu erreichen, zunächst mit Leserbriefen – doch ohne jeden Erfolg. Schließlich sah der Verfasser sich gezwungen, eine Gegendarstellung zu verlangen. Doch auch dieses Verlangen blieb – entgegen den Bestimmungen des Pressegesetzes – bis heute ohne Wirkung. Im Augenblick, da ich dies schreibe, ist die Sache noch nicht vorangekommen. Das Ganze erinnert ein wenig an Don Quijotes Windmühlen …

Doch die Biographie (mit all ihren Begleiterscheinungen) war natürlich nicht das einzige Thema, das uns in unseren zahllosen Gesprächen beschäftigte. Oft ging – und geht – es um Josés andere Arbeiten, wie etwa jene über die Sehnsucht, mit der er sich seit Jahren beschäftigt (mindestens seit seiner Arbeit über die Romantik). Oder um seine in München zu haltenden

Vorlesungen und die Blockseminare, an denen er mitwirkte, vor allem aber um den AUFGANG, über dessen inhaltliche Gestaltung und organisatorische Struktur wir uns oft beraten.

Mal mehr, mal weniger, je nach den aktuellen Umständen, kommen auch unsere persönlichen Erlebnisse und Erfahrungen zur Sprache, wie es zwischen Freunden selbstverständlich ist. Dabei geht es nicht immer so ernst zu, wie es nach dem bisher Geschilderten scheinen könnte: Oft gibt es Anlass zu Heiterkeit und Lachen. Josés Humor hat mich so manches Mal aus einer gedrückten Stimmung befreit, wie überhaupt festzuhalten ist, dass schon allein seine grundsätzlich positive Sicht des Lebens mir immer wieder einen Anschub gibt und neue Energie. In den (vor allem in jüngerer Zeit nicht eben seltenen) Gesprächen, in denen es um meine Lebensprobleme geht, erweist José sich als ein wissender und intuitiver Analytiker und Therapeut. Erst jetzt, in fortgeschrittenem Alter, eröffnen sich mir mit seiner Hilfe neue, wichtige Einsichten. Vieles, was mir bisher verhüllt war, beginnt durchsichtig zu werden. Und hier zeigt sich, wie wahre Freundschaft beschaffen ist. Dies erlebe ich erst mit José. Nie vorher hatte ich so aufmerksames Zuhören erfahren, nie war jemand mir so von Herzen zugetan, und so konnte mir auch noch nie jemand in leidvollen Erfahrungen und Augenblicken der Verwirrung so gut helfen, Licht in mein eigenes Leben zu bringen. Dafür möchte ich mich an dieser Stelle aus tiefstem Herzen bedanken – bei José Sánchez und bei den Kräften, die uns zusammengeführt haben und eine wahre Freundschaft entstehen ließen, wie sie ganz sicher nur mit einem außerordentlichen Menschen erlebt werden kann. Dies zu sagen, ist mein eigentliches Anliegen.

Renate M. Romor

José Sánchez de Murillo – Leben und Werk[1]

Lebenslauf

Der Philosoph und Dichter José Sánchez de Murillo wurde 1943 in Ronda/Südspanien geboren. Die Reifeprüfung legte er 1960 in Cordoba ab, 1963 erwarb er das Bakkalaureat in Philosophie in Lille/Frankreich. Ab dem Wintersemester 1963 begann er ein Studium der katholischen Theologie an der Päpstlichen Hochschule „Teresianum" zu Rom, das er 1968 mit dem Lizenziat abschloss. Im Oktober 1970 promovierte er mit dem Thema „Hoffnung" (im Lichte der philosophisch-theologischen Prinzipien Karl Rahners) und erhielt eine Dozentenstelle an der oben genannten Hochschule. Zum Sommersemester 1971 ließ er sich von Rom beurlauben und widmete sich in Würzburg dem Studium der Philosophie. 1972 wurde er wissenschaftlicher Mitarbeiter am Institut für Philosophie der Universität Würzburg. Nebenbei war er als Sprach- und Ethiklehrer im dortigen Schönborngymnasium tätig. Im Dezember 1973 gab er die Dozentenstelle in Rom auf und begann mit der Ausarbeitung einer philosophischen Dissertation zum Thema „Die existentialistische Freiheitsauffassung und die christliche Gotteserfahrung. Eine Untersuchung der Philosophie Jean-Paul Sartres in religionsphilosophischer Hinsicht". Im Juli 1977 erlangte Sánchez die Doktorwürde in Philosophie durch die Universität Würzburg. Die nächsten Jahre widmete er sich seiner Habilitationsschrift

---

[1] Der Artikel erschien in: Sánchez de Murillo/Thurner (Hg.), *Aufgang. Jahrbuch für Denken, Dichten, Musik*, 6 (2009) 377–384, © W. Kohlhammer Verlag Stuttgart 2009.

mit dem Titel „Der Geist der deutschen Romantik. Franz von Baaders Versuch einer Erneuerung der Wissenschaft. Von Kant zu Jakob Böhme" und war ab 1980 auch Dozent für Philosophie an der Fachhochschule Würzburg-Schweinfurth. Im Februar 1983 wurde er an der Universität Augsburg zum Professor für das Fach Philosophie habilitiert und lehrte dort bis Juli 1989. Im Oktober des gleichen Jahres übernahm er den Lehrstuhl für Philosophie der Neuzeit und Gegenwart an der Fakultät Cartuja, Universität Granada (Spanien). Er lehrte dort bis Juni 1992.

Nach Aufgabe seiner Lehrtätigkeit in Granada kehrte er im Juli 1992 nach Deutschland zurück, konzipierte und gründete 1993 in München das „*Edith Stein Jahrbuch*. Jahreszeitschrift für Philosophie, Theologie, Pädagogik, andere Wissenschaften, Literatur und Kunst". Unter seiner Herausgeberschaft erschienen von 1995 bis 2003 neun Bände mit einer jeweils bestimmten Thematik beim Echter Verlag in Würzburg.[2]

Gleichzeitig beschäftigte er sich mit der Gründung eines Edith Stein Instituts, das 1999 Gestalt annahm und dem – nach Eintragung beim zuständigen Gericht in München – 2004 der steuerbegünstigte gemeinnützige Zweck vom Finanzamt zuerkannt wurde.[3]

Zusammen mit Prof. Dr. Thurner, Leiter des Grabmann-Forschungsinstituts der LMU München, gründete Sánchez „AUFGANG. Jahrbuch für Denken, Dichten, Musik". Unter beider Herausgeberschaft erschien im Mai 2004 der erste Band

---

[2] Bd. 1: Die menschliche Gewalt, 1995, 368 S., Bd. 2: Das Weibliche, 1996, 415 S., Bd. 3: Das Judentum, 1997, 415 S., Bd. 4: Das Christentum: Teil I, 1998, 587 S., Bd. 5: Das Christentum: Teil II, 1999, 449 S., Bd. 6: Die Weltreligionen: Teil I, 2000, 415 S., Bd. 7: Die Weltreligionen: Teil II, 2001, 395 S., Bd. 8: Das Mönchtum, 2002, 400 S., Bd. 9: Menschen, die suchen (Fortsetzung von Das Mönchtum) 2003, 534 S.

[3] Das Finanzamt München für Körperschaften bestätigte am 25. März 2004 die Gemeinnützigkeit des Instituts.

mit dem Titel „Ursprung und Gegenwart" beim Kohlhammer Verlag in Stuttgart. Das Jahrbuch ergänzt die philosophische Reihe *Ursprünge des Philosophierens*, die bereits 2001 von Sánchez und Thurner eröffnet worden war. Bis jetzt, Ende 2012, liegen 20 Bücher dieser Reihe vor.[4]

Auf Sánchez' Idee geht das „Mitteilungsblatt" zurück, das seit 2006 jedem Jahrbuch beiliegt und vom Institut, seiner Geschichte, seinen Tätigkeiten und Projekten usw. erzählt.

Philosophischer Ansatz

1. Die Entdeckung Jakob Böhmes

Die Zündung für den tiefenphänomenologischen Ansatz ereignete sich im WS 1976/77. Wie Sánchez in seinem Buch *Durchbruch der Tiefenphänomenologie* (26f) berichtet, brachte ihm ein „zufälliger" Griff in ein Regal der Präsenzbibliothek des Philosophischen Seminars in Würzburg – damals im Nordflügel des Residenzgebäudes – die Begegnung mit dem Werk Jakob Böhmes. Er las in dem Band *Aurora oder Morgenröte im Aufgang* und war von den Gedanken des Görlitzer Schusters derart fasziniert, dass sie ihn nie mehr losließen.

Zur gleichen Zeit beschäftigte er sich mit der vorkolumbianischen Kultur des Maya-Quiché-Volkes (Guatemala / Mexiko), und zwar mit dem Schöpfungsmythos aus dem Popol Vuh (Pop Vuj), worüber er im Oktober 1977 einen Vortrag im Rahmen der Tagung der „Deutschen Gesellschaft für Phänomenologische Forschung" im Kardinal-Wendel-Haus in München halten sollte. Um authentisch darüber sprechen zu können, reiste er, gefördert von der Thyssenstiftung, nach Guatemala. Dort lebte er eine geraume Zeit mit den Indianern und erforschte dabei deren frühere Kulturen anhand der Ruinen-Städte, Sitten und Gebräuche.

---

[4] Das Jahrbuch „Aufgang" erscheint jährlich im Frühjahr.

Gerade wegen der kulturellen Kluft und geographischen Entfernung war die Entdeckung der geistigen „phänomenologischen Verwandtschaft" für Sánchez überwältigend. Er entschied, dem Phänomen nachzugehen.

2. Deutsche Romantik und Maya-Kultur

Jakob Böhme und das für Sánchez lebensverändernde Erlebnis bei den Mayas bewirkten ein Umdenken, das zum Ansatz der Tiefenphänomenologie führte. Entscheidend war die ungeahnte Entsprechung zwischen der Grundeinstellung der Maya-Kultur und dem Grundgedanken der Deutschen Romantik. Letzterer manifestierte sich im Satz „Zurück zu den Müttern". Eine ganze Generation deutscher Forscher, Wissenschaftler und Philosophen hatte sich auf die Suche begeben nach den in Vergessenheit geratenen „weiblichen" Ursprüngen der Menschheitsgeschichte und des Seins in den griechischen, indischen und anderen orientalischen Mythologien. Dabei hatten sie sich (außer J.G. Herder) mit amerikanischen Mythologien kaum befasst. Doch Sánchez fand in der Maya-Kultur, die wesenhaft vom Nachvollzug der Lebensform der Pflanze durchdrungen ist, eine eindeutige lebenspraktische Verwirklichungsform des Grundgedankens, der später in der Deutschen Romantik philosophisch und dichterisch entfaltet wurde.

Dabei war nicht nur die „Koinzidenz" des einen Gedankens in zwei so verschiedenartigen kulturellen Zusammenhängen beeindruckend, sondern auch die Ähnlichkeit, wie der Gedanke verloren ging. Die deutsche Romantik, die sich in der kritischen Auseinandersetzung mit der Vernunft-Philosophie insbesondere Kants und Hegels geradezu konstituierte, konnte der Versuchung der Höhenflüge einer sich stets überschätzenden Vernunft kaum widerstehen und erlag schließlich dem Grundirrtum, den sie kritisierte. Ebenso die Mayas. Sie, die ihr Zusammenleben nach der These „Leben und leben lassen" auszurichten vorgaben, kannten gleichermaßen Grausamkeiten und kriegerische Gelüste.

Es ging also darum, den Grundgedanken zu rekonstruieren, die Wege, die zu seiner Perversion führten, aufzuzeigen, ihn mit Blick auf Gegenwart und Zukunft des Menschen neu zu denken und zu entfalten.

So entstand im Sommer 1977 die Tiefenphänomenologie. Seitdem befassten sich – neben Vorlesungen in den Universitäten Quetzaltenango, Würzburg, Augsburg, Granada und München, Vorträgen und Denkkreisen – eine beträchtliche Anzahl philosophischer, wissenschaftlicher und auch literarischer Schriften mit diesem Ansatz, wovon im Folgenden eine Auswahl angeführt wird. Dabei ist bereits in den vor 1977 erschienenen Schriften die tiefenphänomenologische Blickrichtung zu erkennen.

I. Italienische und spanische Schriften (1970–2001)

Hacia una Teología de la Esperanza. Solución de un problema a la luz de los principios teológicos de Karl Rahner. Theologische Dissertation, 480 Seiten. Roma 1970.

Dimensión escatológica de la vida cristiana según Karl Rahner. Aportación a la Teología de la Esperanza. 67 Seiten. Roma 1971.

La crisis del pensamiento lógico y el surgir de la Fenomenología del Profundo. Málaga 1987.

Estructura del pensamiento de San Juan de la Cruz. Ensayo de interpretación fenomenológica, in: *Experiencia y pensamiento en San Juan de la Cruz.* Hg. Federico Ruiz. Madrid 1990, 169–195.

El pensamineto fundamental de la fenomenología moderna en la doctrina mística de San Juan de la Cruz. Una interpreatación fenomenológico-profunda. In: Revista San Juan de la Cruz, Granada, 6 (1990) 9–43.

Una cumbre del pensamiento europeo: San Juan de la Cruz, in: Revista San Juan de la Cruz. Granada 7 (1991) 23-46.

Sobre la excelencia humana y social de la vida religiosa. Sevilla 1991.

Sperare dopo Auschwitz. In: Sperare. Roma, Teresianum, 1994.

El desarrollo de la fenomenología moderna. In: Teresianum Roma, *Teil I: De Kant a Hegel.* Jahrgang XLV, 1994, 405–437, *Teil II: De Husserl a Heidegger,* Jahrgang XLVI, 1995, 51–89.

Esperar después de Auschwitz? El fenómeno de la violencia humana. In: Revista de Espiritualidad, Madrid 54 (1995) 545–572.

El desarrollo de la fenomenología moderna. (II) De Husserl a Heidegger. In: Teresianum Roma XLVI (1995 / I) 51–89.

Edith Stein e la Filosofia contemporanea. Atti del Congresso Internazionale. Roma, Teresianum 1998.

Compito antropologico della Filosofia del Profondo. In: Antropologia cristiana. Bibbia, teologia, cultura. Hg. Bruno Moriconi. Roma 2001, 109–132.

II. Deutsche Schriften (1975–2012)

Die existentialistische Freiheitsauffassung und die christliche Gotteserfahrung. Eine kritische Untersuchung der Philosophie Jean-Paul Sartres in religionsphänomenologischer Hinsicht. Philosophische Dissertation, Würzburg 1975, 362 Seiten.

Über den Besitzdrang. In: *prima philosophia* Band 1, Heft 3, Cuxhaven (Junghans-Verlag) 1988, 312–333.

Der Geist der deutschen Romantik. Der Übergang vom logischen zum dichterischen Denken und der Hervorgang der Tiefenphänomenologie. Überarbeitete Fassung der Habilitationsschrift (Universität Augsburg). München (Pfeil) 1983, 400 Seiten.

Franz von Baaders Interpretation der Kantischen Naturphilosophie. Ein Beitrag zur Wissenschaftsgeschichte. In: Philosophia Naturalis. Archiv für Naturphilosophie und die philosophischen Grenzgebiete der exakten Wissenschaften und Wissenschaftsgeschichte. Hg. Joseph Meurers, Sonderdruck aus Band 23, Heft 2, Meisenheim/Glan 1986, 293–319.

Die Krankheiten des Professor Walther. Roman. München (Pfeil) 1986, 108 Seiten.

Über die Selbsterkenntnis des Menschen. Ein Dialog. München (Pfeil) 1986, 68 Seiten.

Fundamental-Ethik. München (Pfeil) 1988, 125 Seiten.

Exil. Roman. München (Pfeil) 1989, 288 Seiten.

Die erste Philosophie der großen Krisenzeit. In: prima philosophia, Hg. Sabine Gehlhaar, Sonderdruck, Band 3/Heft 4, Cuxhaven (Junghans-Verlag) 1990, 427–441.

Leben im Aufgang. Roman. München (Pfeil) 1994, 268 Seiten.

Tiefenphänomenologie der menschlichen Gewalt. In: Edith Stein Jahrbuch, Bd. 1, hrsg. von J. Sánchez de Murillo, Würzburg (Echter) 1995, 79–100.

Vom Wesen des Weiblichen. In: Edith Stein Jahrbuch, Bd. 2, hrsg. von J. Sánchez de Murillo, Würzburg (Echter) 1996, 68–103.

Jakob Böhme. Das Fünklein Mensch. Ausgewählte Texte. Herausgegeben und meditativ erschlossen von José Sánchez de Murillo. München (Kösel) 1997, 220 Seiten.

Dein Name ist Liebe. Mit einem Vorwort von Luise Rinser. Bergisch Gladbach (Bastei Lübbe) 1998, 176 Seiten.

Ratjahamas Geburt. In: Dein Name ist Liebe (1998) 152–171.

Die Worte des Ratjahama: in: *Gotteshervorgang* Teil I. In: Edith Stein Jahrbuch 4 (1998) 21–57 und 6 (2000) 17–22, sowie *Gotteshervorgang* Teil II: In: Aufgang 1 (2004) Ursprung und Gegenwart, 53–58 *(Fortsetzung).* Ferner: Durchbruch der Tiefenphänomenologie (2002) 369–400.

Vom Wesen des Christentums. In: Edith Stein Jahrbuch, Bd. 6, hrsg. von J. Sánchez de Murillo, Würzburg (Echter) 2000, 123–140.

Jakob Böhme – Der deutsche Vorsokratiker. Zur Gegenwart und Zukunft der Philosophie. In: Neues Lausitzisches Magazin, Beiheft 2. Herausgegeben durch die Oberlausitzische Gesellschaft der Wissenschaften e.V. zu Görlitz. Sonderdruck aus Erkenntnis und Wissenschaft Jacob Böhmes (1575–1624). Internationales Jacob-Böhme-Symposium, Görlitz 2000, 128–153.

Durchbruch der Tiefenphänomenologie. Die Neue Vorsokratik. (Ursprünge des Philosophierens Bd. 2), Stuttgart 2002, 404 Seiten.

Zurück nach vorne. Von der Vernunft zur Seele. Vorwort zu Aufgang 2 (2005) 8–9.
Exodus als Seinserfahrung. Edith Stein und Israel (Teil I und II). In: Aufgang 2 (2005) 311–339 und Aufgang 3 (2006) 393–422.
Der Mensch als Kind – das Leben als Spiel. Vorwort zu Aufgang 3 (2006) Kind und Spiel, 9–14.
Zurück zum Lebensgrund. Vorwort zu Aufgang 4 (2007) 11–19.
Was ist Tiefenphänomenologie. Im Hinblick auf die Theologische Wissenschaft. In: Aufgang 4 (2007) 221–236.
Die weltgeschichtliche Bedeutung Edith Steins. Vorwort zu Francisco Javier Sancho Fermín, Loslassen – Edith Steins Weg von der Philosophie zur karmelitischen Mystik (Ursprünge des Philosophierens Bd. 17). Stuttgart 2007, 9–19.
Die Augen Gottes. Ode an Ronda. – Los ojos de Dios. Oda a Ronda. In: Der dichterische Zauber einer Stadt. – El embrujo poético de una ciudad. Luise Rinser und / y Ronda. Hrsg. José Sánchez de Murillo, Christoph Rinser, Martin Thurner. Deutsch-Spanisch, München 2007, 92–129. Gedruckt auch in Aufgang 5 (2008).
Ort und Landschaft als Tiefenphänomene. In: Aufgang 5 (2008) 9–15.
Luise Rinser und die Zukunft des Menschen. In: Aufgang 6 (2009) 299–324.
Zur Tiefenphänomenologie des Witzes. Vorwort zu Aufgang 7 (2010) 9–24.
Über die Aktualität der Kontemplation. In: Aufgang 8 (2011) 160–174.
Luise Rinsers Mitarbeit bei der UFA und die Nazi-Anklageschrift vom März 1945. In: Aufgang 8 (2011) 317–330.
Luise Rinser. Ein Leben in Widersprüchen. Frankfurt a.M. 2011, 464 Seiten.
Kann man Dichtung übersetzen? Zu Kurt Flaschs deutscher Ausgabe der *Göttlichen Komödie*. In: Aufgang 9 (2012) 336–345.
Wie krank ist unsere Zivilisation? Zum Phänomen *Müßiggang* nach Gisela Dischner. In: Aufgang 9 (2012) 358–365.

Meister Eckhart und Jakob Böhme. Ganz anders unterwegs zum Selben. In: Verschieden- im Einssein: Eine interdisziplinäre Untersuchung zu Meister Eckharts Verständnis von Wirklichkeit. Hrsg. von Christine Büchner und Andrés Quero-Sánchez, Stuttgart: Kohlhammer (Meister-Eckhart-Jahrbuch. Beihefte, Bd. 7) (in Vorbereitung).

III. Literatur zur Tiefenphänomenologie

Rüdiger HAAS, *Von der Phänomenologie zur Tiefenphänomenologie.* In: Edith Stein Jahrbuch 4 (1998) 313–336.

DERS., *José Sánchez de Murillo: Der Begründer der Tiefenphänomenologie.* In: Information Philosophie 2/2003, 74–79.

DERS., *Über das Wesen des Todes – von der phänomenologischen zu einer tiefenphänomenologischen Sichtweise.* In: Aufgang 4 (2007) 189–202).

Zdzisław FLOREK, *Der mystische Läuterungsprozess – ein Weg in die Freiheit. Tiefenphänomenologie des Leidens nach Edith Stein.* (Ursprünge des Philosophierens Band 8). Stuttgart 2004, 202 Seiten.

Martin THURNER, *Aufgang. Die Ursprünglichkeit der Physis. Tiefenphänomenologie und Geschichte (Heraklit, Jakob Böhme, José Sánchez de Murillo).* In: Aufgang 1 (2004) 13–51.

DERS., *Das Offenbare Geheimnis und die Tiefenphänomenologie / Misterio abierto y la Fenomenología del Profundo.* In: Luise Rinser und / y Ronda (Deutsch-Spanisch). Schriften der Luise-Rinser-Stiftung, München 2007, 14–23.

DERS., *Tiefenphänomenologie eines Ortes: Luise Rinser, José Sánchez de Murillo und Ronda.* In: Luise Rinser und / y Ronda, wie oben, 130–163.

DERS., Olivier Messiaen – der mystische Vogel. Tiefenphänomenologie einer musikalischen Gestalt. In Aufgang 5 (2008) 306–330.

Martin Spura

Der Traum, ein Liebe-Spiel am Abgrund

Wer kennt nicht den morgendlichen Schauer des Gemüts, der beim Traum-Erwachen rätselvoll das Herz umfängt. Wie gebannt blicken wir auf wunderliche Bilder zurück, die aus einer fernen Welt eindringlich zu uns sprechen. In den Nachwehen des Tages spüren wir noch einen Abglanz der Intensität der nächtlichen Stimmungs-Spur. Ihr folgend ahnen wir, dass der Traum ein zweites Leben ist. Das dort im fernen Land Geschehene durchbricht oft alle Grenzen des Kausalen und Rationalen und doch fühlen wir in unserer Bewegtheit die Wirklichkeit einer unsichtbaren Welt. Sie ist unserem wachen Bewusstsein fremd, aber unserem Empfinden scheint sie trotz aller surrealer Absurditäten vertraut. Was also, wenn wir als Menschen Bewohner verschiedener Welten sind? Müsste es dann nicht unsere wichtigste Sorge sein das Doppelgesicht unserer Natur zu vereinigen, um, als ganzer Mensch, sowohl hier wie auch dort, im Tages- wie im Nachtbereich zu wohnen?

Wir könnten nicht träumen, phantasieren und schöpferisch sein, wenn es nicht auch die Welt des Traums gäbe, in die wir uns jede Nacht einwohnen. Auch am Tage verstummen die zarten Rufe aus der geheimnisvollen Nacht nie vollständig. Würden wir aufmerksamer auf die Zwischentöne lauschen, so könnten wir auch als Wachende das Reich der Träume wahrnehmen. Es gibt den Ort, an dem das Träumen immerfort als *Wirklichkeit* geschieht. Zwar ist der Traumstrom von völlig anderer Beschaffenheit als die materiell greifbare Realität, aber dadurch nicht weniger dem Menschen zugehörig.[1] Unsere

---

[1] Auf den feinen Unterschied und den tiefen Zusammenhang zwischen Träumen, Denken und Schauen kann im Rahmen dieses

Imaginationen, Inspirationen und Intuitionen – der schöpferische Urstoff – fließt uns nicht aus dem logischen Verstand zu, sondern er entspringt der mystischen Sphäre zwischen Wachen und Schlafen. Er quillt aus dem bergenden Schoß der Nacht. *Nacht* meint hier nicht bloß die zeitliche Nacht, in der die Sonne untertaucht und ihr Leuchten dem Mond anvertraut. Nacht im hier gemeinten Sinne umschließt auch den Nachtbereich des hellen Tages. Demgemäß wird im Folgenden stets zu bedenken sein, dass der Traum nicht nur zu verstehen ist als nächtliche Bilderflut während des Schlafs, sondern als kontinuierlich dahinfließender Untergrundstrom, der das menschliche Bewusstsein mit unsichtbaren Blutadern durchzieht.

Mit dem Nachtstrom des geistigen Lebensodems in Kontakt stehend, wollen wir anlässlich des 70. Geburtstages von *José Sánchez de Murillo* dem Träumen nachspüren. Doch wie fügt sich das in sein Werk ein? In *Dein Name ist Liebe* sucht Sánchez ein Drittes, den *Hervorgang des Menschlichen* aus der Vereinigung von Männlichem und Weiblichem.[2] Diesem Dritten, der kindlichen Frucht der Gegensätze, gibt Sánchez den Namen *Ratjahama*. Der Mythos des Ratjahama klingt uns entgegen aus dem „Traum des Lebens".[3] „Wunderschön ist dein Traum, Meister, sagte die Frau" doch „wird dein Traum je Wirklichkeit werden können?, fragte der Mann".[4] So stehen wir als Menschen in dem Widerspruch zwischen dem bezaubernd-irrationalen Wunder des Traumes und dem nagenden Zweifel, ob er denn je

---

Essays nicht ausführlich eingegangen werden. Eine kommende Arbeit soll diese Lücke schließen.
[2] Vgl. José SÁNCHEZ DE MURILLO, *Durchbruch der Tiefenphänomenologie. Die Neue Vorsokratik*. Stuttgart 2002, dritter Abschnitt.
[3] Vgl. José SÁNCHEZ DE MURILLO, *Dein Name ist Liebe*. Bergisch Gladbach 1998, 163.
[4] Ebd., 172f.

Wirklichkeit werden könne, ja, ob es ihn denn überhaupt gibt, ob er nicht bloß ein eingebildetes Traumgespinst ist.

Der Traum aus dem Nachtstrom zeugt, ganz ähnlich wie der Mythos von Ratjahama, ebenfalls von einem Dritten, durch das Heilung kommen könnte. Der Traum bildet die Mitte zwischen den Welten, er ist die Frucht der intimen Begegnung vom Tag mit der Nacht. Ratjahama kann folglich nur aus dem Element des Traums entspringen, dort – und nur dort – ist seine Geburtsstätte. Die entscheidende Frage ist nicht die des Mannes, ob der Traum Wirklichkeit wird oder nicht. Die Frage ist, wie der Mensch den Traum als Wirklichkeit erfahren kann, denn: Der Traum *ist* eine Wirklichkeit, er muss nicht erst wirklich werden. Erlebbar werden muss hingegen die Erfahrung des Wirklichen, die Empfindung des unsichtbaren Blutpulses. Entscheidend ist daher, dass wir uns der Wirklichkeit des Traums hingeben und uns ihr nicht verweigern. Sánchez nennt den „Traum des Menschlichen die wirklichste Wirklichkeit der Seinsgeschichte".[5] Gefahrvoll, dass uns ebendies Wirklichste zum Zweifelhaftesten geworden ist. Hoffnungsvoll aber, wenn es uns zum Fragwürdigsten wird, denn dann beginnen wir uns offenzuhalten für eine dichterische Antwort, die uns einzig aus dem mystischen Zwischenspiel der Nacht kommen kann.

> Die Wendung des Denkens, die sich in der Rückkehr von der Philosophie zur Dichtung bekundet, tätigt sich in der Herausarbeitung einer neuen Mythologie. Aber diese Mythologie ist kein epochales Denkprogramm, sondern Andacht über das eigene Leben. Denn nur dieses hat der Mensch zu leben.[6]

Dieses tiefste und eigenste Leben erfahren wir im Nachtbereich des Traums. Dort dichtet die Seele ihr ureigenstes Schicksal, von dorther wird sie mit ihrem Geschick eingestimmt. Im Innersten weben die Fäden, durch welche die *Wendung des*

---

[5] SÁNCHEZ, *Durchbruch der Tiefenphänomenologie* (Anm. 2), 262.
[6] Ebd., 275.

Denkens impulsiert wird. Der neue Mythos ist der bewusst gelebte *Mythos des eigenen Lebens,* der nirgends festgemeißelt geschrieben steht, der aber tief in jede menschliche Seele gewoben ist und ihr im Aufgang der Morgenröte denkwürdig wird. In diesem *Denken des Mythos*[7] hängt der Mensch nicht mehr ängstlich an der Enge seines starr eingegrenzten Ich fest, sondern sucht Berührung mit der transzendierenden Wandlungskraft des lebendigen Gottes. Gerade dieser Zusammenklang von Ich und Ich-Überwindung kündet vom Wunder des neuen Mythos. Er ist Wahrung der Grenze der Endlichkeit und zugleich ihre Erweiterung ins Unendliche. Er kostet den Tod und schmeckt doch nach Ewigkeit.

„Das Eine zerbrach in Splitter."[8] Der Schmerz der Ur-Trennung ist für den Menschen kaum zu ertragen. Er begegnet täglich aufs Neue der tränenreichen Geschiedenheit und doch kündet die Traumsphäre bereits vom Wunder der Wieder-Zusammenfügung der zersplitterten Teile. Der Mythos des umgreifenden Widerspruchs wird im Traum zuallererst erfahren. Im *Denken des Mythos,* oder auch in einem *dichterischen Denken* der *Neuen Vorsokratik*[9], lichtet sich der geträumte Mythos aus der behüteten Verborgenheit der Nacht und findet sich im bewussten Zusammenfügen des Getrennten. Dabei werden die geweinten Tränen gesammelt im Brunnen des Aufgangs. Aus diesem Traumbrunnen schöpft auch Patrick Roth ein archaisches Bild. In Roths Roman *Sunrise* befiehlt Gott dem *Menschen* Joseph in einem Traum den Tiegel zu zerschmettern und in Scherben zu zerschlagen. Doch gleich darauf spricht Gott paradoxerweise:

> Lies mir die Scherben, Joseph. Aber keinen Splitter, kein Morsel

---

[7] Vgl. Martin SPURA, *Das verweigerte Opfer des Prometheus.* Würzburg 2009.
[8] SÁNCHEZ, *Dein Name ist Liebe* (Anm.3), 47.
[9] Vgl. SÁNCHEZ, *Durchbruch der Tiefenphänomenologie* (Anm. 2).

lass mir zurück. Lies sie mir alle gesamt! Und eine jede bestreichend mit Speichel, zueinander zurück hafte sie neu mir zum Tiegel! Auf dass wir, des Bruches gedenkend, halten einander Antwort und schöpfen uns Hungrigen ewige Speise. [...] Und er bestrich die scherbenen Ränder mit seinem haftenden Speichel, und als er sie fügen wollte, Seite an Seite, bedachte er sie, und sie hielten. Denn nach einander hungert es Gott und den Menschen, die Hungrigen beiden.[10]

Der Mensch, der unsäglich unter der Zerschlagung und Aufspaltung des Einen leidet, ist in seiner existentiellen Not dazu erwählt aus dem Abgrund der Tiefe des Tränenbrunnens an der neuen Einheit mitzuwirken. Damit ihm die Kräfte für dieses größte aller Opfer-Werke nicht versiegen, bedarf er der Traumspeise. Nur von dorther, von jenem Dritten im Dazwischen der *Geschiedenen beiden* ist Aufgang möglich.

Das *Zwischen*, als Bindeglied zwischen dem Eigenen und dem Fremden, eröffnet sich nach Martin Buber in der Begegnung von Ich und Du. „Jenseits des Subjektiven, diesseits des Objektiven, auf dem schmalen Grat, darauf Ich und Du sich begegnen, ist das Reich des Zwischen."[11] Das Wesen des Menschen ist nicht „von dem aus zu erfassen, was sich im Innern des Menschen abspielt, und nicht von seinem Selbstbewußtsein"[12], sondern nur in der Begegnung des Einen mit dem Andern. Aus dem selben Geist sprechend betont Rudolf Steiner, daß der physische Körper nur etwas wie eine Art Spiegel ist,

> welcher das außer dem Leibe liegende Weben des Ich im Transzendenten dem Ich durch die organische Leibestätigkeit zurückspiegelt. [...] Das Wesen dessen, der sich spiegelt, liegt aber außerhalb des Spiegels. [...] Das Ich kann angesehen werden als eine Wesenheit, welche ihre Beziehung zu der objektiven Welt

---

[10] Patrick ROTH, *Sunrise – Das Buch Joseph*. Göttingen 2012, 50.
[11] Martin BUBER, *Das Problem des Menschen*. Heidelberg 1982, 167.
[12] Ebd., 157.

innerhalb dieser selbst erlebt.[13]

Um dem Wesen des Menschen näherzukommen müssen wir das in der Fremde vereinzelte Ich überwinden und das uns wesenhaft Zugehörige aus der *Sphäre des Zwischen* entgegenleuchtend erfahren. Auch der Traum spielt im Dazwischen. Er befindet sich keineswegs örtlich gesehen im Inneren des Menschen. Der Traum wird zweifelsohne inwendig erlebt, d.h. das transzendente Du wird derart gespiegelt als berührte es den Menschen von innen her. Gleichwohl tauchen wir im Traum in den Zwischenraum selbst, der entsteht aus der Begegnung der Seele mit dem *Du der Nacht* (welches auch das Du des Nachtbereichs im Wachen miteinschließt). Jenes transzendente Du erscheint uns nicht direkt in seinem unmittelbaren Antlitz, wir empfinden nur das Dazwischen unserer Begegnung mit dem Numinosen. Dem begegnenden Übersinnlichen können wir nur in der wiederklingenden Stille des Zwischenraums nachspüren und nachdenken. So spricht auch Gott zu Mose (2. Mose 33, 18-23):

> Mein Angesicht kannst du nicht sehen; denn kein Mensch wird leben, der mich sieht. […] Siehe, es ist ein Raum bei mir; da sollst du auf dem Fels stehen. Wenn denn nun meine Herrlichkeit vorübergeht, will ich dich in der Felskluft lassen stehen und meine Hand ob dir halten, bis ich vorübergehe. Und wenn ich meine Hand von dir tue, wirst du mir hintennach sehen; aber mein Angesicht kann man nicht sehen.[14]

Und an anderer Stelle (1. Könige 19, 11–13) spricht der Herr zu Elia am Berg Horeb:

> Geh hinaus und stell dich auf den Berg vor den Herrn! Und siehe, der Herr ging vorüber. Da kam ein Wind, groß und stark, der die Berge zerriss und die Felsen zerschmetterte vor dem Herrn her; der Herr aber war nicht in dem Wind. Und nach dem Wind ein

---

[13] Rudolf STEINER, *Das gespiegelte Ich*. Dornach 2007, 54ff.
[14] Vgl. Martin SPURA, *Dem Schauen auf der Spur*. In: Info3 2/2012.

Erdbeben; der Herr aber war nicht in dem Erdbeben. Und nach dem Erdbeben ein Feuer, der Herr aber war nicht in dem Feuer. Und nach dem Feuer der Ton eines leisen Wehens.

In diesem leisesten, zartesten, unscheinbarsten Hauch vernimmt Elia erst das *Wort* des Herrn.

Wir sind oft viel zu grob in unserer Wahrnehmung und in unseren Begrifflichkeiten, um im Hinterherblicken jenen sanften Gotteshauch zu empfinden. Es ist das große Dilemma unseres geistigen Strebens, dass die Begegnung mit dem *Du der Nacht* ursprünglich ganz frei ist von festen Begriffen, Kategorien, Systemen und kausalen Gesetzen, obgleich doch unser Verstand immerzu nach Erklärung verlangt. Es gibt archetypische Träume, welche die Verrückung unseres gewöhnlichen Standpunktes wunderbar veranschaulichen, da sie in einer unfasslichen Zeit- und Raumlosigkeit zu schweben scheinen und doch gleichsam zu sprechenden Bildern verdichtet sind. Es ist eine Wirklichkeit DA, die nicht logisch erfassbar ist. Vielleicht gibt es zunächst nichts als dieses lautere DA, eine bloße hingebungsvolle Anwesenheit, die im Spiel des Dazwischen für uns erfahrbar wird.

Unsere flüchtige Begegnung mit dem Numinosen ist einem geistigen Schneekristall vergleichbar. Dicht zusammengedrängt spiegelt sich in seiner wunderbaren Struktur ein Bild des ganzen Kosmos. Doch das Wunder ist nicht haltbar, es schmilzt hinfort und verflüssigt sich. Übrig bleibt nur ein durchsichtiger Tropfen Wasser. Vom Kristall in seiner ursprünglichen Gestalt bleibt nur ein Ahnen. Wir können die Gestalt des Kristalls im Denken nicht einfach wieder rekonstruieren. Es fehlt dem gewöhnlichen Denken die Brücke, die von der konkreten Erscheinungsform zur geistigen Gestalt hinüberführt. Die Gestalt ist die Form im Unbegrenzten. Das ist ein Widerspruch, denn wie kann Struktur sein ohne Grenze? Und doch ist die Gestalt nicht einfach nur ein riesiges, formloses Chaos. Wäre es so, wir könnten nichts von ihr erkennen, nicht einmal im Hinterherblicken. Doch die geistige Gestalt, d.h. das *Wort* und

Urbild, ist wie ein wandlungsfähiger Schneekristall, der durchaus nur als winzigkleiner Teil des Ganzen erscheinen kann und doch das Ganze in seiner wunderlichen Struktur spiegelt, aber immer anders, immer neu, nie dem vorigen Einheitshauch gleichend. Durch taufrische Worte, die aus der *Wende des Denkens* strömen, versuchen wir nun nicht mehr der Gestalt eine starre Form zu geben. Vielmehr geben wir durch das dichterische Schöpfen-von-Worten dem Tropfen die Erinnerung an seine vormalige Kristall-Gestalt zurück. Wenn es uns in dieser behutsamen Weise gelingt zu übersetzen (d.h. die Form ans andere Ufer der Gestalt über-zu-setzen), dann beschneiden wir nicht durch das Gegenstandsbewusstsein das numinos Erschaute und Geträumte, sondern rufen die Rückerinnerung an die Einheitserfahrung wach. In diesem zarten, sorgfältigen Erinnern des Verborgenen lebt Religion, nicht als Dogma, sondern als unmittelbare, mystische Erfahrung. Es ereignet sich das Wieder-Verbinden des zu Wasser geschmolzenen Tropfens mit seiner ursprünglichen, den Kosmos spiegelnden Gestalt. In dieser Weise tauchen wir in das Wesen ein und spüren seine schöpferische Wandlungskraft. Der Traum ist dabei ein Brückenbauer, denn er spricht aus dem Dazwischen, er hilft vom Ufer hier ans Ufer dort über-zu-setzen. Diese Verbindung haltend und somit das Eine umgreifend, erinnert uns der Traum wie Elia an den vorübergegangenen Gott.

Der Traum geschieht uns. Er spricht zuallererst als ein Naturgeschehen zu uns, das sich uns schenkt und aus freien Stücken mitteilt. Um zu träumen bedarf es keiner besonderen Vorkenntnisse, keiner besonderen Übung oder Begabung. Ein anderes ist freilich die Erinnerung des nächtlichen Traums oder die Wahrnehmung des Traumpulses am Tage. Diese Fähigkeiten gilt es auf dem Weg auszubilden, doch das Träumen-an-sich ist dem Menschen ursprünglich mitgegeben. Gleichwohl entfaltet sich das keimhaft Geträumte ebenso wenig von alleine, wie unsere individuelle Persönlichkeit. Dass wir als Menschen überhaupt *sind* (und nicht nicht sind), dazu können wir durch unser Tun nichts beitragen. Wir empfangen das Sein als Geschenk, das sich uns gibt. Dass wir aber die in uns eingestimmte Be-Stimmung entfalten, um wirklich ein Dasein zu finden, dafür bedarf es unserer Hingabe- und Opferbereitschaft. So betrachtet ist der Traum weitaus mehr als eine Angelegenheit der Ärzte und Psychologen. Der Traum geht auch die Künstler und Priester, die Poeten und Spirituellen etwas an – und, er ist zuvorderst das Element des frei und schöpferisch spielenden Menschen. Der Traum möchte uns immer wieder neu inspirieren, erwärmen, befeuern, erstaunen, verwundern, ja, auch verwunden, zu Herzen gehen, erschrecken, ängstigen, schockieren, quälen, kreuzigen. Er will spielerisch den verbindenden Kreislauf der Gegensätze im Fluss halten und somit das Dasein des Menschen bewahren – oder, in Sánchez' Sinne, den *Hervorgang des Menschlichen* auf den Weg bringen.

> In der Nacht öffnet sich das Schöpferische und das Bergende, die Urgebärerin, die im Rausch einer zeitlosen Liebesnacht den Traum eines unvordenklichen Hervorganges entwirft.[15]

Den Traumpuls wahrnehmend erinnern wir uns an die Gestalt des Schneekristalls bevor er dahinschmolz und erfahren so die Wirklichkeit des Träumens als eine ganz eigene Existenzweise im Dazwischen. Wenn wir den *Mythos des eigenen Lebens* leben wollen, dann genügt es weder, wenn uns das Träumen nur passiv geschieht, noch reicht es, wenn wir bloß verstandesmäßig den Traum erhellen. Das Besondere der neuen Traumerfahrung ist die Antwort des Menschen auf das Geträumte, die Antwort auf das Du der Nacht. Der Mensch beantwortet den Traum, indem er sich den Wehen der Nacht unter Einsatz seines Lebens fügt. In dieser Opferbereitschaft erblickt der bisher verborgene Mythos die neue Morgenröte und drängt hin

---

[15] SÁNCHEZ, *Durchbruch der Tiefenphänomenologie* (Anm. 2), 263f.

zum schöpferischen Ereignis. Wir erfahren die Speisung der Welt des Wachens aus der nächtlichen Traumwelt, ohne die nichts *sein* könnte. Wir werden Zeuge, dass der *Traum des Menschlichen* die *wirklichste Wirklichkeit der Seinsgeschichte* tatsächlich ist: das Reich des Dazwischen, in dem der Mensch seinem Wesen begegnet durch das In-Beziehung-Treten mit dem Du der Nacht. Dieses Du der Nacht lebt verborgen in jedem Menschen, in der Traumsphäre seines Wesens. Das Du der Nacht will auch in der Begegnung von Mensch zu Mensch entdeckt werden. Das *Zwischen* von Ich und Du eröffnet sich dem Menschen erst, wenn er sich zugleich dem Träumenden-Ich und dem Du der Nacht zuwendet. So gibt es im Leben des Menschen eine doppelte Ich-Du Begegnung, einen viergestaltigen Beziehungs-Quaternio,[16] der das Heiligtum des Zwischenraums erhält. Das Träumen will den Menschen nicht in einer zurückgezogenen Innenwelt abschließen, sondern ihn öffnen für die Tiefenschicht in jedem begegnenden Du, von dem aus ihm erst die Tiefe des erweiterten Ich aufgeht.

Lauschen wir den Dichtern, denn, „wenn die andern wachend träumen", lebt der Dichter „den Traum des Lebens als Wachender", wie Goethe im *Wilhelm Meister* sagt. Verbinden wir dies mit Hölderlins: „Dichterisch wohnet der Mensch auf dieser Erde", dann können wir sagen: Nur den *Traum des Lebens* lebend und als Wirklichkeit erfahrend bewohnt der Mensch die Erde. Erst dann wird ihm sein irdisches Exil zur Wohnstätte. Hölderlin dichtet in *Rückkehr in die Heimat*: „Du stiller Ort! In Träumen erschienst du fern." Noch ferner scheint die Heimat in *An die Natur*:

> Das erfuhrst du nicht in frohen Tagen,
> Daß so ferne dir die Heimat liegt,

---

[16] Zum Begriff *Quaternio* vgl. C.G. JUNG, vor allem GW 9/2 (Aion) und GW 14/2 (Mysterium Coniunctionis).

Armes Herz, du wirst sie nie erfragen,
Wenn dir nicht ein Traum von ihr genügt.

Die Heimat findet im Traum ihren Daseinsort. Fraglich bleibt, ob die Heimat dadurch in eine weite Ferne entrückt ist. Oder ist sie nah, immer schon da, doch nur im Traum bewohnbar? Träumen wir erst, seit wir heimatlos geworden sind? Träumen wir, um die Kluft, die uns von unserem Ursprung trennt, zu überbrücken? Stehen wir im Träumen – um mit Heidegger zu sprechen –, inmitten des *Nichtmehr der entflohenen Götter* und des *Nochnicht des Kommenden*?[17] Wenn uns der Traum in der Leere des Dazwischen an unsere Heimat erinnert, zeugt er dann nicht in seinen geheimen Tiefen von dem kostbaren, verlorenen Gut? Erhält der Traum gerade durch diese Zeugenschaft seine besondere Würde und Auszeichnung? Ist der Traum deshalb das *Allerwirklichste*, weil er uns, inmitten des Kampfes und der Verbannung, mit einem Gefühl des Heimkommens durchströmt? Liegt das Traumgeschenk darin, dass in der Erzeugung des schönen Scheins der Traumwelten jeder Mensch Künstler ist, wie Nietzsche bemerkt?[18] Doch erscheint im Traum mehr als nur ein Maskenspiel? Schimmert im Scheinen des Traums der Glanz der Wahrheit hindurch? Spielt im *Traum des Lebens* jeder Mensch vor Gott, so wie die Liebes-Weisheit Sophia seit dem Urbeginne vor Gott spielt? (Sprüche 8, 22-31) Ist nicht Sophia die Mittlerin zwischen Schöpfer und Geschöpf,[19] ganz so wie der Traum der Mittler ist zwischen den Gegensätzen? Sind Spielen und Träumen demzufolge nicht zwei, sondern eines?

---

[17] Martin HEIDEGGER, *Erläuterungen zu Hölderlins Dichtung*. Frankfurt am Main 1996, 47.
[18] vgl. Friedrich NIETZSCHE, *Die Geburt der Tragödie aus dem Geiste der Musik*. KSA Band 1, Berlin 1988, 22.
[19] Vgl. F.W.J. SCHELLING, *Urfassung der Philosophie der Offenbarung*. Hamburg 1992, 134 (21. Vorlesung).

Hören wir den dichtenden Philosophen Heidegger und bedenken wir, was er über das Spiel sagt:

> Das Seinsgeschick: ein Kind das spielt. [...] Das größte, durch das Sanfte seines Spiel königliche Kind ist jenes Geheimnis des Spiels, in das der Mensch und seine Lebenszeit gebracht, auf das sein Wesen gesetzt wird. [...] Nichts ist ohne Grund. Sein und Grund: das Selbe. Sein als gründendes hat keinen Grund, spielt als der Ab-Grund jenes Spiel, das als Geschick uns Sein und Grund zuspielt. Die Frage bleibt ob wir und wie wir, die Sätze dieses Spiels hörend, mitspielen und uns in das Spiel fügen.[20]

In der Traumsphäre ist dieses Spiel Wirklichkeit. Leben wir den Traum, dann fügen wir uns in das Spiel und spielen mit im Spiel des Lebens. Das Sein spielt gleichwohl als der *Ab-Grund*. In dieser Weise spielt auch Ratjahama, das *königliche Kind*, welches gerade durch das Sanfte seines Spiels gekrönt wird. Im Traum treffen das sanfte Spiel und der *Ab-Grund* (der *Ungrund* bei Sánchez) aufeinander.

> An nichts hängend, von allen Verkleidungen befreit, bietet sich dem Menschen als einzige Stütze die große Offenheit an. Deren Anblick entsetzt ihn zunächst. Indem er aber die grauenhafte Nacht dieser Entblößung durchsteht, wird er zu der Einsicht geführt, daß diese Offenheit das Wesen seines Wesens ist. Die Selbstbegegnung des Unendlichen geschieht als Liebe-Spiel. Die Liebe, die die absolute Offenheit ist, spielt überall in der Natur: Sie ist das kosmische Urereignis.[21]

Wer den Traum in Sánchez Sinne als Liebe-Spiel erfahren will, dem bleibt nur ein Seiltänzer in der Dämmerung zu sein. Das Seil, am Ufer gespannt, halb ins tosende Meer hineinreichend, halb dem festen Land zustrebend. Der Tänzer, halb ins erschreckende Dunkel des Abgrund blickend, halb von der Hoffnung der Morgenröte gewärmt. Dort, auf der Spannung

---

[20] Martin HEIDEGGER, *Der Satz vom Grund*. Pfullingen 1957, 188.
[21] José SÁNCHEZ DE MURILLO, *Fundamentalethik*. München 1988, 87f.

des Widerspruchs sanft spielend, durchsteht der Mensch den Abgrund. So wird die Scheidung der *Wasser oben* und der *Wasser unten*, die am Zweiten Schöpfungstag den Zwiespalt aufriss, aufgehoben (1. Mose, 1, 6–7). Die *Hungrigen beiden* speisen dann zusammen die Mahlzeit der Versöhnung.

Das erste große Traumgesicht in der Bibel erlebte Isaaks Sohn Jakob. Er lag im Streit mit seinem Zwillingsbruder Esau, den er um sein Erstgeburtsrecht und um den väterlichen Segen gebracht hatte. Esau wollte ihn daher aus Rache töten, woraufhin Isaak nach Haran, in die Heimatstadt seiner Mutter, floh. Auf dem Weg dorthin legte er sich unterwegs auf einen Stein nieder und schlief ein. Er träumte (1. Mose 28, 12ff): „Eine Leiter war auf die Erde gestellt, und ihre Spitze berührte den Himmel; und siehe, Engel Gottes stiegen darauf auf und nieder." Gott sprach von oberhalb der Leiter zu Jakob:

> Das Land auf dem du liegst, dir will ich es geben und deiner Nachkommenschaft. [...] In dir und deiner Nachkommenschaft sollen gesegnet werden alle Geschlechter der Erde. Und siehe, ich bin mit dir, und ich will dich behüten überall, wohin du gehst, und dich in dieses Land zurückbringen, denn ich werde dich nie verlassen ...

Als Jakob erwachte fürchtete er sich und sprach:

> Wie heilig ist diese Stätte! Und nannte den Ort Beth-El, denn er sprach: Hier ist nichts anderes, denn Gottes Haus. Der Herr aber sprach: Hier ist die Pforte des Himmels, und diese wird sich in kommenden Zeiten vielen auftun, die gleich wie du sind.[22]

Dieser Ursprungstraum der Menschheit träumt sich selbst. Er träumt von dem, was das innerste Wesen des Traums ausmacht. Die Engel steigen auf der Leiter auf *und* nieder, sie kommen

---

[22] *Die Sagen der Juden*. Gesammelt und bearbeitet von Micha Josef Bin Gorion, Beth-El, Köln 1997, 486.

von oben *und* unten, sie verbinden die Welt Gottes mit der Welt der Menschen. Der Traum webt zwischen dem Geist und der Natur. Das ist gerade seine Gabe, denn nur in ihm sind Himmel und Erde auf diese innige Art verbunden. Das Seelische ist, wie Schelling sagt,

> nicht dem Leib so schroff entgegengesetzt wie der Geist, sondern gleichsam ein milderes Wesen, das sozusagen, mit seinem oberen Teil den Geist berührt, aber mit seinem unteren bis zu dem Leib herabsteigt und sich in die Materie gibt.[23]

Der Traum wird zum Brückenbauer zwischen den Welten, zum Vermittler der Gegensätze zwischen Tag und Nacht, zwischen Himmel und Erde, Gott und Mensch, Geist und Natur, Heidentum und Christentum, Religion und Wissenschaft, Sein und Seiendem, Transzendenz und Immanenz und schließlich auch zwischen dem Männlichen und dem Weiblichen, dem Ich und dem Du. Der Traum kündet davon, dass der Mensch ebenso in der irdischen Körperlichkeit wurzelt wie er ein Kind des Geistes ist. Die Menschen „schämen sich von der Erde anzufangen, an der Kreatur als an einer Leiter aufzusteigen und die übersinnlichen Gedanken erst aus Feuer, Wasser und Luft zu ziehen". Erst derjenige „kann das Geistige recht ins Auge fassen, der zuvor sein Gegenteil durch und durch erkannt hat".[24] Auf diesem von Schelling beschriebenen Weg kann uns der Traum ein wertvoller, durch nichts zu ersetzender Begleiter sein. Er führt uns in das Reich des Abgrundes, in den dunklen Schoß der Leiblichkeit, in Sterblichkeit und Vernichtung, aber zugleich in ein fortwährend aufgehendes Liebe-Spiel. Der Traum weckt das sanft spielende Kind, doch es spielt am Abgrund, inmitten der Gefahr des Nichts, in der doch das Rettende wächst.

---

[23] F.W.J. SCHELLING, *Clara*. Dingfelder Verlag (o.J.), 102.
[24] Ebd., 91.

Dieser schmerzhaften Wesensverfassung entspricht aber zugleich eine zuhöchst lebensbejahende Wendung: Jenem Nichts, das im unaufhörlichen Tod alles Sein in sich zurücknimmt, ist gleich ursprünglich der Grund, aus dem alles immerwährend ins Sein hervorgeht. Der Ab-Grund des Vergehens ist zugleich der Ur-Grund des Aufgangs, und nur durch das Vergehen kann sich das Sein im Ursprung erneuern.[25]

Beide von einander so fern scheinende Welten schließt der Traum in seinem Herzen zusammen. Deshalb eröffnet der Traum auch den Ort, wo sich die gewaltsam getrennten Brüderpaare Kain und Abel, Isaak und Ismael und schließlich auch Jakob und Esau wieder innig begegnen können.

Der Ort an dem das Träumen geschieht ist das Haus Gottes, Beth-El, auch verwandt mit Bethlehem (Beth-Lechem), dem Haus des Brotes. Das Brot deutet auf einen langen, beschwerlichen Weg voller Brüche und Spaltungen. Zuallererst muss das Getreidekorn in der Erde ersterben und kann erst im ausgehaltenen Tod aus tiefster Dunkelheit zu neuer Frucht aufgehen. Diesen Stirb- und Werdeprozess durchwandert das Brot fortwährend auf seinem Weg hin zur Einverleibung. Kommt das Getreide zur Reifung, so stirbt es erneut, wird gemäht, hernach gedroschen, um den Kern von der Hülle zu befreien, sodann gemahlen, mit Wasser vermischt, geknetet und schließlich im Feuer gebacken.[26] Erst dann kann der Mensch die Ganzheit des Weges in sich aufnehmen. Im Brot zeigt und vollendet sich der Weg der Welt. Damit deutet Bethlehem auf das neue Haus Gottes, das auch den Weg des Werdens, den Weg des Leibes in seiner ganzen Abgründigkeit einschließt und liebend umfasst. An diesem Ort ereignet sich die Geburt des Christkindes, das Traumversprechen des Anfangs erfüllend: *Ich will dich behüten*

---

[25] SÁNCHEZ, *Durchbruch der Tiefenphänomenologie* (Anm. 2), 29.
[26] Vgl. Friedrich WEINREB, *Schöpfung im Wort*. Weiler im Allgäu 1994, 525.

überall, wohin du gehst, und dich in dieses Land zurückbringen, denn ich werde dich nie verlassen. Solange wir träumen sind wir in diesen hoffnungsfrohen Worten geborgen, so sehr uns auch das Stehen am Abgrund ängstigen mag.

Der Geburt Christi entgegenblickend sagt Schelling: „Wenn in der Nacht selbst ein Licht aufginge, daß *ein* nächtlicher Tag und *eine* tagende Nacht uns alle umfinge, da wäre erst aller Wünsche letztes Ziel."[27] Dann wären wir in das Land unseres Ursprungs zurückgekehrt. Und tatsächlich geht in der Nacht des träumenden Jakob, in der Nacht am Haus Beth-El, das Licht des Weges des Brotes auf. Beth-El und Bethlehem deuten erst zusammen auf das Eine, den Gott, der Sein und Werden gleichermaßen behütet. Der Traum öffnet den Weg zum Brot des Lebens. Er spielt am Abgrund, er muss wie das Samenkorn dem Tod ins Angesicht blicken, doch er ahnt, dass der Weg damit erst beginnt. Die Engel steigen auf *und* nieder, sie wollen Sein *und* Werden verbinden. Und so muss denn auch der große Traumdeuter Joseph, der Sohn des Jakob, erst die grausame Verstoßung und die bittere Gefangenschaft in Ägypten durchleiden (1. Mose, 37ff), bevor er durch das Träumen Ursprung und Weg wieder zusammenführen kann. Joseph versöhnt sich erst mit seinen Brüdern, die ihm so viel Leid angetan haben, nachdem sie auch den unschuldigen Benjamin zu ihm nach Ägypten geführt haben (1. Mose, 43–45). Benjamin, der jüngste und Lieblingsbruder des Joseph ist der zweite Sohn der Rahel, der Mutter beider. Rahel starb nach der Geburt Benjamins. Der Ort ihres Todes, an dem sie auch begraben liegt, ist Bethlehem (1. Mose 35, 19). Dorthin, zur Stätte an der der Tod in Auferstehung verwandelt wird, kann uns der Traum führen. Er erzählt uns vom Brot des Lebens, von der Speise für die *Hungrigen*. Auch Leben und Werk von José Sánchez de Murillo stehen im Dienste dieser

---

[27] SCHELLING, *Clara* (Anm. 23), 132.

lebenserweckenden Speise und so bleibt an seinem Ehrentage zu hoffen, dass die Wendung des Denkens zu einem träumenden Liebe-Spiel am Abgrund sich in möglichst vielen Menschenherzen vollzieht, um von dorther, in einer großen Liebesumarmung, die Gegensätze zu umfassen.

Martin Thurner

Vom Wort herausgefordert – Christliche Philosophie in Auseinandersetzung mit dem *Common Word* der muslimischen Theologie

Einleitung: Tiefenphänomenologie und Weltreligionen

Der Überstieg – d.h. dass sein Dasein auf Höheres hinweist – gehört zum Wesen des Menschen. In diesem Sinne ist er ein Wesen der Transzendenz und des Unterwegs. So ist der letzte Grund alles Menschlichen – wie verborgen oder verstellt auch immer – ontologisch-religiöser Natur. Indem sich das Edith Stein Jahrbuch im vorliegenden und im nächsten Band den Weltreligionen widmet, berührt es den Kern des Menschseins. […] Methodisch geht das Jahrbuch seinen dialogischen, Verständigung suchenden Weg weiter. Zum echten Dialog gehört wesenhaft die Mannigfaltigkeit der Positionen, die Unterschiedlichkeit der Ansätze, die Verschiedenheit der Menschen.

Mit diesen programmatischen Worten eröffnete José Sánchez de Murillo im Jahre 2000 den sechsten Band des von ihm begründeten philosophisch-‚tiefenphänomenologischen' Edith Stein Jahrbuchs. Zu den Grund-Gedanken der von Sánchez entwickelten Tiefenphänomenologie gehört die Einsicht, dass die Phänomene der sicht- und erkennbaren Ober-Fläche eine Art Niederschrift eines tieferen Lebensgeburtsprozesses der ungründigen Liebe sind. Als besonders ertragreiches Forschungsfeld für den tiefenphänomenologischen Ansatz etablierte Sánchez in den beiden genannten Jahrbuchbänden das Phänomen der „Weltreligionen". Die verschiedenen Religionen stellen sich dieser Sicht zufolge als in den jeweiligen kulturellen und individuellen Umständen bedingte Ausdrucksgestalten eines sich in dieser Vielfalt lebendig mitteilenden, aber im Kern dem Begreifen entziehenden Absoluten dar.

Im Vorwort zum zweiten Teilband von „Die Weltreligionen" (2001) zieht Sánchez daraus gewichtige Konsequenzen für die Beziehung der einzelnen Religionen zueinander:

> Die Lebensauffassung, die einer Kultur zugrundeliegt, stellt sich in der religiösen Dimension deshalb mit besonderer Dringlichkeit dar, weil sich hier das Seinsverständnis im Zeichen des Absoluten ausdrückt. So ist dieser Bereich im Hinblick auf die zwischenmenschlichen Beziehungen äußerst empfindlich. [...] Die Notwendigkeit dieser ständigen Selbsterhellung begründet den Dialog. Denn nur mit Hilfe des Anderen kann man das Eigene entdecken. Ereignet sich diese Einsicht, so verwandelt sich auch die Erfahrung des Fremden: Aus Bedrohung wird Halt. Toleranz ist die Grundstufe, zu der sich das allgemeine Bewusstsein zu erheben hat. Das Ziel jedoch steht noch höher: Es ist das Ja zur Vielfalt der Lebensentwürfe. Das Zentrum ist überall, so kann es auch nirgends in Besitz genommen werden. Wenn dadurch im Anderen dasselbe entdeckt wird, wird das Band erfahren, das alles im Einen verbindet. Sodann erweist sich, dass die Vielfalt nicht da ist, damit sich die Menschen anfeinden, sondern umgekehrt, dass sie ihre Würde als Träger des Absoluten erkennen, sich übereinander freuen und auf dem Lebensweg friedlich miteinander gehen.

‚Das mag in der Theorie richtig sein, taugt aber nicht für die Praxis'– so wird vielleicht der eine oder andere Leser der zitierten Texte angesichts der mehr auf Aggression und Konfrontation als auf liebendes Miteinander gehenden Geschichte der Religionen miteinander denken. Stets war es aber das Anliegen von Sánchez de Murillo, aus dem Rückgang in die Tiefe des Seins ein Denken der zukünftigen Möglichkeiten zu entfalten. Im Lichte dieser Intention der Tiefenphänomenologie ist nun ein Text von besonderem Interesse, der, wiewohl unabhängig davon entstanden, dennoch auf eine theologisch-praktische Umsetzung der philosophischen

Vision von Sánchez hinwirkt. Die ‚Probe aufs Exempel' für die tiefenphänomenologische Sicht der Weltreligionen als Ausdrucksgestalten der tieferen Wirklichkeit einer absoluten Liebe samt ihrer Konsequenz eines friedlich-dialogischen Miteinanders soll die philosophische Analyse eines neueren, quasi-offiziellen Dokumentes zum Verhältnis von Christentum und Islam bieten.

1. Auf das neue Wort des anderen hören: Die unerwartete Bedeutung des Islams für die christliche Tradition

Der Islam hat dem Christentum etwas voraus, weil er später gekommen ist! – Diese an den Anfang meines Aufsatzes gestellte These scheint zunächst in sich widersprüchlich zu sein. Dieser Widerspruch löst sich aber bald auf, wenn wir den umfassenden Zusammenhang betrachten, auf den sich die folgenden Überlegungen beziehen: Es geht um den interreligiösen Dialog, näherhin um die Frage, welche Chancen und Möglichkeiten des Dialoges zwischen Christentum und Islam sich ergeben könnten aus dem von muslimischen Gelehrten und Würdenträgern im Jahr 2007 an die Christen aller Konfessionen gerichteten Offenen Brief „A Common Word Between Us and You" („Ein Wort, das uns und euch gemeinsam ist").[1] Und in dieser Hinsicht hat der Islam dem Christentum aufgrund seines späteren Auftretens in der Geschichte tatsächlich etwas voraus, weil er zur Zeit seiner Entstehung als Schriftreligion bereits explizit mit dem Christentum als bestehender Religion konfrontiert war und sich in Auseinandersetzung damit von Anfang an positioniert hat.

---

[1] Text unter: www.acommonword.org. In deutscher Übersetzung auch abgedruckt in: Eugen Biser und Richard Heinzmann (Hg.), Antwort der Eugen-Biser-Stiftung auf den Offenen Brief „A Common Word Between Us and You" von muslimischen Wissenschaftlern und Würdenträgern. Eugen-Biser-Preis 2008. Stuttgart 2009, 85–118 (aus dieser Ausgabe wird zitiert).

Für das Christentum hingegen ist das Auftreten einer späteren Offenbarungsreligion ein nicht vorgesehener und anfangs auch nicht erwarteter Vorfall: Nach christlichem Selbstverständnis ist die Offenbarung bekanntlich mit Jesus Christus und dem Neuen Testament abgeschlossen; und darüber hinaus erwarteten Jesus und die ersten Christen den endzeitlichen Anbruch des Reiches Gottes binnen einer Generation: Undenkbar, dass in dieser apokalyptischen Zeitspanne eine neue Weltreligion mit positivem Offenbarungsanspruch überhaupt am Horizont in Erscheinung treten könnte. Nun ist die sogenannte Parusie, also die baldige Wiederkunft Christi auf Erden, zumindest in der Gestalt, wie anfangs erwartet, offensichtlich nicht eingetreten und gut sechs Jahrhunderte nach Vollendung des biblisch-neutestamentlichen Offenbarungsgeschehens trat mit dem Islam eine sich stetig, vor allem auch in ehedem christliche Gebiete expandierende Schriftreligion auf, die den abschließenden Offenbarungsanspruch des Christentums radikal infrage stellte. Mit der historisch beispiellos schnellen Expansion des Islams ging eine ebenso beispiellos neue theologische Frage einher: Wie sollten und wie sollen die Christen mit einer derart unvorhergesehenen, späteren Konkurrenz im Bereich der Offenbarungsreligionen theoretisch und praktisch umgehen, zumal es ja in den eigenen Offenbarungsschriften der Bibel aus den besagten Gründen naturgemäß keine direkten Vorgaben dazu gibt, an die man sich halten könnte?

Wenngleich diese konkrete, aus der Situation seit dem 7. Jh. resultierende Problemstellung einer interreligiösen Theologie neu war, so hatte das Christentum bis dahin bereits im Allgemeinen reiche Übung und Methode darin gewonnen, Problemstellungen theologisch zu lösen, die sich aus neuen Zeitumständen stellten und für die es auch in den biblischen Offenbarungsschriften keine ‚Blaupausen' gab. Man denke etwa an die großen trinitätstheologischen und christologischen Fragestellungen, die – mehr oder weniger einfach – unter

Zuhilfenahme von Kategorien geklärt wurden, die nicht aus der Bibel, sondern aus der nachbiblischen, heidnischen griechischrömischen Philosophie der Spätantike stammten. Der Glaube daran, dass die Offenbarung mit dem Erscheinen Jesu Christi und der Abfassung des Neuen Testaments abgeschlossen ist, hinderte die christlichen Theologen und Würdenträger der spätantiken Ökumenischen Konzilien offenbar nicht daran, historisch später und in anderen kulturell-religiösen Kontexten entfaltete Kategorien heranzuziehen, um die Probleme zu lösen, mit denen der alte Glaube in einer neuen Welt konfrontiert war.

Die klassische christliche Theologie entwickelte für diese Vorgehensweise einen Begriff, der häufig in sein Gegenteil missverstanden wird, nämlich die Rede von der sogenannten ‚Tradition'. Wenn der christliche Glaube sich (in den verschiedenen christlichen Konfessionen mit jeweils unterschiedlichem Akzent) auf die eigene Tradition beruft, so bedeutet dies, dass die Offenbarung offenbar nicht beim Zeitpunkt ihres historischen Abschlusses, also mit dem Punkt nach dem letzten Satz des Neuen Testamentes, stehen bleibt, sondern über die Jahrhunderte, ja Jahrtausende in die Zukunft weitergeht in Gestalt einer hermeneutischen Auslegungsgeschichte. Im Zuge der daraus resultierenden dogmatischen, also den inneren Gehalt der christlichen Glaubenslehre betreffenden Theoriebildungen wurden eine Reihe von gedanklichen Elementen in das Christentum aufgenommen, die dem biblischen Ursprung unbekannt waren. Im positiven Sinne meint der Begriff der Tradition also keineswegs ein unwandelbares, ahistorisches Festhalten an einer bestimmten historischen Überlieferungsgestalt; Tradition bezeichnet vielmehr die Möglichkeit und Aufgabe, die biblisch verwurzelte Offenbarung unter Zuhilfenahme neuer Kategorien und Gedankenelemente unter gewandelten Zeitumständen im Hinblick auf deren konkrete Herausforderungen wirksam und fruchtbar zu machen.

Die theologische Methode, zur Lösung neuer Problemstellungen auch auf außerbiblische, später zu datierende Quellen zurückzugreifen, wurde freilich nicht immer als unproblematisch empfunden. Das Ausmaß, mit dem das Christentum im Laufe der Dogmengeschichte beispielsweise Elemente aus der Provenienz der heidnischen griechischen Philosophie integrierte, führte den protestantischen Theologen Adolf von Harnack (1851–1930) zu dem bekannten, warnenden Verdikt einer ‚Hellenisierung des Christentums'. Doch bereits die spätantiken christlichen Theologen, die als erste auf diese Integration hellenistischen Gedankenguts in das Christentum setzten, wussten diese Vorgehensweise ihrerseits theologisch zu legitimieren. Justin der Märtyrer (ca. 100–165 n. Chr.) beispielsweise, einer der ersten christlichen Philosophen aus dem zweiten nachchristlichen Jahrhundert, entwickelte die These, dass mit der Offenbarung des expliziten Logos-Wortes in Jesus Christus stets ein impliziter, samenkornhaft in alle Welt verstreuter Vernunft-Logos einhergehe (*logos spermatikos*), der ebenso aus der göttlichen Wahrheit stamme und daher legitimerweise zur Deutung der Offenbarungswahrheit herangezogen werden könne (vgl. 1. Apologie 46 und 2. Apologie 10). Diese philosophische Ausweitung des Offenbarungslogos auf den Vernunftlogos ließe sich biblisch-theologisch mit dem Verweis auf den Heiligen Geist begründen, der bekanntermaßen „weht, wo er will" (Joh 3,8), und daher nicht notwendigerweise an den Umschlagklappen der Bibelausgaben haltmacht.

Was folgt aus all diesen Überlegungen zur Tradition des christlichen Traditionsverständnisses für unsere Ausgangsfrage nach der gegenseitigen theologischen Bewertung von Christentum und Islam und den daraus resultierenden Folgen für den interreligiösen Dialog? Etwas, wie ich zu zeigen hoffe, doch ganz Wesentliches: Wenngleich die Bibel keine Lösung für die Frage nach dem Umgang mit einer späteren Offenbarungsreligion benennt, ja prinzipiell nicht einmal die damit einhergehende Problemstellung kennen kann, so zeigt doch die nachbiblische christliche Tradition eindeutig, dass man in der

Geschichte des Christentums durchaus in der Lage war, neue Problemstellungen durch Aufnahme neuer Gedanken in einer Weise zu adaptieren, durch die sie dann selbst zu einem Teil des eigenen, in der Überlieferung gewahrten Glaubensgutes wurden. Der Blick auf diese theologiehistorischen Fakten lädt zu einem gewagten Gedankenexperiment ein: Wäre es eventuell möglich, die Positionen des Islams in der theologischen Wertung anderer Offenbarungsreligionen, insbesondere natürlich des Christentums selbst, im Sinne einer hermeneutischen Anverwandlung in den Prozess christlicher Traditionsbildung zu integrieren? Anders gesagt: Kann das Christentum für seine eigene Frage nach dem Umgang mit dem Islam etwas davon lernen, wie der Islam in seinen Ursprüngen mit dem Christentum theologisch umgegangen ist? Wo liegen die Möglichkeiten und Grenzen eines solchen Ansatzes?

Um in diesen Fragen weiterzukommen, sind wir in der glücklichen Lage, dass die muslimische Theologie selbst unlängst mit dem bereits genannten Dokument „A Common Word" auf der breiten Basis eines Konsenses zahlreicher Gelehrter und Würdenträger indirekt aus koranischen Ansätzen jene theologische Position rekonstruiert hat, die der Islam den anderen Offenbarungsreligionen gegenüber seinem Selbstverständnis nach einnimmt. Das „Common Word" versteht sich primär nicht als religionendialogische Schrift, sondern vielmehr als im Offenbarungswort des Korans motivierte, theologische Grundlegung für den praktisch im politischen Bereich zu verwirklichenden Frieden zwischen Muslimen und Christen. Nichtsdestoweniger enthält das Dokument im Kern eine indirekte Begründung und Anleitung zum theoretischen interreligiösen Dialog zwischen Islam und Christentum. Diese Ansätze sollen in den folgenden Überlegungen hervorgehoben und auf ihre mögliche Kompatibilität mit dem christlichen Selbstverständnis hin befragt werden. Dabei möchte ich weniger den Standpunkt eines christlichen Theologen einnehmen, sondern vielmehr den eines vom Christentum her denkenden Philosophen. Dies hat nicht nur den Grund darin, dass das „Common Word" auch als Reaktion auf die viel diskutierte Regensburger Rede von Papst Benedikt XVI. aus dem Jahr 2006 entstanden ist, in der es ja eigentlich um das Verhältnis von Glauben und Vernunft ging. Es ist auch von der Sache her naheliegend, denn wenn zwei Religionen mit Offenbarungsanspruch sich begegnen, dann kann zuerst nur die von beiden prinzipiell anerkannte Vernunfthaftigkeit ihres Glaubens eine Brücke bilden. Es soll also konkret der Frage nachgegangen werden, inwieweit das im „Common Word" indirekt skizzierte Verhältnis der eigenen zu den anderen Offenbarungsreligionen von einem philosophisch reflektierten christlichen Glaubensverständnis her positiv integriert werden kann.

2. Die jüdisch-christlichen Schriftbesitzer und ihre muslimische Tradition

Doch wie stellt der Islam im „Common Word" sein eigenes Verhältnis zu den anderen Offenbarungsreligionen dar? Ein Schlüssel dazu, der zugleich zeigt, wie wichtig die religionendialogische Dimension in diesem Text ist, liefert bereits der Titel: „Common Word" – „Ein Wort, das uns und euch gemeinsam ist". Die Autoren zitieren darin einen Vers aus dem Koran, in dem Gott die Muslime dazu auffordert, die folgende Einladung an die sogenannten „Leute der Schrift" zu richten, also an die Juden und Christen: „Sprich: ‚O Volk der Schrift, kommt herbei zu einem Wort, das uns und euch gemeinsam ist: dass wir niemandem außer Gott dienen und ihm nichts zur Seite stellen'" (Al Imran 3:64). Die Autoren des „Common Word" interpretieren diese Stelle als Aufforderung an die Muslime und Christen, auf der Grundlage der gemeinsamen Gebote von Gottes- und Nächstenliebe friedlich und gut zusammenzuleben und begründen dieses Verständnis mit zahlreichen Belegen aus Bibel und Koran.

Dabei ist es überraschend, dass die Verfasser nicht nur nach der Art eines ‚Projekts Weltethos' eine Parallelität der gemeinsamen Grundgebote in den beiden Offenbarungsreligionen feststellen, sondern darüber hinaus mutig die Vermutung äußern, dass das von Mohammed ausgesprochene Gebot der Gottesliebe vielleicht aus jüdisch-christlichen Quellen mit inspiriert sein könnte: „Damit ist gemeint, dass der Prophet Muhammad vielleicht, durch Eingebung, das Erste Gebot der Bibel erneut formulierte und sich darauf bezog. Gott weiß dies am besten, doch mit Sicherheit haben wir die tatsächliche Ähnlichkeit in der Bedeutung feststellen können" (zit. n. Biser/Heinzmann, Antwort, S. 106). Die Bedeutung dieser Aussage geht weit über die einer bloß religionsgeschichtlichen Hypothese hinaus, denn unter der Oberfläche beinhaltet sie nichts weniger als eine religionstheologische Positionierung von eminenter Tragweite. Die Autoren sagen hier nichts weniger, als dass Mohammeds Aufforderung zur Gottesliebe aus der Sicht islamischer Theologie prinzipiell auch als eine Wirkungsgeschichte des *jüdisch-christlichen* Offenbarungsgeschehens verstanden werden könnte.

Diese – zumindest in christlichen Ohren – überraschend klingende These könnte für einen interreligiösen Dialog interessante Möglichkeiten eröffnen. Eine der wichtigsten Grundfragen eines jeden interreligiösen Dialoges ist, ob die jeweils andere Religion auch aus der Sicht der eigenen Religion glaubhafte Wahrheit beinhaltet, das heißt, ob der Offenbarungsanspruch der anderen Religion von der jeweils eigenen überhaupt anerkannt werden kann und wenn ja bis zu welchem Grad. In der von den Autoren des „Common Word" gewagten Hypothese liegt indirekt ein Schlüssel zu einer möglichen Lösung dieses Grundproblems im Verhältnis von Christentum und Islam: Von den muslimischen Theologen wird hier die jüdisch-christliche Offenbarung als mögliche Quelle ihres Glaubens anerkannt, was ja aus koranischer Sicht auch nicht weiter spektakulär ist, da der Koran die Propheten der vorausgehenden Schriftreligionen als Offenbarungsträger prinzipiell anerkennt (vgl. dazu die Koranzitate in „Common Word", S.111–116). Weit spannender ist die Tatsache, dass die muslimischen Autoren durch ihre Vermutung, Mohammeds Gebot der Gottesliebe könnte eine Wirkungsgeschichte der jüdisch-christlichen Offenbarung sein, der christlichen Theologie die Möglichkeit bieten, zumindest diese Aussage des Islams in das christliche Glaubensgut selbst hineinzunehmen, denn die wirkungsgeschichtliche Auslegung gehört, wie vorher erklärt, mit zur geglaubten Wahrheit. Damit wäre das Christentum also in der Lage, den Islam als Teil der eigenen Glaubensgeschichte anzuerkennen, zumindest in diesem verbindenden Gedanken.

Doch inwieweit wäre das nicht nur der Form, sondern auch dem Inhalt nach gerechtfertigt? Bliebe denn eine mögliche muslimische Wirkungsgeschichte noch so nahe am jüdisch-christlichen Gebot der Gottesliebe, dass sie ein gemeinsames Glaubensgut beider Religionen darstellen könnte, oder hat sie sich inzwischen so weit vom Ursprung entfernt, dass sie christlich-theologisch nur mehr als eine häretische Abspaltung gewertet werden könnte? Diese Frage kann nur in einer inhaltlichen Analyse des Begriffs und der Vorstellung der Gottesliebe in beiden Religionen gelöst werden. Da das Dokument „Common Word" die Konzepte der Gottesliebe in beiden Religionen ausführlich jeweils aus deren eigenen Quellen (also Bibel, Koran und Sunna) darstellt, eignet es sich vorzüglich als Grundlage dafür, der Frage nach der Vergleichbarkeit der Vorstellungen philosophisch nachzugehen.

3. Die unbegreifliche Wahrheit der Liebe

Intention der Verfasser des „Common Word" ist es, die Gottesliebe als jenes grundlegende Gebot hervorzuheben, das Christen und Muslimen gemeinsam ist und so zu einer Basis für das friedliche Zusammenleben werden soll. Wie tragfähig diese Brücke ist, hängt maßgeblich davon ab, wie die Begriffe „Gott" und „Liebe" in diesem Kontext jeweils verstanden werden. Hier kann nun die philosophische Analyse hilfreich ansetzen. Beginnen wir mit jenem Begriff, der uns näher liegt, weil er zunächst aus unserer Erfahrungswelt stammt: In den Kategorien der klassischen, aristotelisch-scholastisch geprägten Philosophie ausgedrückt ist die Liebe eine der Emotionen aus der Gruppe der sogenannten Leidenschaften oder Passionen der menschlichen Seele. Wenngleich es in der Frage, wie der Sitz dieser Passionen näher zu bestimmen ist, unterschiedliche Positionen gibt, so stimmen doch nicht nur die philosophischen, sondern auch die theologischen Traditionen von Christentum und Islam (vgl. „Common Word", S. 97) darin überein, dass diese emotionalen Regungen nicht in der Vernunft ihren Ort haben, sondern eher in einem mehr oder weniger harmonischen Spannungsverhältnis zum Intellekt stehen. Im Verständnis der Liebe artikuliert sich dieses Spannungsverhältnis vor allem darin, dass die Liebe nicht einer berechnenden Logik der Begründungen folgt, sondern in ihrer unberechenbaren Spontaneität, aber auch in ihrer treuen Dauerhaftigkeit wesenhaft grundlos ist. Im Hinblick auf diese Grundlosigkeit wird auch verstehbar, warum die Liebe anders als die Aktionen der Vernunft letztlich immer unergründlich bleibt: Warum jemand sich in Liebe hingibt, obwohl er es nicht notwendiger- oder berechnenderweise müsste, bleibt stets ein Geheimnis. Charakteristisch für die Geheimnishaftigkeit der Liebe ist aber auch ein wesentlicher Unterschied zu den meisten anderen Geheimnissen. Während Geheimnisse üblicherweise dadurch gekennzeichnet sind, dass sie sich dem Menschen entziehen, verhält es sich beim Geheimnis der Liebe genau umgekehrt: Die Liebe ist und bleibt letztlich deshalb ein Geheimnis, weil sie bedingungslos sich dem anderen hingibt und grundlos bei ihm gegenwärtig ist, im Extremfall sogar mit dem anderen in der Liebesekstase eins wird. Das Geheimnis der Liebe ist also nicht ein Geheimnis der Entzogenheit und Verborgenheit, sondern ein Geheimnis der unerklärlichen

Präsenz. Für eine derartige, grund- und zwecklose Präsenz hat die Alltagssprache bereits ein geläufiges Wort: Es handelt sich dabei um eine Gabe oder ein Geschenk. Die Liebe ist in ihrem Geschenkcharakter nun dadurch ausgezeichnet, dass in ihr der Schenkende nicht irgendetwas, sondern nichts weniger als sich selbst grundlos gibt. Diese grundlose Selbsthingabe löst ihrerseits bei dem, der sie empfängt, Freude und Glück aus.

Was bedeutet es nun, wenn sowohl der Islam als auch das Christentum diese grundlos beglückende Selbsthingabe der Liebe auf Gott beziehen und was folgt daraus für die Möglichkeiten des interreligiösen Dialogs? Die Antwort darauf ist zuerst im Hinblick auf den religiösen Menschen und sodann im Hinblick auf den implizit vorausgesetzten Gottesbegriff zu geben: Wenn geboten wird, dass der Mensch Gott primär lieben soll, so ist damit indirekt gesagt, dass der Mensch Gott nicht mit seinem Intellekt begreifen kann, sondern dessen ungeschuldet geschenkte Präsenz zuerst im emotionalen Zentrum seines „Herzens" beantwortet. Aufgrund der Präsenzweise in der Liebe bleibt Gott der menschlichen Vernunft ein Geheimnis, aber ein Geheimnis, das sich lebendig mitgeteilt hat.

Der in Christentum und Islam zentral beheimatete Begriff der Gottesliebe beinhaltet also philosophisch betrachtet eine implizite theologische Erkenntnislehre und Sprachtheorie. Gemäß der auf Dionysius Areopagita aus dem frühen 6. Jh. n.Chr. zurückgehenden Tradition unterscheidet die christliche Theologie zwei Arten der Rede von Gott, die sogenannte positive und die sogenannte negative Theologie. Die positive Theologie benennt Gott mit Vollkommenheits-Attributen, die aus der menschlichen Erfahrungs- und Geisteswelt genommen und absolut gesetzt werden: Gott ist das Gute, die Wahrheit, das Leben etc. Die negative Theologie hingegen versucht die Unbegreiflichkeit Gottes dadurch zu wahren, dass sie alle aus der menschlichen Sprache stammenden und daher endlichen Prädikationen im Bezug auf Gott radikal verneint und damit letztlich nur aussagt, was Gott nicht ist: Gott ist nicht endlich und daher der Unendliche, Gott ist jenseits der menschlichen Sprache und daher der Unaussagbare etc. In welche dieser beiden Arten, Theologie zu betreiben, ist nun die biblisch-koranische Rede von der Gottesliebe einzuordnen? Wenn man die Liebe als grundlos gegebene Gegenwart versteht, dann folgt daraus, dass sie sowohl im Sinne der negativen Theologie ein unaussprechliches Geheimnis ist als auch im Sinne der positiven Theologie eine konkret erfahrbare Vollkommenheit. In der Rede von der Gottesliebe werden also die Vorzüge von positiver und negativer Theologie vereinigt. Wenn der Gläubige Gott primär in der Weise der Liebe wahrnimmt, so erkennt er ihn als entzogenes Geheimnis und als sich selbst mitteilende Hingabe zugleich.

Diese Qualität der Rede von der Gottesliebe als höhere Vereinigung von positiver und negativer Theologie hat nun wichtige Konsequenzen für ein Grundproblem des interreligiösen Dialoges, nämlich für die viel diskutierte Frage nach den konkurrierenden Wahrheitsansprüchen zwischen Offenbarungsreligionen. Christentum und Islam beanspruchen je auf ihre Weise, in ihren Heiligen Schriften die endgültige und unüberholbare Offenbarungswahrheit empfangen zu haben. Doch ist das in dem Sinne zu verstehen, dass damit die Wahrheit im Sinne eines Monopols von einer einzigen Religion besessen wird und allen anderen kategorisch abgesprochen werden muss? Wenn der Wahrheitsanspruch der Religionen vom Zentralgedanken der Gottesliebe her verstanden wird, dann kann die theologische Rede von der Wahrheit diese ausgrenzende Konnotation ablegen. Hinter dem Anspruch, dass die eigene Offenbarung die Wahrheit voll und ganz enthält, steht letztlich die Erfahrung, dass sich Gott dem Menschen voll und ganz mitgeteilt hat, ohne irgendetwas zurückzuhalten. Der Glaube an den absoluten Wahrheitsanspruch ist also von seinem Ursprung her der Glaube an die vorbehaltlos sich selbst vollkommen schenkende Liebe Gottes.

Daraus folgt mit Notwendigkeit, dass die Rede von der Wahrheit im religiösen Kontext nur von der Liebe her ihren Sinn bekommt und richtig verstanden werden kann. Die in den Offenbarungsschriften mitgeteilte Wahrheit ist daher nichts anderes als die Wahrheit der Liebe. Die Wahrheit des Glaubens empfängt ihre Eigenschaften von der Liebe her und ist daher wie diese als das paradox anmutende Zugleich von Entzogenheit und Gegebenheit gekennzeichnet. Die absolute Wahrheit ist uns zwar in den Offenbarungsschriften geschenkt, wir besitzen sie aber trotzdem nicht in dem Sinne, dass wir sie begreifen und verwalten, uns zusprechen und jemand anderem absprechen könnten. Jene Geheimnishaftigkeit, an der die religiöse Wahrheit aufgrund ihres Ursprungs in der Liebe teilhat, öffnet gleichsam den Raum dafür, die Erfahrung der Offenbarkeit der Wahrheit in der eigenen Religion mit der Möglichkeit zu verbinden, dass die Wahrheit, aus in ihrer Liebes-Dynamik beschlossenen Gründen, sich anderen Menschen in anderen kulturellen Kontexten und zu anderen geschichtlichen Zeiten auf eine diesen gemäße Weise anders mitgeteilt hat. Damit brauchen und sollen die Unterschiede zwischen den Religionen nicht relativiert werden. Der Gedanke der Gottesliebe lebt in allen Religionen aus der Erfahrung, dass Gott für alle Menschen an allen Orten und zu allen Zeiten das jeweils Beste will und tut. Es widerspricht also keineswegs der Logik der Gottesliebe, wenn Gott sich den Christen im fleischgewordenen Wort Jesus Christus als dreieiner und den Muslimen im geschriebenen Wort des Korans in seiner absoluten Einsheit offenbart. In dem jeweiligen Offenbarungskontext, in den hinein Gott seine Offenbarung mitteilt, kann dies beide Male die Wirkung und Erfahrungsmächtigkeit einer absoluten Wahrheit haben. Der Blick auf die jeweils andere Offenbarungswahrheit in den verschiedenen Religionen kann sogar eine positive Nebenwirkung haben: Dem Glaubenden wird dadurch klar, dass die Offenbarung ein dynamischer Prozess ist, der den Horizont des Empfängers mit einschließt.

Auch, wer an die Absolutheit der Wahrheitsoffenbarung in der eigenen Religion glaubt, muss sich eingestehen, dass er mit seinem endlich begrenzten Blick immer nur einen Aspekt wahrnehmen kann, die absolute Wahrheit also auf seine jeweilige endliche Perspektive einschränkt. Der Blick auf die anderen Religionen ruft uns in Erinnerung, dass unser jeweiliger Blick nur eine von vielen möglichen Perspektiven auf die in der Gottesliebe erfahrene Absolutheit ist, die stets ergänzungsbedürftig bleibt. Eine im positiven Sinn verstandene Konkurrenz mit den anderen Offenbarungsreligionen führt uns also nicht von der göttlichen Wahrheit weg, sondern vielmehr tiefer in ihren Ursprung aus dem Geheimnis der Liebe hinein.

4. Das Wort der Liebe

Wenn die Theologen des „Common Word" den muslimischen und den christlichen Glauben auf das gemeinsame Gebot der Gottesliebe konzentrieren, so betrachten sie damit die Religion nicht als eine statische doktrinäre Instruktion der Menschen durch Gott, sondern primär als ein dynamisches Geschehen der Interaktion zwischen Gott und Mensch. Die Gottesliebe wird als existenziell vollzogene Antwort des Menschen auf die zuvorkommende (Hin-)Gabe der göttlichen Barmherzigkeit gedeutet, die vom Menschen geforderte Liebe zu Gott ist die Reaktion auf die Liebe Gottes zu den Menschen (vgl. „Common Word", S. 94, 95, 99). Diese theologischen Positionen des „Common Word" setzen es voraus, dass die Offenbarung nicht im Sinne einer zeitlosen Wahrheit, sondern als ein situations- und adressatenbezogener Prozess zu verstehen ist, in den die jeweilige Antwort des Menschen auf Gottes Mitteilung wesenhaft und zentral integriert bleibt. Wenn Offenbarung auf die Gottesliebe hinzielt, dann ist sie nie monologisch, sondern sie muss ein dialogisches Geschehen sein. Dieser dialogische Charakter der Offenbarung wird in tieferer Weise darin deutlich, dass in den Heiligen Schriften von Christentum und Islam nicht der „tote Buchstabe" (vgl. 2 Kor

3,6), sondern stets das lebendig gesprochene Wort Medium der Offenbarung ist. Signifikant etwa in jenem Koranvers, der dem „Common Word" seinen Titel gegeben hat: „Sprich: ,O Volk der Schrift, kommt herbei zu einem Wort, das uns und euch gemeinsam ist: dass wir niemandem außer Gott dienen und ihm nichts zur Seite stellen'" (Al Imran 3:64).

Dieser von den muslimischen Theologen in der Erklärung in den Vordergrund gestellte worthaft-dialogische Charakter des Offenbarungsgeschehens hat nun eine nicht zu unterschätzende interreligiöse Relevanz, die der Koranvers auf geradezu wunderbare Weise eröffnet: Im zitierten Koranwort fordert Gott den Propheten Mohammed in einem Offenbarungswort auf, seinerseits an die Christen ein Einladungswort zu sprechen, im gemeinsamen Glaubenswort von der Gottesliebe zusammenzukommen. Viel deutlicher als in den christlichen Offenbarungsschriften wird also in der muslimischen Offenbarung gefordert, dass die dialogische Offenbarung Gottes in der eigenen Religion ein dementsprechendes religionsdialogisches Sprechen und Tun zur Folge haben soll. Interreligiöse Theorie und Praxis werden hier theologisch mit Notwendigkeit aus dem dialogischen Offenbarungscharakter der eigenen Religion abgeleitet. Wer Gottes Wort empfängt und darauf in der Gottesliebe antwortet, sieht sich aus dieser Erfahrung heraus zugleich veranlasst, mit allen anderen Menschen, die das Wort von der Gottesliebe teilen, in einem Dialog übereinzukommen. Das dialogische Verhältnis zu Gott hat notwendigerweise ein dialogisches Verhältnis zu den anderen Wortreligionen zur Folge. Und ebenso wenig, wie im dialogischen Offenbarungsprozess die Differenzen zwischen Gott und Mensch aufgehoben werden, brauchen und sollen im interreligiösen Dialog die Unterschiede zwischen den Religionen nivelliert werden.

5. Das Experiment der Gottes- und Nächstenliebe

Aus dem im „Common Word" zugrunde gelegten Koranvers geht hervor, dass der Gott mit dem Menschen und die Menschen über die Grenzen der Religionen hinweg untereinander verbindende dialogische Offenbarungsprozess durch eine wesenhaft personale Dynamik ausgezeichnet ist. Sowohl der sich offenbarende Gott als auch die Menschen, welche die Offenbarung empfangen und untereinander kommunizieren, sind als Personen bestimmt, denn nur eine Person hat die Fähigkeit, sich worthaft mitzuteilen und dialogisch zu antworten. Das Offenbarungswort der Gottesliebe stiftet daher das Verständnis des Menschen als Person. Wenngleich erst in der säkularen Philosophie der Neuzeit die ethischen Konsequenzen der Personwürde des Menschen explizit in Form der Menschenrechte gezogen worden sind, so hat diese Sicht des Menschen dezidiert im Menschenbild der dialogischen Offenbarungsreligionen ihre geistesgeschichtlichen Wurzeln. Dies zeigt sich nicht zuletzt in dem von den Autoren des „Common Word" hervorgehobenen Faktum, dass sowohl im Christentum als auch im Islam der im Offenbarungswort begründeten Gottesliebe stets auch die Nächstenliebe entsprechen muss.

Gerade in diesem letzten Punkt gewinnt die theoretische Wahrheit von der Gottesliebe eine eminent praktische Dimension. Wenn die Offenbarungswahrheit in der Gottesliebe ihren Bestand findet, dann ist sie vom Anfang bis zum Ende ethisch-praktisch dominiert, denn die Liebe ist primär eine lebenspraktische Erfahrung und erst sekundär Inhalt einer intellektuellen Theorie.

Diese im „Common Word" vorgenommene Fokussierung der Religion auf die Praxis der Liebe zu Gott und den Menschen hat nun ihrerseits wieder wichtige Konsequenzen für die Möglichkeiten des interreligiösen Dialogs. In einer solchen Sichtweise wird der Schwerpunkt nämlich nicht auf die theoretische Wahrheit der Religion im Hinblick auf ihre unterscheidende Doktrin gelegt, sondern auf die emotional-mystische Erfahrung und das daraus resultierende gute Handeln. An die Stelle des Primats der Orthodoxie als Insistieren auf der richtigen Lehre tritt der Primat von Orthopraxie und ‚Orthopassie' im Sinne von richtigem Tun und authentischer religiöser Erfahrung. Wenn Mystik und Ethik im Vordergrund stehen, dann verschwinden die inhaltlichen Lehrdifferenzen zwischen den Religionen zwar nicht, aber sie werden in ihrer trennenden Bedeutung und Wirksamkeit relativiert. Dies hat seinen Grund nicht zuletzt darin, dass die theoretische Fixierung in Begriff und Lehre auch der Sache nach stets einer vorausgehenden Erfahrung folgt, die erst nachträglich reflexiv-intellektuell erfasst wird. Die Erfahrung ist immer primär und unmittelbar, die Doktrin sekundär und vermittelt. Wenn daher zwischen zwei Religionen Gemeinsamkeiten im Hinblick auf mystisches Erleben und ethisches Handeln festgestellt werden können, dann ist das viel entscheidender, als inhaltliche theoretische Differenzen zu konstatieren, weil die Religion im Experiment der mystischen und ethischen Praxis ihren Ursprung findet. Wenn die Autoren des „Common Word" diesen Weg gehen und zum Ergebnis gelangen, dass Christentum und Islam in Gebot und Erfahrung der Liebe zu Gott und den Menschen übereinkommen, so können sie damit die Entdeckung machen, dass die beiden Religionen vom Ursprung her viel mehr vereinigt, als sie auf der abgeleiteten Ebene der Lehrdifferenzen trennt.

6. Ausblick: Das „Common Word" als Herausforderung für eine künftige christliche Theologie

Der Islam hat dem Christentum etwas voraus, weil er später gekommen ist! – diese plakativ an den Anfang des Vortrages gestellte Formulierung hat sich zwischenzeitlich in ihrer Paradoxie hoffentlich etwas aufgelöst. Im Unterschied zur christlichen Bibel hat der Koran eine ausgeprägte interreligiöse

Theologie, zumindest was die Schriftreligionen betrifft. Im Islam wird der Offenbarungscharakter von Judentum und Christentum prinzipiell anerkannt und im Fall des Zentralgebots der Gottesliebe halten es die Verfasser des „Common Word" sogar für denkbar, dass Mohammed in seiner Formulierung dieses Gebotes auch von jüdisch-christlichen Quellen mit inspiriert worden sei. Dies ermöglicht es der christlichen Theologie, die muslimische Version des Gedankens der Gottesliebe auch als Wirkungsgeschichte des eigenen Glaubensgutes zu betrachten und daher als Teil des Traditionsprozesses der eigenen Offenbarung zu würdigen. Es blieb zu klären, ob diese formale Möglichkeit auch vom Inhalt her gedeckt ist, das heißt, inwieweit die muslimische Auffassung von der Gottesliebe im christlichen Sinne geteilt werden kann.

In einer philosophischen Analyse des im „Common Word" zugrunde gelegten Begriffs der Gottesliebe wurden eine Reihe von zentralen Punkten identifiziert, die sowohl dem christlichen wie auch dem muslimischen Konzept gemeinsam sind: In ihrer Grundlosigkeit bleibt die Liebe ein Geheimnis, das aber nicht durch seine Entzogenheit, sondern durch seine unergründliche Präsenz in der Weise einer Gabe gekennzeichnet ist. Die der Gottesliebe entsprechende Wahrheit bleibt daher ihrem Wesen nach unbegreiflich und kann sich verschiedenen menschlichen Adressaten in jeweils unterschiedlicher Weise offenbaren, ohne ihre Absolutheit auf eine bestimmte Religion einzuschränken. Wenn das Offenbarungsgeschehen auf die nicht einschränkbare Gottesliebe konzentriert wird, so erweist es sich darin als personal-dialogisches Geschehen. Im Koran wird aus diesem worthaften Charakter der Offenbarung explizit die Notwendigkeit abgeleitet, dass die Empfänger des Offenbarungswortes mit den Anhängern der anderen Offenbarungsreligionen, die das Gebot der Gottesliebe teilen, zu einer kommunikativen Einheit finden. Es ist kein Grund ersichtlich, warum die Christen diesen wertvollen Impuls aus der Wort-Theologie des Korans sich nicht zu eigen machen und aus dem an sie gerichteten Offenbarungswort nicht auch dieselben Konsequenzen ziehen sollten. Schließlich ergibt sich aus der Zentralität der Gottesliebe in Christentum und Islam ein Primat von experimenteller Ethik und Mystik vor theoretisch fixierter Orthodoxie und Doktrin.

Eine Lektüre des „Common Word" aus der Perspektive einer christlichen Philosophie führt also zum Ergebnis, dass diese Erklärung überraschende Möglichkeiten und Perspektiven sowohl für den interreligiösen Dialog als auch für das friedliche Zusammenleben von Christen und Muslimen bereithält. Freilich ist es für beide Religionen auch eine ebenso große Herausforderung, diese Konsequenzen umzusetzen, wobei es den Eindruck macht, dass für die Christen vielleicht die theoretisch-theologische und für die Muslime die praktisch-politische Umsetzung jeweils problematischer sein könnte. Die Christen jedenfalls sollten sich dieser Herausforderung durch das „Gemeinsame Wort" der muslimischen Theologen uneingeschränkt und mutig stellen, nicht zuletzt aus dem Bewusstsein heraus, dass es das Wort des Gottes der Liebe ist, das sie hier herausfordert.

José Sánchez de Murillo gewidmet. Von Herzen!

Elke C. Tilk

Mond Meer und Salz

Wer und ohne Namen weiß

weiß um den Schrei der Schneegänse

in glaskalten Winternächten

weiß der auch um den Lauf

der Flüsse und wirft der

die Netze aus

in denen sich Mond Meer und Salz

in Sehnsucht preisgeben

schließlich ist es weit

nach Hause zu kommen

Benedikt Maria Trappen

Dein Wort sei nur Gesang
Die Dimension der Tiefenphänomenologie

Meine Begegnung mit José Sánchez de Murillo geht auf das Jahr 1986 zurück. Nach Jahren intensiver philosophischer, literaturwissenschaftlicher, psychologischer und religionswissenschaftlicher Studien wurde mir allmählich immer deutlicher, dass die meinem Suchen und Wollen zugrunde liegende Sehnsucht im akademischen Betrieb keine Erfüllung finden würde. Immer wieder kehrte ich in dieser Zeit in die Universitätsbuchhandlung zurück, um Mircea Eliades religionswissenschaftliches Werk *Die Religionen und das Heilige* zur Hand zu nehmen und darin zu lesen. Von der hohen Bedeutsamkeit des Buches überzeugt, entschloss ich mich eines Tages, das kostspielige Exemplar endlich zu erwerben, um mir seinen Inhalt gründlich anzueignen. Zu meiner Verwunderung stand es nicht mehr im Regal. Stattdessen leuchtete mir von dort ein anderes Buch blau entgegen.[1] Verwundert nahm ich es aus dem Regal. Es war die überarbeitete Habilitationsschrift eines mir unbekannten spanischen Autors. Meine gespannte Aufmerksamkeit stand in auffallendem Gegensatz zu der sonst üblichen Erwartung von Langeweile und Bedeutungslosigkeit, die mit der Lektüre akademischer Schriften allzu oft verbunden war. Vom ersten Satz an war ich elektrisiert, im Innersten berührt und angesprochen, hineingezogen in den Sinn, der Leben, Tiefe, Erfahrung atmete:

Der Mensch handelt getrieben von der verborgenen Angst vor

---

[1] José SÁNCHEZ DE MURILLO, *Der Geist der deutschen Romantik. Der Übergang vom logischen zum dichterischen Denken und der Hervorgang der Tiefenphänomenologie.* München 1986.

dem, was sich in der grundsätzlichen Vorläufigkeit seines Tuns und in der fundamentalen Begrenzung seines Erkennens bekundet [...] Der Prozeß des Vergehens als Grundbewegung der Endlichkeit ist der eigentliche ontologische Prozeß, der alle anderen ermöglicht und durchdringt [...] in der uns einzig bekannten Seinszeit ist Ontologie nur als Ethik, d.h. als die unaufhörliche Bewegung der Wiederaufrichtung, möglich [...] Das von der Angst vor der Angst befreite Denken vermag sein Schicksal auszuhalten, denn es befindet sich, mit ihm übereinstimmend, in der Mitte seiner Endlichkeit. Die deutsche Romantik wird hier als ein Hauptmoment der Entstehungsgeschichte des Geistes dieses Denkens bedacht. Durch sie wird die Untersuchung auf die Ortschaften hingewiesen, welche andere Hauptmomente des Weges dieses Geistes darstellen: frühgriechisches Denken, antike Mythologie, östliche Philosophie, jüdische und christliche Mystik, Geheimwissenschaften, frühere Traditionen der Naturwissenschaft, Dichtung und Kunst. Von daher könnte fruchtbar versucht werden, zur Vertiefung und zur Verwirklichung des Hauptanliegens des heutigen Philosophierens, konkret, praktisch und ursprünglich zu sein, beizutragen.[2]

Ohne zu zögern erwarb ich das Buch, setzte die Lektüre auf dem Weg nach Hause fort und las es ohne Unterbrechung bis zum nächsten Morgen. Was für ein Ereignis! Das Innerste meines Denkens, Fragens, Suchens, Sehnens leuchtete mir aus jedem Satz entgegen. Konnte dies eine akademische Arbeit sein? Gab es doch wirkliche Philosophie, wirkliches Denken und Fragen? Gab es irgendwo einen wirklichen Philosophen? Unverzüglich steckte ich einen eigenen, mir wesentlichen Text mit einem kurzen Begleitbrief in einen Umschlag und ließ ihn dem unbekannten Philosophen über den Verlag zukommen. Einige Tage später klingelte das Telefon. Zu meiner fast sprachlosen Verwunderung meldete sich José Sánchez, der schließlich bat, mir einen weiteren literarischen Text zukommen

---

[2] A.a.O., 13f.

lassen zu dürfen. Wenige Tage später hielt ich *Die Krankheiten des Professor Walther*[3] mit einer ausführlichen handschriftlichen Widmung des Autors in Händen. Die Lektüre des Buches wurde zu einem weiteren tief bewegenden Erlebnis. Es erzählt authentisch und lebendig die ernüchternde und erschütternde Geschichte eines genialen Menschen, der an der Schwere der Existenz und der Oberflächlichkeit des akademischen Betriebs fast zugrunde geht, durch die geheimnisvolle Begegnung mit einem vor Jahren verstorbenen Kind aber zurückfindet in die rettende, heilsame, ursprüngliche Mitte, die sich, des Prozesses ihrer Endlichkeit und Vorläufigkeit bewusst, demütig und bescheiden in den Dienst des Lebens stellt. Die damit verbundene Erkenntnis, dass das Leben ein Traum ist, hebt dieses nicht auf und nimmt ihm nichts von seiner Wirklichkeit. Sie befreit den Menschen aber in die Offenheit, Weite, Tiefe und Einfachheit seines geläuterten Wesens, dem er, an nichts hängend, geheilt vom Drang nach Besitz und Geltung, in der Frische des Aufgangs liebend und dienend wahrhaft entspricht.

Er war ein anderer Mensch geworden. Das Geld interessierte ihn immer weniger. [...] Plötzlich tat sich ihm auf, wie einfach das Leben gebaut ist, wie wenig man braucht, um glücklich zu sein. Das Leben ist ein Spiel, das nur ernst genommen werden kann, indem es nicht ernst genommen wird. Ein Traum. [...] Der Mensch muss sich noch selbst finden, aus seiner Überheblichkeit heraustreten und sich in den Dienst des Lebens stellen [...] Die gegenwärtige Selbstgefährdung ist der Preis, den wir für unsere Blindheit bezahlen [...] Einige werden schon im Lebenstraum von der Blindheit befreit. Sie erkennen die ewige Wahrheit, hängen an nichts Zeitlichem mehr. Sie brauchen nichts, um glücklich zu sein [...] Hoffentlich kommt die Revolution der Liebe nicht zu spät.[4]

---

[3] José SÁNCHEZ DE MURILLO, *Die Krankheiten des Professor Walther.* Roman, München 1986.
[4] Ebd., 57 und 90.

Der aus solchen Sätzen – wie aus dem ganzen Buch – sprechende Ernst und die Tiefe der Erfahrung, besonders aber das tiefgründige Verständnis der Zeit, waren überwältigend.

> Die wissenschaftlichen Theorien bieten dem Menschen Lebenshilfe [...] Aber sie enthalten keine Wahrheit. Sie täuschen über die Wahrheit hinweg. Wir Menschen wissen nichts über uns und über die Welt [...] Wir gehen durch das Leben blind [...] Das Leben ist eine Reihe von Kreisen, die einander ablösen. Es wiederholt sich alles, aber in immer neuer Weise [...] Die Wahrheit des Geheimnisses des Lebens wird uns nur in der Sukzession der Wahrheiten der Zeiten unseres Lebens zugänglich [...] Die Kindheit enthält nicht nur alle Inhalte des späteren Lebens, sondern auch ihre eigene Selbstinterpretation. Dasselbe wiederholt sich in allen Phasen des Lebens.

In diesen Sätzen fand ich wieder, was mich in den Jahren zuvor zutiefst beunruhigt und in Atem gehalten hatte. Da war einer im Selben unterwegs, mir weit voraus, der Tiefenlogik seines Lebens auf der Spur. Auch seine Lebens- und Arbeitsweise hatte der Autor genau beschrieben:

> Er schrieb nicht viel. Manchmal schrieb er einen einzigen Satz nieder. Aber dieser eine Satz stellte seine Lebenssubstanz dar. Er musste schreiben. Es war seine Befreiung [...] Der wahre Mensch ist der Künstler. Der Lebenskünstler [...] Wer an der Akademie bleibt, verändert sich nicht [...] Die Akademie tötet das Denken im Keim. Da wird viel geschwätzt, aber nicht gedacht [...] Denkende Menschen bleiben nicht an der Akademie [...] Ein Denker geht immer seinen eigenen Weg.

Die in diesem Buch authentisch aufscheinende beeindruckende Erfahrung des Über-Natürlichen, Über-Sinnlichen, Über-Rationalen, die Zufälliges in seiner tiefen Notwendigkeit begreifen und sich heilsam fügen lässt, die in diesem Buch authentisch aufscheint, verdankt ihre Glaubwürdigkeit der radikalen Tiefe, in der sich die menschliche Existenz zuvor spiegelt und bricht. Dass der Autor, anders als seine literarische Figur, die am Ende des Buches stirbt, diese Brechung, die radikale Selbsterkenntnis, den Tod der oberflächigen Seinsweise, überlebt hatte, gestorben und auferstanden, *gegenwärtig* war und auf unerhörte Weise in mein Leben hineinwirkte, war kaum zu fassen.

Die übernatürliche Welt ist nicht anders als die natürliche, sondern nur eine andere Erfahrungsform derselben [...] Was du jetzt erlebst ist der Traum des Schlafs des anderen Lebens [...] Alles, was wir tun, hat Folgen für das ganze Leben. Alles, was wir tun, hat Folgen für viele andere Menschen, vielleicht für alle Menschen, vielleicht sogar für das ganze Weltall [...] Träume ich jetzt oder bin ich wach? Wann schlafen wir und wann sind wir wach?

Wann und wo waren solche Fragen zuletzt im Ernst gestellt worden? Wann und wo war die Erfahrung von Tod und Auferstehung, die auch ich wenige Jahre zuvor unverhofft gemacht hatte, lebendig geworden? Wann und wo war das tiefdichterische Wesen des Denkens zuletzt begriffen und gelebt worden?

Die neue Philosophie sollte eine dichterische Wissenschaft sein. Die künftige Wissenschaft des Menschen [...] kann nur eine dichterische Wissenschaft sein, wenn der Mensch eine Zukunft haben will.

Dass ausgerechnet Descartes, den die Philosophiegeschichtsschreibung gewöhnlich als Begründer des modernen Rationalismus ausweist, dessen Leben und Denken mir allerdings in längst noch nicht zureichend verstandenen geheimnisvollen Tiefen zu gründen und in Bereiche des Erlebens zu weisen schienen, die sich moderner Naturwissenschaft noch immer entziehen, in dem Roman positive Erwähnung fand, war ein weiteres ermutigendes, wundersames Zeichen. Die unerhörte literarische Begegnung erzeugte eine belebende Atmosphäre tiefer Resonanz. Sie ermunterte mich, die in den Jahren zuvor bedeutsam gewordenen Einsichten in der mir einzig möglichen und sinnvoll scheinenden Weise aufzuschreiben und die Texte Sánchez zukommen zu lassen, der sie „mit Interesse und

Freude, ja Vergnügen" las und „sehr gut", „für eine Universität aber zu anspruchsvoll" befand. Ein Grieche, Physiker und Philosoph, den ich auf einem Philosophiekongress in Stuttgart kennengelernt hatte und der – anders als ich – damals schon über einen Computer verfügte, bot sich an, die Texte abzuschreiben und ermöglichte mir auf diese Weise in den folgenden drei Jahren deren unkomplizierte Überarbeitung und Erweiterung. Sánchez freute sich über meine Weiterarbeit an den Texten, bot wiederholt Rückmeldung und Unterstützung an und verhalf schließlich auf meine Bitte hin einem Freund mit einem Gutachten zur Promotion.

Der Dialog *Über die Selbsterkenntnis des Menschen*[5] schien mir die uns Menschen mögliche Erkenntnis noch einmal auf unerhörte Weise vollständig und erschöpfend zum Ausdruck zu bringen.

> Die ursprüngliche Lage des Menschen ist die Irre. Der in der Irre Befindliche weiß weder, wer er ist, noch, wo er steht [...] Alles, was wir sagen und tun, ist, da aus der Irre hervorgehend, irrsinnig [...] Sein ist Zeit [...] Endlichkeit [...] Vergänglichkeit [...] Leben ist: unaufhörlich sterben [...] das ununterbrochene Sichentschwinden von Grundzeiten, die in immer neuen Formen dasselbe wiederholen. Wieder-holen. Dasselbe immer wieder neu.
>
> Das Subjekt des Prozesses, in welchem der Mensch steht, ist die ontologische Zeit.

In diesen Sätzen wird der Schlüssel zum Geheimnis des Seins offenbar. Der allem Erkennen, Urteilen, Verstehen zugrunde liegende Sinn ist ewig, unerschöpflich und kann immer nur vorläufig zur Sprache gebracht werden. Die Dinge an sich sind unerkennbar. Dasein spricht sich aus in seinem verborgenen Möglichsein, nicht nur in der Dichtung, auch im Alltag und in

---

[5] José SÁNCHEZ DE MURILLO, *Über die Selbsterkenntnis des Menschen. Ein Dialog*, München 1986.

der Wissenschaft. Die Innenseite der Natur und der Naturwissenschaft ist der unbewusste Mensch.

Hier wurde nicht *über* Kant und Heidegger geschrieben. Die Dimension dieses Denkens wurde in ihrer Tiefe aktualisiert, lebendig, ergriffen, nachvollzogen.

Ein Jahr später unternahm Sánchez mit der Abhandlung *Fundamentalethik*[6] erneut den Versuch, in die *Erfahrung* der tiefdichterischen Dimension des Seins zu führen. Durch den radikalen Aufweis der Zeitlichkeit als des eigentlichen ontologischen Subjekts, stellte er die Endlichkeit und Vorläufigkeit allen Erkennens heraus. Eigenwille und Eigensinn müssen schwinden, wenn der Mensch ins Offene, Freie gelangen, sich zur Welt weiten, Nähe und Ferne gewinnen und im liebenden Bezug zu sich und den anderen heilsam aufgehen und wirken soll. Der Nachvollzug der tiefenphänomenologischen Analyse des Prozesses, als den Leben sich zeitigt und vollzieht, verändert den Menschen und hat Auswirkungen auf die Gestaltung des Lebens, das gelingt, wenn es dem Wesen dieses Prozesses entspricht. Familie, Erziehung, Bildung, Arbeit und Gemeinwesen dienen dem Leben, wenn sie, dem in der Tiefe ergehenden Ruf entsprechend, von Austausch und Hingabe geprägt, sich zeitlich begrenzt in überschaubaren Räumen vollziehen.

Sánchez hat immer wieder konkrete Vorschläge gemacht, wie das Leben, seinem Wesen entsprechend, menschlich gelebt und gestaltet werden kann. Sie zeigen, wie ernst es dem Dichterphilosophen mit der Erneuerung des Menschen und des Lebens ist:

> Denn allein in der Versöhnung der Tiefe mit der Ober-Fläche ist das Wesen bei sich.

Dass der Lebens-Zeit-Prozess spiralförmig als Aufstieg von auseinander hervorgehenden, einander aufhebenden, das Ende

---

[6] José SÁNCHEZ DE MURILLO, *Fundamentalethik*. München 1988.

in den Anfang, aus dem es hervorging, zurückschlingenden, sich von Stufe zu Stufe weitenden Kreisen beschrieben wird, einer Schlange gleich, die sich nach oben windet, und das Leben des Geistes immer wieder im Bild der aufgehenden Sonne gefasst wird, entsprach meiner innersten Erfahrung und Symbolik und verband uns in der Tiefe:

> Es gibt Menschen, in welchen der Anblick der ersten Begegnung das Gefühl hervorruft, einander schon immer gekannt zu haben [...] Menschen, die in ursprünglichem Sinne zusammengehören, kennen weder zeitliche noch räumliche Entfernungen.

Im Oktober 1989 ließ mir Sánchez aus Cordoba seinen Roman *Exil*[7] zukommen. Der handschriftlichen Widmung hatte er auf Spanisch die Zeile von Theresa von Ávila hinzugefügt: „Mit Geduld erreicht man alles." Das Buch bringt eindringlich und ursprünglich die tiefdichterische Denk- und Erlebensweise eines erwachten und geläuterten Menschen zur Sprache, der, nach dem Scheitern seines dichterischen Lebensentwurfs Lehrer geworden war, sich scheinbar jäh seiner existentiellen Situation bewusst wird, *in der Fremde* zu sein. Autobiographische und zeitgeschichtliche Bezüge sind offensichtlich.

> Wenn die grenzenlose Liebe das Ziel des menschlichen Lebens ist, dann hatte sich der langwierige Umweg für ihn doch gelohnt [...] Es gibt keine Zufälle im Leben [...] Der Mensch wird, ohne gefragt zu werden, in ein Abenteuer geschickt, das ihm vom Anfang bis zum Ende ein undurchdringliches Geheimnis ist [...] Vielleicht schläft der Mensch zeitlebens und träumt nur, daß er ist [...] Am Ende unseres Lebens stellen wir fest, dass wir nur uns selbst gesehen und gehört haben.

Er erkennt, dass nicht er Subjekt seines Handelns war und ist, sondern das Leben, die Naturgeschichte in ihm. In dieser Ent-Täuschung offenbart sich ihm in radikaler Brechung die

---

[7] José SÁNCHEZ DE MURILLO, *Exil*. Roman, München 1989.

abgründige Zeitlichkeit des Daseins, die ihn in der Vorläufigkeit des Unterwegs im Offenen der Freiheit des Lebenstraums trägt. Er lernt, Polaritäten als notwendige Momente des Lebensspiels zu verstehen, ohne welche dieses nicht sein kann und aus denen es ununterbrochen hervorgeht. Der Geist ist sinnlich, die Natur geistig. Das Wollen gründet im Lassen. Wahrhaft menschlich lebt der Mensch nur, dem im Tod des scheinenden Ichs der ihn tragende und durchdringende Sinn aufgeht. Wo ICH war soll ES werden:

> Jedes ist zugleich sein Gegenteil, und das Ganze ist abgründig [...] Im Ja und Nein stehen alle Dinge [...] Jeder Mensch will aus der Beengung seiner Individualität heraustreten und in der Offenheit des Ganzen den Ursprung wiederfinden [...] Man kann überall glücklich sein, man kann überall lieben [...] Langsam habe ich begriffen, dass die Existenz als Volksschullehrer durchaus dichterisch sein kann ...

Manches spricht dafür, dass diese Sätze, diese Fülle aus tiefer Sammlung und Stille sprechender, höchst bedeutsamer, überwältigender Einsichten und Erfahrungen, eine Tiefenwirkung hatten, die mein weiteres Leben grundlegend geprägt hat.

Die weitgehend ausbleibende Resonanz meiner Lehrer, die für akademische Zwecke ungeeignete Form der Arbeit und das schmerzliche Ende zweier, viele Jahre bedeutsamer Beziehungen, führten zu einer tiefen Krise, in der – wie ein Stern in der Nacht – eine überraschende Wegweisung erfolgte, die meine bisherigen Interessen viele Jahre in den Hintergrund treten lassen sollte. Um das gewohnte Selbstbild und das bis dahin intensiv gelebte Leben zu retten, dachte ich kurz daran, mein Studium bei Sánchez fortzusetzen, der gerade nach Spanien zurückgekehrt war. In einem ausführlichen Antwortbrief riet Sánchez vorsichtig davon ab und ermunterte mich, bald einen Abschluss zu machen, der überraschend aufgeleuchteten Weisung zu folgen und Lehrer zu werden, um eine berufliche Grundlage zu haben, meine philosophische und literarische Begabung zu pflegen und weiterzuentwickeln und in der Erfüllung dieser Pflicht Verwirklichung und folglich tiefe Lebensfreude zu erfahren.

> Alles endet unerwartet und öffnet sich geheimnisvoll ins Unvordenkliche hinein [...] Aber jeder Untergang ist ein Aufgang. Wir müssen versuchen, dass in diesem Aufgang ein neuer Mensch entsteht [...] Das Leben ist da, nicht um verstanden, sondern um geliebt und also gelebt zu werden.

1992 erhielt ich den letzten Brief aus Spanien. Das zweite Studium, der Einstieg in den Beruf, die Gründung einer Familie und der Erwerb eines Hauses ließen keine Zeit mehr für anderes. Die Philosophie ruhte, und ich verlor Sánchez aus dem Blick.

Mehr als zehn Jahre später – der Lebenstraum hatte sich nach erfreulichen, aber auch schwierigen Ereignissen inzwischen wieder beruhigt – waren mir die Schriften von Sánchez plötzlich wieder nah, und ich begann, ihn zu suchen. Erstaunt nahm ich zur Kenntnis, was er in dieser Zeit geschrieben und unternommen hatte: Die Gründung des Edith-Stein-Instituts 1992 in München, die Herausgabe des *Edith-Stein-Jahrbuchs*, von dem zwischen 1995 und 2003 neun umfangreiche Bände erschienen waren, und die Herausgabe von „Aufgang", dem seit 2004 im Kohlhammer-Verlag in der von ihm mitherausgegebenen Reihe *Ursprünge des Philosophierens* erscheinenden Jahrbuch für Denken, Dichten, Musik. Anliegen beider Jahrbücher ist, aus Sorge um den Menschen, seinen Sinn und seine Verantwortung Grenzen zu überwinden, in die Mitte vorzudringen, die alle im Selben verbindet, vielfältige Perspektiven einzunehmen, Kreativität und Ursprünglichkeit zu ermöglichen und hart und hartnäckig an der Verwirklichung des großen Projektes im kleinen Raum zu arbeiten:

> Dazu sind Philosophen, Theologen und Wissenschaftler, Schriftsteller und Künstler eingeladen [...] Aus dem angezielten Gespräch wird darum keine Richtung ausgeschlossen, keine bevorzugt. Je breiter die Mannigfaltigkeit, umso größer die menschliche Bereicherung und der wissenschaftliche Gewinn.

Geachtet werden allein Ernsthaftigkeit der Forschung und sprachliches Niveau.

Solches war und ist ungewöhnlich. Schnell erkannte ich, dass ich das von Sánchez in den zurückliegenden Jahren umfassend Geleistete sobald nicht würde aufarbeiten können. Ich beschränkte mich auf die Beiträge von Sánchez und las nebenher, was mich besonders interessierte.

Bereits 1998 war *Dein Name ist Liebe*[8] erschienen. Die Tatsache, dass Luise Rinser das Vorwort zu dem Buch geschrieben hatte, machte mich erstmals auf die Schriftstellerin aufmerksam, deren tiefes Verständnis und hohe Wertschätzung des Dichterphilosophen mein Interesse weckten. In merkwürdigem Kontrast dazu erschienen mir Erscheinungsort und Aufmachung des Buches, dessen erste Lektüre mich spürbar irritierte. Später erfuhr ich, dass Luise Rinser mit Hans Christian Meiser, dem Herausgeber der Reihe, die sich mit wichtigen Fragen der Menschheit und den spirituellen Traditionen der Weltkulturen beschäftigt, befreundet war und zwei Bücher gemeinsam mit ihm geschrieben hat.[9]

Das mir aus früheren Werken vertraute dichterische Denken und Sagen hatte sich gewandelt. Der Andrang an Leben und Liebe, die Überfülle an Bedeutsamkeit, waren Gesang geworden:

> Die neue Sprache?
> Nur Gesang
> soll künftig sein!

Die überzeugende Authentizität der rückblickend erzählenden Passagen ermöglichte mir beim wiederholten Lesen, das Pathos der singenden Sage, das mythisch und märchenhaft Anmutende

---

[8] José SÁNCHEZ DE MURILLO, *Dein Name ist Liebe*. Bergisch-Gladbach 1998.
[9] Luise RINSER, Hans Christian MEISER, *Reinheit und Ekstase*. Berlin 1998, dies., *Aeterna*. Frankfurt a.M. 2000.

des Gesangs, an die *Erfahrung* zurückzubinden. Im Gesang des Einsiedlers *erkennen* sich die Menschen, was intellektuelle Analysen und Diagnosen nicht zu bewirken vermochten, und verstehen die Aufgabe, zurückzufinden in die Dimension des Heilen, Ganzen, wahrhaft Menschlichen, aus der der Gesang kündend tönt.

Deutlich wird bereits die „Drei-Einigkeit" von Ich, Du und Gott, die sich, eins durch das andere und im anderen, in ihrer Wahrheit und Wirklichkeit wechselseitig hervorbringen:

> Ich bin ich
> durch dich,
> du bist du
> durch mich.
> Ich bin du.
>
> In dir,
> Prinzessin,
> nur in dir
> finde ich mich.
> Und wenn ich mich
> durch dich
> finde,
> erfahre ich
> den wahren Gott.

Auf Anregung von Luise Rinser hatte Sánchez ein Jahr zuvor ausgewählte Texte des Mystikers Jakob Böhme mit einem kurzen biografischen Abriss versehen und meditativ kommentiert.[10] Im Spiegel des – nach Hegel – ersten deutschen Philosophen kommt das Grundanliegen der Tiefenphänomenologie genuin zur Sprache. Einer von der Macht korrumpierten, von Heuchelei geprägten, männlich dominierten institutionalisierten Kirche wird das *Leben* als Ort der Verwirklichung des Christlichen entgegengestellt. Die in einer Revo-

---

[10] José SÁNCHEZ DE MURILLO, *Das Fünklein Mensch.* München 1997.

lution der Liebe zu ihrem Ursprung zurückkehrende Kirche entdeckt den *Leib* neu als eigentlichen Ort der Auferstehung. In der Vereinigung des Männlichen und Weiblichen ereignet sich die Menschwerdung des Menschen und der Hervorgang einer liebenden Welt.

Das immer noch unabgeschlossene Epos *Gottesbervorgang*[11] ver-dichtet, auf eigene Weise daran anknüpfend, epochale Momente des Alten und Neuen Testaments. Sie werden als Vorgeschichte des Aufgangs des Menschlichen verstanden, zu dessen Verkünder Ratjahama, der männlich-weibliche Mann wird, der aus der Tiefe steigt und in der Mitte bleibt.

In *Durchbruch der Tiefenphänomenologie*[12] wechselt die eindringliche tiefenphänomenologische Erhellung und Durchdringung epochaler Gestalten der Geistesgeschichte mit der dichterischen Sage ab, in die das Denken schließlich übergeht und sich aufhebt. Aus der Vereinigung des Männlichen und des Weiblichen geht das wahrhaft Menschliche hervor. Denken und Dichten sind wieder gleich ursprüngliche Erkenntnis- und Wissensformen. Beide *leben,* beseelt, durchdrungen, getragen vom Sein.

> Ratjahama ist das Weibliche in deiner Männlichkeit und das Männliche in deiner Weiblichkeit. Die Vollendung des Menschlichen [...] Ratjahama ist die Sehnsucht, die aus dem Urgrund emporsteigt und stets von Fülle träumt [...] Ratjahama ist die Öffnung, die dir Ruhe schenkt und Lebenslust [...] Ratjahama ist das Leben, das ihr lebt, wenn ihr die Liebe liebt.

Wie Zarathustra lehrt Ratjahama die Menschen die Weisheit des Leibes und die Treue zur Erde und verkündet in einem post-

---

[11] José SÁNCHEZ DE MURILLO, *Gottesbervorgang*. Epos, in: Edith Stein Jahrbuch, Würzburg 1998 und 2000 sowie in: Aufgang. Stuttgart 2004.
[12] José SÁNCHEZ DE MURILLO, *Durchbruch der Tiefenphänomenologie*. Stuttgart 2002.

und transrationalen neuen Mythos die Ursage vom Sinn des Seins:

> Die Fülle hier,
> die nichts will und alles hat.
> Endlich erreicht: die große Heimat
> […]
> Das Leben liebt.
> Dein Wort sei nur Gesang.

Solches, nicht *verständliche* Sagen soll an die *Dimension* erinnern, aus der es spricht und in die es führen möchte. Sich im täglichen Tun und Lassen geduldig darin einzuüben, ohne in *verständliches* Denken und Reden *darüber* und bloßen *Ideen* zu verfallen, macht die eigentliche Schwierigkeit des Weges aus.

Mit besonderer Aufmerksamkeit und lebhafter Erregung las ich Sätze, die Kirche und Theologie in Frage stellen und das Geheimnis der Menschwerdung anrühren:

> Jesus hat keine Religion begründet und keine Kirche gestiftet. Er hat vielmehr den Horizont für eine Welt geöffnet, die alle aufnehmen und bergen kann.

Nachfolge, nicht stellvertretende Erlösung. *Menschwerdung* war und ist das Geheimnis und Wesen des Christentums.

Die Entdeckung der – ebenfalls noch unabgeschlossenen Abhandlung „Vom Wesen des Christentums"[13] wurde zu einer weiteren entscheidenden Wegmarke:

> Im Folgenden soll das Christentum nicht theologisch, sondern als innerweltliches Tiefenphänomen im Hinblick auf den Entwicklungsprozess des Menschlichen abgehandelt werden […] Und zwar ist davon die Rede im Hinblick auf den Prozess der Menschwerdung des Menschen […] Tiefenphänomenologisch ist zwischen Tiefe und Ober-Fläche als ontologischen Dimensionen

---

[13] José SÁNCHEZ DE MURILLO, *Vom Wesen des Christentums*. In: Edith Stein Jahrbuch. Würzburg 2000.

zu unterscheiden [...] Bildlich gesprochen sind im Bereich des Menschlichen die Tiefe als das Weibliche und die Ober-Fläche als das Männliche bezeichnet worden. Wesen heißt dann die Bewegung der Wiedervereinigung beider Prinzipien, aus der das Menschliche hervorgeht: der Prozess der Menschwerdung des Menschen.

Wir blieben uns in der Ferne nah und teilten Momente der Schönheit und der Stille in gelegentlichen E-Mails, oft zu Weihnachten, Neujahr und an Geburtstagen. Im November 2009 begegneten wir uns anlässlich eines Hölderlinseminars erstmals in München. Gespannt wartete ich in der Stille des Innenhofes der Ludwig-Maximilians-Universität auf das Erscheinen des Philosophen. Kurz vor Beginn des Seminars öffnete sich die Tür am oberen Ende der Treppe, die vom Hauptgebäude in den Hof hinabführt. Ich stieg Sánchez langsam entgegen, der nach Beendigung eines kurzen Gesprächs die Treppe herunter kam und wir begegneten uns in der Mitte. Noch ehe ich mich ihm vorstellen konnte, sagte er „Ich weiß!" und umarmte mich herzlich. Unser erster kurzer telefonischer Kontakt lag 23 Jahre zurück.

Die überschaubare Zahl der Seminarteilnehmer verwunderte mich. An der Universität wurde gestreikt und die lärmende Großstadt schien wenig Sinn für die Stille zu haben und den tiefgründigen genialen Dichterphilosophen der Gegenwart. Bis auf ein kurzes Gespräch in der Pause blieb keine Zeit für einen Austausch. Zum Abschied schenkte Sánchez mir das 2007 auf Deutsch und Spanisch erschienene Buch *Luise Rinser und/y Ronda*[14] und ich fuhr, von der intensiven Lektüre Hölderlins beflügelt und belebt, wieder nach Hause. Das Buch, eine Hommage an den Ort über dem Abgrund, der einst schon Rilke angezogen hat, und seinen großen Sohn, den Dichter-

---

[14] Luise Rinser und/y Ronda. Hg. José Sánchez de Murillo, Christoph Rinser, Martin Thurner, Stuttgart 2007.

philosophen, enthält Geografisches, Philosophisches, Biografisches und Literarisches und weckt die Lebens- und Reiselust.

Dass Sánchez seit Jahren an einer Biografie Luise Rinsers arbeitete,[15] beeindruckte mich erneut und weckte meine Neugier. Doch war es weniger die zu erwartende Entzauberung, die notwendige Korrektur der Selbstdarstellung Luise Rinsers, die mich interessierte, sondern die Erhellung der Tiefenlogik dieses schöpferischen Lebens. Enttäuscht nahm ich zur Kenntnis, dass wesentliche frühe Texte verloren waren. Doch ein Satz im letzten Kapitel der aufschlussreichen, umfassenden, gründlich recherchierten Arbeit bestätigte meine Erwartung:

> Sie lebte existenziell nach, was sie einst so genial geschrieben hatte.

Unverzüglich schrieb ich Sánchez, der sich über diese *andere* Rückmeldung freute. Erstaunt verfolgte ich, wie José Sánchez und Luise Rinser in einem bereits 2005 erschienenen Gespräch[16] der Tiefenlogik ihres Lebens nachspürten und radikale Lebenserfahrungen zur Sprache brachten:

> Die Tiefenlogik des eigenen Lebens zu entdecken. Das würde mir Freude machen, mich erfüllen […] Das Leben ist ein Traum. Der Traum ist auch Wirklichkeit. Sie und ich, wir leben in einem Traum.

Die Tiefendimension dieses Gesprächs erinnerte mich an jenen frühen Text, den ich Sánchez 1986 hatte zukommen lassen. Ich schickte ihn nach München, und Renate Romor schlug vor, ihn zu veröffentlichen. Sánchez bat mich, meine Schublade zu öffnen und den Fund nach und nach zugänglich zu machen.

Im Frühjahr 2011 bat Sánchez mich anlässlich des Papstbesuchs in Deutschland um einen kurzen Beitrag über die

---

[15] José SÁNCHEZ DE MURILLO, *Luise Rinser. Ein Leben in Widersprüchen.* Frankfurt 2011.
[16] Luise RINSER u. José SÁNCHEZ DE MURILLO, *Lebensfreude und Todessehnsucht.* In: Aufgang, Stuttgart 2005.

Situation der Katholischen Kirche und ich sagte zu unter der Bedingung, dass er seine bedeutsame Abhandlung „Vom Wesen des Christentums" abschließe, was er versprach.

Die Bedeutung der Tiefenphänomenologie für die Theologie hat Sánchez bereits 2007 in einem *grundlegenden* Beitrag herausgestellt:[17]

> Die Philosophie erhellt den Grund, worauf die Wissenschaften bauen, der aber als solcher außerhalb ihres Reflexionshorizontes liegt [...] In diesem „Denken" liegt nagend eine große Sehnsucht nach jenem Urgrund, aus dem der Sinn von Sein hervorquillt [...] Sehnsucht jedoch nennt die Wesensmitte, den Ursprung überhaupt und ist der Schlüssel für ein adäquates Verständnis des Menschen. Wenn Theologie den Ort der menschlichen Rede von Gott nennt und mit der Tiefenphänomenologie wesenhafte Erhellung des menschlichen Selbstverständnisses geschieht, dann geht letztere jedes theologische Unternehmen an, das dem Stand der menschlichen Entwicklung entsprechen möchte. Genau besehen bedeutet Tiefenphänomenologie theo-logische Verwandlung der Phänomenologie, da sie die Seinsgenese von der Wesensmitte her erhellt, aus der das Göttliche und das Menschliche hervorgehen [...] Die Göttlichkeit des Göttlichen und die Menschlichkeit des Menschen gehen in der Entsprechung auseinander hervor [...] Die tiefenphänomenologische Wendung der Theologie ist eine epochale Aufgabe [...] Denn was aus der Wiedervereinigung des Männlichen und des Weiblichen hervorgeht, ist nicht bloß Gedachtes. Es ist Leben.

„Aufhebung" der Religion heißt nicht einfach „Verschwinden". Was verschwindet, ist eine immer noch veräußerlichte, ihrem vollen Gehalt, ihrer Verwirklichung, ihrem Sinn und ihrer Erfüllung noch ferne symbolische und rituelle Gestalt. *Die Wahrheit der Religion ist das Geschehen des sich im Prozess der Menschwerdung ereignenden Seins.* Und als dieses ist sie im Werk

---

[17] José SÁNCHEZ DE MURILLO, *Was ist Tiefenphänomenologie? Im Hinblick auf die Theologische Wissenschaft*. In: Aufgang, Stuttgart 2007.

und Leben von Sánchez *vorläufig* zu sich gekommen und aufgehoben.

Aber, so könnte jemand an dieser Stelle einwenden, haben das nicht auch schon Jakob Böhme und Novalis, Hegel und Hölderlin, Feuerbach, Nietzsche und Martin Buber, Karl Rahner, die Upanishaden, Yoga, Zen und zahllose Mystiker und Philosophen *gedacht* und *geschrieben*? – Gewiss. Sánchez hat nie anderes gewollt, als in diese *Dimension* zu führen und dazu beizutragen, dass *wirklich* wird und *sich ereignet*, was geschrieben steht.

„Gott" ist das Wort der Sehnsucht des Menschen nach sich selbst, aber auch das Wort des Dankes des endlich Mensch gewordenen Menschen.

Gerhard Wehr

„Gern erinnere ich mich der Begegnung mit José Sánchez de Murillo anlässlich des Böhme-Kongresses 2000 in Görlitz. Daneben ist meine, nicht nur dem Umfang nach, kleine Besprechung seines Romantik-Werks nicht der Erwähnung wert. Aber als ich seine kongeniale Rinser-Biographie las, war ich nahe dran, ihm zu danken. Nun versuch ich's, gleichsam ersatzweise, mit diesem Gruß, der von Herzen kommt: Es grüßt der Achtziger den Siebziger."

JOSÉ SÁNCHEZ DE MURILLO
Der Geist der deutschen Romantik*

Die Tatsache, dass die tödliche Bedrohung von Mensch und Erde zu einem Zeitpunkt erfolgt, in dem Wissenschaft und Technik den bekannten Höchststand ihrer Entwicklung erreicht haben, gibt zu denken. Wann und in welcher Weise wurden die Weichen für die Entfesselung der selbstzerstörerischen Kräfte gestellt? Welche Versäumnisse sind zu korrigieren – sofern sie zu korrigieren sind? Nicht nur über der Lektüre dieser philosophisch-geisteswissenschaftlichen Studie stellen sich diese und ähnliche Fragen. Der an der Universität lehrende Autor legt die überarbeitete Fassung seiner Habilitationsschrift von 1983 vor. Im Aufweis der geschichtlichen und methodischen Voraussetzungen seiner Untersuchung, die bis zu den Wirkkräften vorstößt, die eine „Tiefenphänomenologie" einsichtig machen, geht er von der Überlegung aus:

Der endlichen Vernunft entgehen zwar Sinn und Ursache der

---

* Erschienen in: Die Drei. Zeitschrift für Wissenschaft, Kunst und soziales Leben, 11 (1987), Frankfurt a.M.

beengenden Selbstgefährdung des Zeitalters. Aber es beginnt gewiss zu werden, dass sie unmittelbar aus einer geschichtlichen Entwicklung hervorgegangen ist, die durch die einseitige Selbstbehauptung eines Seienden gegenüber den anderen durchstimmt ist. Die menschliche Geschichte ist vom Wachstum des Geistes der Beherrschung geprägt, woraus die Weltnot unaufhörlich emporsteigt.

Der Autor wendet sich der Romantik zu, wobei er an bislang wenig beachtete naturwissenschaftliche, dichterische und mystische Traditionen anknüpft, deren Zusammenschau zur Grundlegung dessen dient, was er eine Tiefenphänomenologie nennt. Damit ist der Blick auf die Dimension des Untergründigen, der Tiefe und der Nachtseite der Wirklichkeit gerichtet, wie sie speziell im vorigen Jahrhundert bewusstseinserweiternde Bedeutung erlangt hat, wenn auch nur für eine begrenzte Zeit. Aber ist nicht der Zusammenbruch des romantischen Philosophierens seinerseits eine Voraussetzung für das alsbald ablösende Zeitalter, in dem man rigoros die Natur als Objekt der Ausbeutung, des menschlichen Egoismus und Opportunismus ansah? Kommt nicht von daher der „Drang nach Einzigartigkeit", ein Drang, dem zerstörende Tendenzen innewohnen? – Der Autor lenkt seinen Gedankengang in diese Richtung. Was nun seiner philosophisch tief lotenden Arbeit m.E. besonderen Reiz gibt, das sind des Verfassers Ausführungen zu dem richtungsweisenden „katholischen" Philosophen der Romantik, nämlich Franz von Baader, und dessen geistigen Ahnherrn, ohne den der romantische Geist – und nicht er allein – gar nicht in seiner Tiefe und Fülle begriffen werden kann: Jakob Böhme. Baader, dessen Schreibweise bereits seinen Zeitgenossen erhebliche Verständnisbarrieren entgegensetzte, wird hier speziell als Naturphilosoph vorgestellt, die Naturphilosophie des jungen Baader, der sich mit seiner dynamischen Naturauffassung dem Mechanismus I. Kants entgegenstellte. Zum anderen betrachtet Sánchez Baaders Grundlegung zu einer organischen Philosophie. Das zwischengeschaltete Kapitel über die Entdeckung Jakob Böhmes macht mit seiner Weise eines anschauenden Denkens und mit seinem Weltbild bekannt –, allein für sich genommen schon eine begrüßenswerte Darstellung. Sie zeigt einerseits mit welchem Recht Baader tatsächlich als „Bohemius redivivus" angesehen werden kann. Andererseits dürften gerade die den Hauptteil darstellenden Kapitel über Baader und Böhme in die Lage versetzen, die eingangs gestellte Frage nach der Weichenstellung zur heutigen Situation zu beantworten, wenngleich mit dem Hinweis auf die beiden Namen noch nicht alle geistesgeschichtlichen „Ortschaften" benannt sind, die hierfür als relevant gelten. – Oder um ein Resümee des Autors heranzuziehen:

> Im Laufe der Untersuchung ist die Notwendigkeit einer Umkehr des Denkens erschienen, das, vom Sieg eines einseitigen Scientismus geprägt, in der Haltung des überblickenden Durchschauen- und unbedingten Beherrschenwollens beharrt. Der geschichtliche Zeitpunkt dieser Wende wird durch den Ort des Geistes des Zeitalters geradezu hervorgenötigt, da sich der Mensch hierbei am entferntesten von der Mitte seines Wesens befindet. Es herrscht nämlich gegenwärtig der Geist der Ober-Fläche.

Über die Autorinnen und Autoren

Prof. Dr. Gisela DISCHNER lehrte deutsche Literaturwissenschaft an der Universität Hannover und verbindet in ihren Publikationen Philosophie und Literatur.

Reinhard FALTER, Historiker und Naturphilosoph, in der kulturwissenschaftlichen Forschung tätig. Lebt in München.

Corinna FIEDLER ist freie Lektorin. Sie hat für den S. Fischer Verlag die Biographie "Luise Rinser. Ein Leben in Widersprüchen" von José Sánchez de Murillo betreut.

Klaus HAACK, Dipl. Ing. (FH), Stud. Dir. i.R., Schondorf, arbeitete in der Städt. Berufsschule für Fahrzeug- und Luftfahrttechnik in München.

Dr. theol. Christian HACKBARTH-JOHNSON, Theologe und Religionswissenschaftler, Lehrer für Zen und Yoga. Lebt und wirkt in Dachau.

Dr. phil. Rüdiger Haas, studierte Philosophie, Pädagogik, Psychologie und ist als Sonderschullehrer in Augsburg tätig.

Dr. phil. habil. Gert HOFMANN lehrt deutsche Literaturwissenschaft an der National University of Ireland, Cork, Irland.

Jochen KIRCHHOFF, Philosoph, lebt in Berlin. Lehrtätigkeit an der Humboldt-Universität und an der Berliner Lessing-Hochschule.

Dr. phil. Rolf KÜHN lehrte Philosophie in der Universität Wien. Seine Schwerpunkte sind Phänomenologie und französische Gegenwartsphilosophie.

Katharina Oost ist Dipl. Psychologin und Psychotherapeutin. Sie lebt in St. Märgen.

Christoph RINSER, Autor und Übersetzer, Vorsitzender der Luise Rinser-Stiftung, Mitherausgeber des Jahrbuches AUFGANG. Er lebt in Spanien.

Renate M. ROMOR ist Mitarbeiterin am Edith Stein Institut München und Redakteurin des Jahrbuches AUFGANG.

Martin SPURA, Ausbildung zum Psychotherapeuten, studierte anschließend in Marburg Europäische Ethnologie (Kulturwissenschaft) und Medienwissenschaft. Er lebt in Ulm.

Prof. Dr. Martin THURNER lehrt Philosophie an der Universität München und leitet dort das Grabmanninstitut. Studien zur Vorsokratik und mittelalterlichen Philosophie.

Benedikt Maria Trappen (M.A.) studierte Philosophie und Germanistik, später auch Grundschulpädagogik, und ist Rektor einer Grundschule.

Dr. theol. h.c. Gerhard WEHR ist Diakon der evang.-luth. Landeskirche Bayerns und lebt als geisteswissenschaftlicher Schriftsteller in Schwarzenbruck.